LA MÉTHODE RASTIGNAC

2, rue Rotrou – 75006 Paris

www.tallandier.com

BRIGITTE MÉRA

LA MÉTHODE RASTIGNAC

La Comédie humaine, *une culture d'entreprise*

TALLANDIER

SOMMAIRE

AVERTISSEMENT DROLATIQUE AU LECTEUR

Lecteur, abandonne ici toute illusion mais non toute espérance. L'ouvrage qui suit, te permettra, je l'espère, de t'évaluer avec lucidité ainsi que le monde qui t'entoure, et d'en tirer toutes les conséquences. Ces observations que tu dois t'approprier pour réussir, te conduiront à agir plus efficacement et te mèneront sur le bon chemin du succès. Le fil conducteur est VOULOIR. Mais apprends que l'argent n'accompagne pas nécessairement la réussite. Et sache qu'il faut d'abord accepter le monde tel qu'il est, et l'homme* avec ses imperfections avant d'espérer les perfectionner. Ce parcours initiatique t'y aidera. Sois « fort » et ensuite ce sera à toi de jouer dans cette grande entreprise qui s'appelle la vie.
« L'auteur n'entend pas contracter l'obligation de donner les faits un à un, sèchement et de manière à montrer jusqu'à quel point on peut faire arriver l'histoire à la condition d'un squelette dont les os sont soigneusement numérotés. Aujourd'hui les grands enseignements que l'histoire déroule dans ses pages doivent devenir populaires. D'après ce système, suivi depuis plusieurs années par des hommes de talent, l'auteur a tenté de mettre dans ce livre l'esprit d'une époque et d'un fait, préférant la discussion au procès-verbal, la bataille au bulletin, le drame au récit. »

Honoré de Balzac, *Les Chouans*, Préface.

* « Homme » est ici un terme générique. Il va de soi que cet ouvrage s'adresse aux hommes et aux femmes de bonne volonté.

ABRÉVIATIONS

AEF Autre étude de femme
AIH Aventures administratives d'une idée heureuse
B Béatrix
B La Cousine Bette
BS Le Bal de Sceaux
CA Le Cabinet des Antiques
CHH Œuvres complètes de Balzac, édition du Club de l'honnête homme, 1963.
CSS Les Comédiens sans le savoir
CV Le Curé de village
Corr. Correspondance de Balzac, Pl. I, 2006.
Corr. Gar., classiques Garnier, 5 vol., 1964.
DA Le Député d'Arcis
DxA Les Deux Amis
E Les Employés
EF Étude de femme
F. Au. La femme auteur
FE Une fille d'Ève,
FM La Fausse Maîtresse
In L'Interdiction
IP Illusions perdues
LHB. Lettres à Mme Hanska, 2 vol., Laffont, coll. « Bouquins », 1990.
LL Louis Lambert
Lov. Lovenjoul, originaux de Balzac rassemblés par le baron de Lovenjoul et conservés à la Bibliothèque de l'Institut.
MC Le Médecin de campagne
Méf Les Méfaits d'un procureur du Roi
MN La Maison Nucingen
MR Melmoth réconcilié
OC Œuvres complètes

OD	*Œuvres diverses* : édition de Roland Chollet, Gallimard, Pléiade, 1990-1996, 2 vol.
PCh	*La Peau de chagrin*
PG	*Le Père Goriot*
Pl.	*La Pléiade* [1]
Pr. B	*Un prince de la bohème*
PSF	*Pensées, sujets, fragments*
R	*La Rabouilleuse*
S et M	*Splendeurs et misères des courtisanes*
SPC	*Les Secrets de la princesse de Cadignan*
TA	*Une ténébreuse affaire*
UM	*Ursule Mirouët*

INTRODUCTION

> « S'il n'était pas M. de Balzac, M. de Balzac s'appellerait M. de Rastignac. »
>
> Anonyme, *Le Charivari* du 25 juillet 1845[1].

Rastignac, un sacré type !

Rastignac est un des doubles de Balzac, peut-être son préféré, tant il frôle l'autobiographie par sa date de naissance, par sa famille, par ses débuts dans la vie, par sa longévité et son rôle pivotal dans l'œuvre mais aussi parce qu'il est le modèle le plus représentatif, ou le « patron » au sens vestimentaire, d'une série d'ambitieux dans lesquels l'auteur se mire encore et encore : Valentin, Lambert, Marsay, de Trailles, Vandenesse, Rubempré, etc. *A contrario*, on pourra évoquer l'« Introduction » du *Lys*... où l'auteur déclare explicitement qu'il ne faut jamais confondre narrateur et auteur, alors même qu'il se raconte au moyen de ce subterfuge : il expose en effet des pans entiers de sa jeunesse, de ses amours et de ses déboires professionnels, par un exercice subtil d'autocritique et d'autojustification qu'il faudra examiner. Pour autant, jamais tout à fait l'auteur, ni entièrement personnage à clés, le héros balzacien peut endosser diverses personnalités ou mythes, selon une composition sociale que nous appellerons type pour le moment. Pour bien montrer que les choses ne sont jamais simples ni adventices avec Balzac, dans *Le Père Goriot*, il traite Rastignac par cinq fois de Méridional, alors qu'il est d'Angoulême et par conséquent gascon. Or, qu'y a-t-il de plus méridional que la Corse en France ? Il se pourrait par conséquent qu'en dressant le portrait d'Eugène, Balzac songe aussi au plus célèbre Méridional que le pays ait jamais porté : Bonaparte. D'autant qu'il lui donne son physique : petit et mince, le cheveu noir, le teint blanc, les yeux bleus, tout y est, l'audace aussi bien que le courage, la langue tout autant que l'épée. Cependant, il emprunte également bien des traits à Adolphe Thiers, méridional lui aussi, puisque né à Marseille, et dont le parcours politique peut s'apparenter *grosso modo* à la carrière de Rastignac. On l'aura compris, Eugène est un personnage composite, mais pas seulement. C'est un type. Il figure de fait toute la génération de 1820, celle à laquelle s'identifient pour la première fois les jeunes gens de la monarchie de Juillet : catégorie historique sans précédent, comme le souligne Pierre Nora dans *Les Lieux de mémoire*[2].

À trop contempler cette stature quasi mythique, on en oublierait presque le personnage et surtout l'auteur qui se cache derrière, et qui oscille, nous l'avons dit, entre autocritique et autojustification. Et en ce cas, quel statut lui attribuer dans la légende balzacienne ? N'y a-t-il pas malentendu ? La postérité semble en effet ne retenir que son cynisme, cynisme qui est bien plutôt celui de Mme de Beauséant et de Vautrin. Or l'auteur prend soin dans la « Préface de la première édition »[3] de 1837 d'*Illusions perdues* de mentionner Rastignac comme le personnage reparaissant le plus significatif de *La Comédie humaine*, touchant à « tous les événements auxquels les hommes qui ont une haute valeur participent en réalité[4] ». Plus tard, dans la « préface » de 1843, il affine encore sa pensée, précisant que Rastignac est la face positive du « jeune homme du XIXe siècle », et « d'un fait capital » de la période, « l'ambition qui réussit »[5]. Aussi faut-il se garder de voir chez Balzac une condamnation sans appel de cette passion qui fleurit avec les temps démocratiques, et que l'écrivain prend soin de scinder en deux : l'ambition légitime avec Rastignac et la « soif de l'envie » chez Lucien de Rubempré, ce qui paraît beaucoup plus intéressant et a souvent été escamoté.

Balzac a incontestablement une affection particulière pour Rastignac en qui il met beaucoup de lui-même et pas seulement sa jeunesse, et à qui il délègue beaucoup de ses pouvoirs : volonté, don d'observation, sagacité. Sorte de parent proche qui aurait réussi (moins bien que lui naturellement !), il lui donne, nous le verrons, bien des traits de caractère. D'abord il naît la même année, en 1799. Bien que né à Angoulême, il est d'origine méridionale, dit l'auteur, comme Balzac père. Petit comme Honoré, il a deux sœurs et deux frères comme lui. Il monte à Paris à la même date que lui. Étudiants d'abord studieux et économes, comptant sou à sou, ils partagent les mêmes lieux et les mêmes rêves. Tous deux, chacun dans leur sphère, deviennent des hommes lancés, bien introduits dans les salons, suscitant admiration, envie, jalousie et succès féminins. Ce qui explique la tendresse qu'il lui voue, mais également l'esprit critique et ironique qu'il exerce à son endroit.

Destin placé sous le sceau de la réussite efficace selon certains, de l'arrivisme, selon d'autres, Eugène de Rastignac est assurément une figure emblématique du XIXe siècle, un homme neuf de l'époque « moderne ». Seul de son espèce et de son siècle à être passé à la postérité d'un Figaro ou d'un don Juan – ne dit-on pas en parlant de quelqu'un d'ambitieux qu'il est « un Rastignac » ? C'est assurément un type représentatif d'une jeunesse inédite, avide de réussite sociale et qui en réunit toutes les capacités. Volonté, sagacité, entregent, dynamisme, efficacité, pragmatisme, adaptabilité, innovation, mais aussi dévouement et sensibilité – ce qui a été gommé par la postérité – président à son aventure d'un nouveau genre. Il semble, de fait, cumuler tous les talents, charismatique, professionnel et politique. C'est également un passeur entre l'Ancien Régime et la société révolutionnée. D'abord « homme qui doit arriver », puis homme important », enfin homme ministériel, il préfigure en quelque sorte le *self-made man* qui, bien qu'il se découvre un atout de départ de taille, en la personne de Mme de Beauséant, sait, à coup sûr, le faire fructifier. Double de Balzac, sans pouvoir cependant s'identifier à lui, né comme lui dans un monde concurrentiel et bouleversé, issu de la toute nouvelle science sociale dont Balzac se fait, après Gérando, le précurseur, il inaugure assurément et, selon lui, *l'homme social*[6], celui qui doit se faire avec lucidité, et une bonne dose d'individualisme et de pragmatisme (de cynisme ?), un chemin dans la société des temps démocratiques, société qui demeure la nôtre. Près de deux siècles après avoir lancé son inoubliable *à nous deux maintenant*, son défi résonne encore dans

Paris, bien sûr, mais au vrai à travers le monde entier, preuve, s'il en était besoin, que le désir d'« être quelque chose » plutôt que rien, s'il s'exaspère dans la société démocratique, demeure éternellement humain. Il conviendra en conséquence de s'interroger sur l'impression que Rastignac continue d'exercer et sur la méthode qui lui permet d'accomplir une ascension vertigineuse, selon Balzac : d'abord juriste désargenté, il entre en effet dans la haute finance, et est ministre de la Justice, comte et pair de France à la mort de l'auteur. N'est-il pas alors un déni de la société égalitaire à laquelle aspire pourtant la société postrévolutionnaire, par son ambition démesurée ?

Par ailleurs, s'il continue d'être, chez Balzac, le personnage qui fascine le plus avec Vautrin, le « Satan social », n'est-ce pas à cause de sa légitimité toujours actuelle, mais aussi de son ambivalence, de la liberté qui lui est impartie à travers ses contradictions, peut-être précisément à cause d'elles ? On peut d'ailleurs en transposant quelque peu, voir en lui une philosophie d'entrepreneur, une science de la gestion et une pratique du pouvoir qui s'élaborent avec difficulté, comme si Balzac en testait les capacités. Nouvel aventurier, au-delà du cynisme que l'auteur lui prête, n'est-il pas un précurseur de l'entrepreneur moderne tiraillé entre son désir de réussite individuelle et de justice sociale ? Ce qui explique également pourquoi, s'agissant de l'homme en société et modelé par elle, Balzac l'aime et le hait : devant constamment composer avec le réel, et faire des choix, il lui faut élaborer des compromis avec sa conscience d'abord, avec les autres ensuite. Et comment faire autrement dans une société démocratique qui s'avère être un champ de bataille où s'affrontent les intérêts économiques et où chacun ne vaut que pour autant qu'il réussit à percer ? C'est la raison pour laquelle Rastignac est à la fois un « cœur pur » et un opportuniste, un sentimental et en même temps un manipulateur, un homme généreux et un égoïste, un fils aimant mais peu scrupuleux, un justicier qui se sert de l'injustice, dans *Le Père Goriot*. D'autant que dans le reste de l'œuvre, son pouvoir ne laisse pas d'être ambigu : il apparaît davantage comme un employé manipulé par des patrons peu scrupuleux que comme le dirigeant annoncé. Serait-ce qu'il faut renoncer à toute ambition, ou bien qu'il convient d'en accepter les contraintes, les limites ? Balzac explique sa complexité, son ambivalence, en précisant qu'il est dans la disposition d'esprit des hommes supérieurs, qu'il a les qualités des hommes d'élite et qu'« être ambitieux n'est pas donné à tout le monde ». Est-ce donc vice ou vertu ?

L'enjeu pour Balzac

« La noblesse aujourd'hui c'est 500 000 F de rente ou une illustration personnelle[7]. » Ou bien encore, « ici, pour être vraiment marquis, il faut avoir 100 000 livres de rente[8] », se lamentent en chœur Balzac et Rastignac. « Saluez-moi, car je suis en train de devenir un génie », aurait dit par ailleurs l'auteur, dès 1833, à sa sœur Laure, première admiratrice éblouie. Tandis qu'il affirme à sa mère que « tôt ou tard la littérature, la politique, le journalisme, un mariage ou ma grande affaire me feront une fortune[9] ». Pour autant, peut-on tirer un code de l'arrivisme de *La Comédie humaine*, comme le suggère Bernard Guyon ? Ne s'agit-il pas bien plutôt d'une morale pragmatique pour l'homme social des temps nouveaux ?

C'est en 1831 que Rastignac naît brièvement à la vie littéraire, apparaissant sous les traits d'un viveur spirituel et cynique dans *La Peau de chagrin*. C'est un « Gascon ». Balzac met de fait en Gascogne tout le Sud-Ouest, aussi bien la Charente, la Gascogne proprement dite et le Tarn où son père est né. S'agissant de l'homonyme littéraire de Balzac, Guez de Balzac, Honoré n'hésite pas à écrire dans l'Historique du procès du *Lys* : « Mon homonyme littéraire, l'illustre Balzac, l'auteur des Lettres, s'appelait Guers, et prit son second nom d'une petite terre située près d'Angoulême », comme le Rastignac suivant. Par ailleurs, il n'est pas indifférent que le nom de Rastignac soit porté par un pair de France, Pierre Jean Julie de Rastignac, alors âgé de soixante-deux ans, et qui meurt en 1833, en Dordogne à la Bachellerie, après avoir prêté serment au gouvernement de Juillet. On ne sait s'il y eut des réclamations mais l'auteur en 1843 eut l'idée de remplacer le nom de Rastignac par Chastignac, idée sans lendemain. En tout cas, c'est seulement en 1834 qu'il reparaît cette fois en pleine lumière dans *Le Père Goriot*[10]. En

1835, dans *Étude de femme*, publié primitivement en 1830, il se substitue à un certain Ernest de M. Mais est-ce bien le même ? Balzac lui donne une facette quelque peu différente mais qui crée le lien avec le reste de l'œuvre. Car c'est, simplifions, le premier personnage reparaissant de *La Comédie humaine*, comme si la figure de l'ambitieux était devenue, pour la période, la plus représentative, voire la plus récurrente de cette société inédite. Il apparaîtra dans vingt-cinq textes[11]. De fait, l'œuvre future fourmille de ces jeunes parvenus naïfs et « roués », ces « lions » affamés de réussite comme l'est assurément l'auteur. Lorsqu'il écrit *Le Père Goriot*, Balzac a trente-cinq ans, et se trouve plus que jamais habité par la passion et l'ambition de créer une entreprise impérissable. Jusqu'ici, il a publié une trentaine d'ouvrages importants qu'il regroupe en *Études sociales* et, comme le dit perfidement Sainte-Beuve, il est devenu le « plus fécond », le « plus en vogue des romanciers contemporains »[12]. Il est cependant à la recherche d'une idée neuve qui puisse relier les ouvrages à l'ensemble, donner l'illusion de la vie. Certes il a acquis la notoriété avec *Les Chouans*, *La Peau de chagrin*, et *Eugénie Grandet*, mais il ambitionne de rivaliser avec les plus grands : Molière, Beaumarchais, Goethe, voilà des écrivains qui savent faire « soleiller » la gloire, en ayant « le pouvoir de créer, de nommer un être nouveau », des créations typiques[13] comme Harpagon, Figaro ou Faust. Créer un nouveau type incarnant l'énergie qui bouillonne en lui, et résumant la mutation sociale qu'il observe dans la société postrévolutionnaire, répondrait assurément à la double exigence de l'homme et de l'écrivain. Or l'ambitieux, type démocratique de l'aventurier qui monte à Paris, comme un « présent en marche », comme Balzac lui-même, n'est-il pas précisément la figure la plus éloquente d'une jeunesse qui ne peut plus compter que sur elle-même et est avide d'un destin à la Bonaparte ? Il s'en rencontre dans chaque salon, presque à chaque coin de rue, en ce début du XIXe siècle qui voit l'avènement de l'industrie, l'essor du capitalisme, ce qui fait naître bien des appétits. Ils sont nombreux, ces jeunes dandys affamés qui hantent les lieux de pouvoir, envieux des gloires passées : « une rapide fortune est le problème que se proposent de résoudre cinquante mille jeunes gens » comme

Rastignac, ainsi que le fait observer Vautrin. Lamennais ne dénonce-t-il pas dès 1817 le « prodigieux égarement »[14] de la conscience contemporaine, qui fait de l'homme un être asservi à son corps, subjugué par ses sens, et qui ne voit de réalité qu'en eux, le reste lui paraissant de vagues abstractions et des chimères. Le problème de la jeunesse est fréquemment évoqué par la période, et Balzac voit la Restauration succomber sous le poids d'une génération inoccupée.

En outre, faire revenir systématiquement et vieillir ensemble des personnages représentatifs des classes sociales de la période, telle est l'idée lumineuse qui germe dans le cerveau génial de l'auteur en rédigeant *Le Père Goriot*. N'est-ce pas rendre le lecteur omniscient, donner sens à la mémoire collective, lui fournir une liberté divine que rien ne semble limiter ? Rien de mieux en outre pour fidéliser un lectorat avide d'apprendre, désireux de reconnaître ou de s'identifier à des personnages familiers et récurrents mais dotés d'une dimension épique. Certes, il a déjà fait quelques tentatives en ce sens (d'autres aussi avant lui), mais non de manière cohérente. « Votre histoire m'intéresse » pourrait être de fait l'argument publicitaire le plus « percutant » des visées balzaciennes du moment. On notera enfin avec quelle application Balzac, bien que brouillon et souvent chimérique, s'emploie dans le même temps à développer et à faire fructifier son entreprise : il se dégage de ses anciens éditeurs afin d'en trouver un seul, solvable si possible, et tente de doubler la mise en publiant d'abord, à l'instar de Sue et Dumas, dans de nombreuses revues comme *La Revue de Paris* pour *Le Père Goriot*, puis en investissant dans *La Chronique de Paris*, après s'être ruiné comme imprimeur puis comme éditeur, faute d'y mettre toute son énergie peut-être. Homme de génie, convenons-en, mais aussi homme d'affaires, même si elles s'avèrent souvent catastrophiques. Celle qu'il n'a pas manquée en tout cas, c'est la *Société des gens de lettres*.

Une vie possible, une image de marque, un produit-phare

C'est dans *Le Père Goriot* que Balzac fait cet aveu éclairant : « Ce drame [...] est si véritable que chacun peut en reconnaître les éléments chez soi, dans son cœur peut-être[15]. » Proche de l'auteur, par son nom et sa démarche, Rastignac, appelé d'abord Massiac, est le seul dont Balzac rédige une biographie détaillée, le seul double qui traverse toute *La Comédie humaine*, puisqu'il apparaît pour la dernière fois, et « en grand faiseur de la politique », dans une ébauche de 1846 intitulée *La Femme auteur*. L'auteur est à l'évidence fier de son « image de marque ». C'est le produit-phare de l'écurie Balzac, le premier qui lui vient à l'esprit lorsqu'il s'agit de vanter son œuvre et sa technique romanesque, même en matière de « plaisanterie » en 1839 :

« RASTIGNAC (Eugène-Louis), fils aîné du baron et de la baronne de Rastignac, né à Rastignac, département de la Charente, en 1799 ; vient à Paris en 1819 faire son droit, habite la maison Vauquer, y connaît Jacques Collin, dit Vautrin, et s'y lie avec Horace Bianchon, le célèbre médecin. Il aime Mme de Nucingen, au moment où elle est abandonnée par de Marsay, fille du sieur Goriot, ancien marchand vermicellier, dont Rastignac paye l'enterrement. Il est un des lions du grand monde (*voy. Tome IV de l'œuvre*) ; il se lie avec tous les jeunes gens de son époque, avec de Marsay, Beaudenord, Esgrignon, Lucien de Rubempré, Émile Blondet, du Tillet, Nathan, Paul de Manerville, Bixiou, etc. L'histoire de sa fortune se trouve dans *La Maison Nucingen* ; il reparaît dans presque toutes les scènes, dans *Le Cabinet des antiques*, dans *L'Interdiction*. Il marie ses deux sœurs, l'une à Martial de La Roche-Hugon, dandy du temps de l'Empire, un des personnages de *La Paix du ménage* ; l'autre à un ministre. Son plus jeune frère, Gabriel de Rastignac, secrétaire de l'évêque de Limoges dans *Le Curé de village*, dont l'action a lieu en 1828, est nommé évêque en 1832 (voir la *Fille d'Ève*). Quoique d'une vieille famille, il accepte une place de sous-secrétaire d'État dans le ministère de De Marsay, après 1830 (voir les *Scènes de la vie politique*)[16]. »

BALZAC (Honoré), fils aîné de Bernard François Balzac, cinquante ans, propriétaire et directeur des vivres et de Anne Charlotte Laure Sallambier, dix-huit ans, né à Tours, département de l'Indre-et-Loire, le 20 mai 1799 ; mis en nourrice dès sa naissance ; a deux sœurs, Laure et Laurence, et un frère adultérin, Henry ; de 1807 à 1813 est pensionnaire au collège de

Vendôme ; en 1814 passe un an dans sa famille pour cause d'hébétude due à l'abus de lecture ; toute la famille vient à Paris en novembre 1814. En 1815, entreprend son droit, suit des cours à la Sorbonne et au Muséum d'histoire naturelle. Il travaille également comme clerc chez Maître Guillonet de Merville, avoué, puis chez Maître Passez, notaire. Dès 1817, il rédige des essais philosophiques et s'installe rue Lesdiguières, près de l'Arsenal. Écrit une tragédie, *Cromwell*, jugée médiocre, en 1820. En 1825, mort de Laurence. De 1822 à 1827, publie un nombre considérable de « cochonneries littéraires » seul ou en collaboration mais toujours sous un pseudonyme. En 1822, il aime Mme de Berny, quarante-cinq ans, amie de sa mère. Elle l'initie et l'introduit dans la société. En 1825, il aime aussi la duchesse d'Abrantès. Éditeur en 1825, il devient imprimeur en 1826, puis fondeur de caractères en 1827, grâce au soutien financier de sa famille et de Mme de Berny. Liquidation en 1828 : se retrouve à vingt-neuf ans avec 60 000 F de dettes dont 50 000 à sa famille. Rien d'alarmant mais sa mère dépense sans compter pour Henry, d'où des difficultés financières. Perd son père en juin 1829. La même année, premier succès sous son nom avec *Le Dernier Chouan ou la Bretagne en 1800*, puis *La Peau de chagrin* en 1831 ; début de sa relation épistolaire avec *L'Étrangère*, Mme Hanska en 1832. Il la rencontre à Neufchâtel en septembre 1833, c'est *le jour inoubliable*. Il est célèbre dans l'Europe entière et fait partie du Tout-Paris. Nombreux voyages en France et en Suisse. Travaille avec acharnement tout en menant une vie ostentatoire et dispendieuse, a de nombreux créanciers à ses trousses. Envisage de se présenter aux élections législatives sous l'étiquette légitimiste en 1831 et 1832. De 1833 à 1840, il développe ses *Études de mœurs au XIXe siècle*, ainsi que ses *Études philosophiques*. En 1834, utilise la technique des personnages reparaissants. Boit des litres de café. En 1835, prend une part majoritaire dans *La Chronique de Paris*, dissoute six mois plus tard. Préside la Société des gens de lettres en 1839 et lance des campagnes pour la protection littéraire et les droits d'auteur ; candidat à l'Académie française, n'est pas élu. Retrouve à Vienne Mme Hanska en 1835 et ne la voit plus pendant huit ans ; a peut-être une fille, Marie du Fresnay, en 1834, il la croit telle. Mort de Mme de Berny en 1835.

En 1836, a un fils présumé de la comtesse Guidoboni-Visconti. Séjourne en Italie, en Suisse et en Autriche. Fait de la prison en 1836 et en 1839 parce qu'il refuse d'assurer ses tours de garde à la Garde nationale. Fonde *La Revue de Paris* qui disparaît au bout de trois numéros et s'installe à Sèvres puis à Passy en 1840, toujours poursuivi par ses créanciers. Le 2 octobre 1841, naissance officielle de *La Comédie humaine* ; premières publications en librairie. Plusieurs de ses pièces sont représentées. Est fait chevalier de la Légion d'honneur en 1845. M. Hanski meurt en novembre 1841, mais Balzac ne l'apprend que le 5 janvier. Ève le fait attendre encore dix ans. Visite l'Europe avec elle. Elle accouche d'un enfant mort-né en 1846, il est désespéré. Va la voir en Ukraine en 1847. Assiste à la Révolution de février 1848 et envisage une candidature électorale. Retourne en Ukraine, malgré son mauvais état de santé. Épouse enfin Mme Hanska le 14 mars 1850. Rentrés ensemble à Paris, ils se font donation perpétuelle de tous leurs biens. Balzac meurt le 18 août 1850 de la gangrène et d'une hypertrophie du cœur, après avoir publié plus de quatre-vingt-dix romans et nouvelles, et créé plus de deux mille cinq cents personnages en moins de vingt ans.

Au vu des similitudes, dira-t-on que l'épopée Rastignac est une vie possible ? Assurément, d'autant que Balzac se raconte en morceaux dans divers ouvrages, mais, à l'exception de Rastignac et de Félix de Vandenesse qui survit mais ne reparaît plus après 1838, ses doubles périssent tous de mort violente, comme si l'auteur se dépouillait peu à peu de peaux mortes, celle de la petite enfance, la plus douloureuse en dernier, si on ne considère que les années de formation. Avant de conter ses déboires d'imprimeur, dans *Illusions perdues* entre autres, et son enfance avec Félix de Vandenesse dans *Le Lys*, il livre sa vie de romancier en herbe, dans la mansarde de la rue Lesdiguières dans *La Peau de chagrin* de 1831, sa vie d'écolier dans *Louis Lambert*, et enfin sa jeunesse avec Rastignac. La liste n'est pas exhaustive mais essentielle pour qui veut comprendre la spécificité de Rastignac, *simul et singulis*, personnage singulier et universel tout à la fois, à la dimension d'éternité, si l'on considère la définition du mythe de Dabezies[17] qui voit dans celui-ci une illustration symbolique et fascinante d'une situation exemplaire pour telle ou telle collectivité. Entendons par là que Balzac a réussi le tour de force de créer une image moderne, édulcorée certes, des mythes primitifs, comme réponse à la vulgarité des temps présents. Il peut sembler paradoxal que ce soit un hobereau de province qui figure l'ambitieux type des temps démocratiques, mais c'est sans compter avec le fait qu'il appartient moins à une caste qu'à une activité, signe des temps que Balzac a bien cerné : si la position économique et sociale de l'aristocratie n'a pas été ruinée par la Révolution française, la noblesse de province ou non n'a pas su, aux yeux de l'auteur, regagner son prestige social, ni les moyens de ce prestige – on lira à ce sujet et avec profit *La Duchesse de Langeais*. Soit elle vit désormais petitement, soit elle ressasse son passé glorieux. Par surcroît, en démocratie on est snob (encore que le mot n'existe pas encore)[18] et l'on préfère le « chic », le « fashionable » de l'aristocratie, quand on s'appelle Balzac et qu'on n'aime pas les « bourgeois repus ». De sorte que Rastignac préfigure de fait, par le haut, le carriériste élégant et raffiné d'aujourd'hui, le chevalier d'industrie, au sens littéral du terme, l'aventurier moderne. Et il faudra attendre 1840, année fictive où naît Octave Mouret, héros de *Pot-Bouille*, pour lui trouver un véritable successeur inventé par Zola en 1882.

L'ambitieux social, aventurier moderne

« Il y a des vocations auxquelles il faut obéir et quelque chose d'irrésistible m'entraîne vers la gloire et le pouvoir[19] »sont assurément les mots d'un ambitieux acharné. Dès son jeune âge, Balzac étudie les vies des grands hommes, Louis XI, Catherine de Médicis, Louis XIV, Napoléon, Talleyrand. Il analyse leur parcours, leur gloire, scrute leurs échecs, médite leurs leçons. Raisonnant en tacticien et en stratège, il estime qu'il y a des clés, d'où cette certitude sur l'apprentissage, le travail, l'énergie. Bien souvent l'enfance forge l'ambition. Sa petite taille, la mauvaise appréciation que porte sur lui sa mère, ont été assurément une motivation importante dans sa volonté de réussite. Il fut un enfant mélancolique, replié sur lui-même, insatisfait, ambitieux, qui voulait être immortel et inoubliable. Passionné de lecture,

« une espèce de faim », il dévore les livres et se repaît indistinctement d'œuvres religieuses, d'histoire, de philosophie et de physique. Grâce à sa mémoire « photographique », il en retient tout, ce qui l'effraie. Par ailleurs, ayant une grande sensibilité, il se sent rejeté par sa mère, une femme mentalement instable, qui le met en nourrice dès sa naissance et l'envoie à l'âge de cinq ans comme externe dans une pension de Tours, tandis que son frère a un précepteur. Chétif et malingre, il emporte un panier peu garni pour le déjeuner, ce qui suscite chez lui mille souffrances et bien des moqueries de la part de ses camarades. Il est probable qu'aura résonné à ses oreilles toute sa vie la phrase qu'ils lui lançaient alors : « tu n'as donc pas de quoi ? ». Rien de mieux qu'un tel aiguillon pour réussir et décrire le « condottiere social » qu'il fut comme l'étudiant Rastignac. « S'il était bien peint dans sa lutte avec Paris, le pauvre étudiant fournirait un des sujets les plus dramatiques de notre civilisation moderne[20] », écrit-il d'ailleurs dans *Le Père Goriot*.

Rastignac, « aventureux Méridional » selon Balzac, est un guerrier pacifique. Il figure précisément un nouveau type d'ambition, le désir de réussir socialement, d'arriver. Cependant, si « les magnifiques ambitions font faire les grandes choses », comme l'affirme Victor Hugo, la frontière est fort mince entre ce désir ardent et la passion de l'envie relevée par Tocqueville. Par ailleurs, s'il y a déjà eu des parvenus dans la littérature française, *Le Paysan parvenu* de Diderot et *Les Parvenus* de Mme de Genlis, on notera cependant que le mot « arriviste » n'apparaît qu'à la fin du siècle, en 1893. Enfin, même si Rastignac est précédé de peu par Julien Sorel, celui-ci en diffère beaucoup dans la mesure où il lance moins un défi à la société qu'à lui-même et échoue pour des raisons morales plutôt que sociales. S'il faut un précurseur, le modèle originaire est plutôt à chercher du côté de Napoléon, petit gentilhomme corse, qui légitime l'ambition pour le siècle en favorisant un possible illimité, à cette nuance près que les conquêtes militaires étant terminées, il s'agit à présent, tout en se calquant toujours sur lui, de réussir pacifiquement. Rastignac-Balzac se fonde donc sur Napoléon et Bernadotte, mais désormais les « campagnes » sont sociales, encore qu'il s'agisse toujours d'entrer dans la vie « comme un boulet de canon », dit

Vautrin. Et tandis que Rastignac part à l'assaut « du champ de bataille de la civilisation parisienne », Balzac décide d'accomplir par « la plume ce que Napoléon a entrepris par l'épée », phrase qu'il inscrit sur sa cheminée dès sa jeunesse. C'est que porter un beau nom ne suffit plus : il faut avoir une grande fortune ou s'illustrer personnellement pour être reconnu. Comment y parvenir, se demande le jeune Balzac, premier écrivain à tenter de distinguer l'ambition légitime du « désir d'envie ».

Modèle d'efficacité ou exemple à ne pas suivre, idéaliste aux prises avec les contraintes du réel, Rastignac interroge à coup sûr le lecteur sur les moyens de parvenir et sur les bonnes pratiques, sur la légitimité de l'ambition. Car, à force d'entendre la petite phrase de Rousseau « du moins je suis différent », on en oublierait presque que la pensée de la période s'attache à décrire et à valoriser la nature sociale de l'individu et sa fonction dans le groupe humain, et que Balzac, mieux que tout autre, pose le problème de l'intégration sociale de ses héros. Force est de constater que c'est en s'insérant dans la société de son temps, que l'aventurier des temps démocratiques entend désormais triompher, au risque de se perdre. Il ne s'agira plus de transgresser la morale comme le rebelle Julien Sorel, ni de vivre dans une tour d'ivoire comme le René de Chateaubriand, mais bien plutôt de « faire avec » le réel, « le monde tel qu'il est », dit Vautrin ; de s'adapter, de tenter de concilier amour et intérêt bien compris, travail et plaisir, de s'investir dans les affaires publiques au risque de se salir les mains, d'y perdre son âme. « L'homme est imparfait », excipe Balzac dans l'« Avant-propos » rétroactif de *La Comédie humaine*. Et loin d'être un surhomme, Rastignac est un « homme fort » qui a ses faiblesses. S'il est manipulé par Nucingen et par de Marsay, n'est-ce pas lui qui finance l'enterrement de Goriot, et grâce à la parcelle d'influence qu'il obtient, ne parvient-il pas à modifier le cours des choses, à aider des amis, sans être la dupe de personne et en riant de tout ? Il se pourrait alors que continuer d'agir sans illusions, malgré les turpitudes du monde, s'avère *in fine* un projet plus difficile mais également plus positif que de « se retirer sous sa tente », comme l'écrit Delacroix dans son *Journal*, pour l'auteur du *Père Goriot*. Car Balzac a bien pressenti que le colonel doit à présent laisser la place au capitaine d'industrie, au commerçant ingénieux et à l'employé inventif. Comme le note Lamartine en 1837 : « Je m'efforce d'être un homme social, l'homme du temps ». Cela n'est pas forcément pour plaire à l'artiste, mais le nouvel *homme social* n'est-il pas le moins mauvais compromis entre les aspirations de la jeunesse et les accomplissements de l'âge mûr, entre l'individualisme libéral et la justice sociale ?

Énergique, carriériste, affairiste, roué, cynique, mais accrocheur, décideur, justicier dévoué, fidèle en amitié, lucide, efficace et capable de rire de lui-même (comme son auteur), l'aventurier moderne Rastignac possède de multiples facettes et entend bien être le modèle social le moins « défectueux[21] » des temps démocratiques. Sorte de directeur des Ressources humaines avant la lettre dans *Le Père Goriot*, « gestionnaire » dans *La Maison Nucingen*, homme politique et ministre de la Justice dans la suite de l'œuvre, n'est-ce pas lui qui résout les crises en « démasquant » Vautrin, en secondant Nucingen ? Il faudra se demander s'il ne figure pas, en dernier ressort, et comme par défaut pour Balzac, « l'honnête homme démocratique ». Enfin si « lire, c'est créer peut-être à deux », comme l'écrit l'écrivain en 1829 dans la *Physiologie du mariage*, il nous autorise, comme par avance, la libre interprétation qui suit. Après tout, ainsi que l'indique fort justement Stefan Zweig, Balzac est un de ces grands génies dont la génialité se fût manifestée sous quelque forme qu'ils eussent choisie[22] ».

Résumé du *Père Goriot*

L'histoire est racontée par un narrateur inconnu qui a recueilli les confidences d'un étudiant perspicace et à l'esprit curieux. L'action se passe essentiellement à la pension Vauquer, pension de famille parisienne pour petits-bourgeois et se déroule dans les années 1820. Le narrateur, grâce au récit du jeune homme qui en est pensionnaire, conte la triste fin du père Goriot, autre pensionnaire qui, considéré à tort comme un joyeux drille par les autres, s'est entièrement dépouillé au profit de ses filles ingrates, Delphine de Nucingen et Anastasie de Restaud, pourtant richement mariées grâce à lui. Il en mourra de chagrin. L'étudiant s'appelle Eugène de Rastignac. Il a pour ami, à la pension, l'étudiant en médecine Horace Bianchon, et Victorine Taillefer, secrètement amoureuse de lui. C'est un ambitieux qui aspire à une réussite rapide. Il s'amourache d'une des filles de Goriot, Delphine de Nucingen. Et grâce à sa volonté, à ses talents et un heureux hasard, il parvient à se hisser dans le monde où règne sa cousine Mme de Beauséant ; ce qui lui permet de résister aux propositions malhonnêtes d'un certain Jacques Collin, alias Vautrin, échappé du bagne, et caché sous un faux nom à la pension. Ce dernier est démasqué par les pensionnaires, sous l'impulsion du même Rastignac, tandis que Goriot encourage l'amour de sa fille Delphine pour l'étudiant et lui finance même un appartement, malgré son peu de moyens. Se privant du nécessaire, le père se sacrifie entièrement pour aider ses deux filles, mais meurt sans les avoir revues. Rastignac, désormais sans illusions, peine à lui offrir un enterrement convenable et décide de défier et de conquérir Paris.

À la loupe

Carrefour du Père Goriot

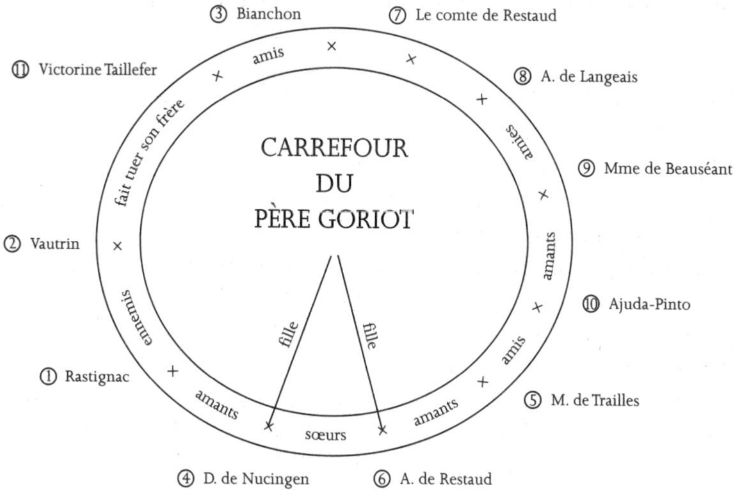

1 – Rastignac
PG, Le Père Goriot
MN, La Maison Nucingen
FE, Une fille d'Eve,
IP, Illusions perdues
MR, Melmoth réconcilié
CA, Le Cabinet des Antiques
S et M, Splendeurs et misères des courtisanes
BS, Le Bal de Sceaux
UM, Ursule Mirouët
In, L'Interdiction
CV, Le Curé de village
EF, Étude de femme
R, La Rabouilleuse
PCh, La Peau de chagrin
AEF, Autre étude de femme
SPC, Les Secrets de la princesse de Cadignan
TA, Une ténébreuse affaire
DA, Le Député d'Arcis
FM, La Fausse Maîtresse
Pr. B, Un prince de la bohème
B, Béatrix,
Be, La Cousine Bette
Méf, Les Méfaits d'un procureur du Roi
CSS, Les Comédiens sans le savoir
F. Au., La femme auteur

2 – Vautrin (Jacques Collin)
PG, Le Père Goriot,
IP, Illusions perdues
SetM, Splendeurs et misères des courtisanes
Be, La Cousine Bette

3 – Bianchon
Boi., Les Héritiers Boirouge
MD, La Muse du département
Ath., La Messe de l'athée
CB, César Birotteau
PG, Le Père Goriot
MN, La Maison Nucingen
R, La Rabouilleuse
IP, Illusions perdues
AEF, Autre étude de femme
L'Archer de Charles IX,
E, Les Employés
AC, Adam le chercheur
P, Pierrette
EF, Étude de femme
In, L'Interdiction
SetM, Splendeurs et misères des courtisanes
EHC, L'Envers de l'histoire contemporaine
PCh., La Peau de chagrin
H, Honorine
SPC, Les Secrets de la princesse de Cadignan
DF, Une double famille
Pr. B, Un prince de la bohème
Per., Perdita
MJM, Mémoires de deux jeunes mariées
FM, La Fausse Maîtresse
Bou., Les Petits Bourgeois
CP, Le Cousin Pons
Ech., Échantillon de causeries françaises
Be., La Cousine Bette
CV, Le Curé de village
FAu., La Femme auteur

4 – Delphine de Nucingen
In., L'Interdiction
PG, Le Père Goriot
F, Ferragus
CB, César Birotteau
IP, Illusions perdues
MR, Melmoth réconcilié
E, Les Employés
BS, Le Bal de Sceaux
MN, La Maison Nucingen
Pch., La Peau de chagrin
In., L'Interdiction
EF, Etude de femme
AEF, Autre étude de femme

FE, *Une fille d'Ève*
SetM, *Splendeurs et misères des courtisanes*
SPC, *Les Secrets de la princesse de Cadignan*
EHC, *L'Envers de l'histoire contemporaine*
DA, *Le Député d'Arcis*

5 – Maxime de Trailles
B, *Béatrix*
Gb., *Gobseck*
PG, *Le Père Goriot*
DA, *Le Député d'Arcis*
CB, *César Birotteau*
SetM, *Splendeurs et misères des courtisanes*
CM, *Le Contrat de mariage*
IP, *Illusions perdues*
E, *Les Employés*
UM, *Ursule Mirouët*
SPC, *Les Secrets de la princesse de Cadignan*
HA, *Un homme d'affaires*
FM, *La Fausse maîtresse*
Be., *La Cousine Bette*
P, *Pierrette*
Méf., *Les Méfaits d'un procureur du roi*
CSS, *Les Comédiens sans le savoir*
FAu., *La Femme auteur*

6 – Anastasie de Restaud
PG, *Le Père Goriot*
Gb., *Gobseck*
MN, *La Maison Nucingen*
DA, *Le Député d'Arcis*

7 – Le comte de Restaud
Gb., *Gobseck*
PG, *Le Père Goriot*

8 – Antoinette de Langeais
DL, *La Duchesse de Langeais*
PG, *Le Père Goriot*
Lys, *Le Lys dans la vallée*
F, *Ferragus*
In., *L'Interdiction*
IP, *Illusions perdues*
CA, *Le Cabinet des Antiques*
SPC, *Les Secrets de la princesse de Cadignan*
B, *Béatrix*

9 – Claire de Beauséant
AS, *Albert Savarus*
FA, *La Femme abandonnée*
PG, *Le Père Goriot*
Gb., *Gobseck*
CA, *Le Cabinet des Antiques*
Lys, *Le Lys dans la vallée*
DL, *La Duchesse de Langeais*,
In., *L'Interdiction*
B, *Béatrix*
SPC, *Les Secrets de la princesse de Cadignan*

10 – Miguel d'Ajuda-Pinto
PG, *Le Père Goriot*
DL, *La Duchesse de Langeais*
B, *Béatrix*

11 – Victorine Taillefer
PG, *Le Père Goriot*
SetM, *Splendeurs et misères des courtisanes*
AR, *L'Auberge rouge*

N.B. Personnages seulement mentionnés : Nucingen, les Rochefide, Armand de Montriveau, Félix de Vandenesse, lady Brandon, la comtesse de Kergarouët, Mme de Sérizy, la duchesse de Carigliano, la comtesse Ferraud, Mme de Lanty, la marquise d'Aiglemont, Auguste de Maulincour, le marquis de Ronquerolles, Mme Firmiani, la marquise de Listomère, la marquise d'Espard, la duchesse de Maufrigneuse, les Grandlieu.

La méthode

Persuadée, comme l'a affirmé Bonald, puis Balzac, que la littérature est l'expression de la société, et que par ailleurs les temps démocratiques postrévolutionnaires fondent la société inédite qui est toujours la nôtre, il nous est apparu fondamental d'explorer le premier XIXe siècle et sa littérature, afin d'y trouver peut-être des réponses aux défis du monde contemporain. À l'évidence, l'apport de la période est particulièrement fécond, en ce que celle-ci inaugure de nouvelles pratiques dont le roman balzacien est assurément l'instrument le plus informatif, le plus critique et le plus prophétique. Balzac, à travers une œuvre innovante, n'a en effet de cesse que d'interroger la nouvelle donne de la Révolution et ces nouveaux comportements qui apparaissent comme à la source de nos préoccupations actuelles, ce qui a peu été souligné jusqu'ici. Par ailleurs, l'avènement du roman moderne, forme d'art entièrement sociale, coïncide avec l'économie, devenue avec son outil principal, la statistique, une science sociale[23]. Si on n'échappe pas à la littérature, on échappe encore moins au roman, et c'est heureux, car c'est seulement par l'imagination que l'on perçoit bien le réel.

Balzac semble donc bien avoir utilisé dans *La Comédie humaine* une méthode d'investigation de la pensée, de la volonté et du jeu des passions qui en découlent, ainsi qu'il le confirme d'ailleurs dans l'« Avant propos ». S'il emploie cette fois le mot *système*, il énonce cependant une méthode : il s'agit de dresser « l'inventaire des vices et des vertus », de rassembler « les principaux faits des passions, peindre les caractères », de choisir « les événements principaux de la Société », de composer « des types par la réunion des traits de plusieurs caractères homogènes »[24].

Notre méthode, quant à elle, est à double visée. Elle éclaire les raisons profondes de la réussite professionnelle tout en rapprochant entreprise et littérature. Ce qui représente, nous semble-t-il, un apport particulièrement fécond en matière de conduite à adopter dans un monde devenu incertain, uniformisé, en proie aux intérêts égoïstes et oublieux de valeurs essentielles telles que le travail, la responsabilité, le goût du risque, le dévouement. Nous proposons donc ce que Frank Kermode dès 1973 appelle une démarche accommodatrice d'un classique, c'est-à-dire le rapprochement d'un chef-d'œuvre du XIXe siècle, de notre temps, de nos intérêts dans une compréhension et un apport toujours actifs, actuels et renouvelés.

Il s'agira donc de montrer à travers le prisme du personnage de Rastignac les défis qui se posent aujourd'hui à une entreprise et à ses dirigeants : comment améliorer la communauté humaine, comment prospérer, comment diriger avec succès. Cette analogie peu soulignée jusqu'ici permet également d'identifier ce qui se cache derrière le héros : un formidable écrivain et un mémorialiste précieux pour la période parce que précis, scientifique. Pour ce faire, on étudiera sa méthode et ses limites, en tenant ensemble le contexte historique, la science balzacienne de l'humain, et un humour omniprésent, propre à toute entreprise, y compris celle de *La Comédie humaine*. On examinera d'abord la méthode Rastignac corrélée à la période de l'apprentissage, puis la méthode Balzac avec les succès et échecs de la maturité de Rastignac ? Ce qui permettra d'étudier non seulement la fin du parcours de Rastignac, mais à travers une approche plus globale de deux portraits de rénovateur et de dirigeants, de mettre en relief une figure de l'entrepreneur qui puisse éclairer les parcours professionnels d'aujourd'hui. On aura le plus possible recours à une démarche chronologique de type scientifique qui inclura diagrammes, tableaux, statistiques, théorèmes, axiomes et équations de Balzac lui-même ou qui pourraient l'être. Grâce à cet ouvrage, et par cette approche transversale, on découvrira non seulement un Balzac humaniste, épris de liberté et de justice, et résolument européen mais également un écrivain insolite, un sociologue rigoureux et pragmatique, profondément soucieux d'apporter des réponses concrètes aux problèmes de son temps, d'instaurer autant que possible un équilibre entre la réussite individuelle et une justice sociale, véritable croix des sociétés démocratiques.

Afin de l'éclairer au mieux, le lecteur pressé, l'étudiant trouvera à la fin de chaque chapitre une fiche. Ces fiches sont des transpositions à la vie professionnelle actuelle et sont annoncées par des clefs. À vous de les essayer !

Première partie

LA MÉTHODE RASTIGNAC

Observer, Copier, Innover [1]

Chapitre I

UN DÉBUT DANS LA VIE

« Le feu a pris dans mon quartier, rue de Lesdiguières, n° 9, au 3e, dans la tête d'un jeune homme. Les pompiers y sont depuis un mois et 1/2 ; pas possible de l'éteindre. Il s'est pris de passion pour une jolie femme qu'il ne connaît pas. Elle s'appelle la Gloire[2] », écrit Balzac à sa sœur. Et, à propos, de Napoléon d'ajouter : « ce qu'il n'a pas achevé par l'épée, je l'accomplirai par la plume* ». Incontestablement, Balzac a l'ambition chevillée au corps. C'est encore plus patent chez Rastignac qui possède non seulement la volonté de réussir, mais un physique de gagnant, et arbore l'air déterminé de celui qui « doit arriver ». Comment ressembler à cet ambitieux modèle ?

1 – *Une discipline volontariste*

Adepte de la méthode Coué, Rastignac se répète plusieurs fois, « je réussirai », au début du roman. « Vous aurez des succès », ou « vous réussirez », chantent en chœur Mme de Beauséant, Vautrin, Goriot, et même Delphine de Nucingen qui ajoute : « vous ferez une brillante fortune, le succès est écrit sur votre beau front ». Comme frappés très tôt par la détermination qui l'anime et son « aplomb », ils semblent tracer le destin de « l'aventureux méridional », persuadés par une notion mystérieuse mais intuitivement partagée : le potentiel. Qu'est-ce que cela signifie ? D'abord qu'il a l'étoffe d'un chef, et qu'il peut prendre des responsabilités, ensuite qu'il croit en ses capacités. Si croire en soi est le *credo* qui se dégage assurément de l'œuvre, on n'arrive cependant à rien sans la volonté. C'est plus préci-

---

* Inscription qui accompagnait la statuette de Balzac rue Cassini puis à Chaillot.

sément encore sans une discipline volontariste qu'il faudrait dire, comme le révèlent de manière surprenante les *Carnets* d'un Delacroix qui s'astreint pendant des heures à copier médailles et peintures du Louvre, sa vie durant, ou la *Correspondance* de Balzac qui dresse le portrait d'un travailleur acharné et enchaîné à sa table de travail, pendant plus de quinze heures chaque jour. C'est que chez le peintre comme chez l'écrivain, comme chez Napoléon, il s'agit bien plutôt de la volonté de vouloir. Napoléon, « un homme qu'on représente les bras croisés et qui a tout fait ! qui a été le plus beau pouvoir connu, le pouvoir le plus concentré, le plus mordant, le plus acide de tous les pouvoirs [...] Un homme qui pouvait tout faire parce qu'il voulait tout[3] ».

On a beau avoir du génie, « il faut avoir au cœur la volonté de la tortue qui reprend le chemin de l'océan », précise encore l'écrivain d'Arthez, autre porte-parole de Balzac[4]. C'est donc peu dire que la volonté est la cheville ouvrière de l'entreprise Balzac. Elle en est la colonne vertébrale, l'aiguillon moral et psychologique qui pousse un individu à accomplir des efforts parfois surhumains, comme Goriot tordant l'argent à pleines mains, ou Claës passant ses nuits dans son laboratoire. À ce titre, l'emploi du temps de Balzac, quand il travaille, est on ne peut plus éloquent :

– se couche en général après un souper léger arrosé d'un verre de vouvray à 18 heures, « comme les poules ».

– se fait réveiller à une heure.

– travaille jusqu'à 8 heures, tasse de café sans sucre, puis reçoit son éditeur qui lui remet les épreuves et repart avec un nouveau manuscrit.

– dort encore une heure et demie.

– prend deux œufs, un verre d'eau et une tasse de café pur.

– travaille jusqu'à 16 heures = « s'attelle à son fiacre ».

– reçoit de nouveau l'éditeur, prend un bain ou sort[5].

On sait par son éditeur Werdet que Balzac, lorsqu'il écrit et il écrit quasiment tout le temps (près de vingt ans), s'enferme pendant des semaines, ne quitte presque pas sa maison. Sa porte est fermée à tout le monde, même à ses meilleurs amis. Il n'ouvre plus son courrier, et son fidèle domestique l'entasse sur un plat japonais. Vêtu d'une robe blanche de dominicain, volets fermés et rideaux tirés, il écrit en buvant des litres de café et à la lueur de quatre bougies, dans deux chandeliers d'argent. Il écrit toujours plusieurs œuvres à la fois : cela n'est pas seulement dû à des contraintes extérieures et à ses dettes, mais, comme il le dit lui-même à plusieurs reprises, à cause de la fluidité et de la rapidité de ses visions. Balzac voit en effet défiler rapidement ses personnages sur la toile de sa conscience, par un phénomène de « véloces perceptions » comme chez Louis Lambert et Séraphîta.

On l'aura compris, vouloir, c'est pouvoir chez l'un comme chez l'autre, même si pour Balzac, vouloir peut détruire, et pouvoir, tuer. Héritage napoléonien, énergie mythique, la volonté et la ténacité sont les forces qui habitent le monde révolutionné et balzacien et président au destin de nombre de ses héros, et plus particulièrement de son homologue, Rastignac. Décrit comme un timide qui doute de lui, du moins au début, il est en effet présenté presque immédiatement comme un homme courageux, volontaire, tenace. De fait, Il faut sans cesse revenir à cette donnée initiale si on veut appréhender la problématique balzacienne : la volonté est reçue en partage par tous les hommes ; ils « possèdent une belle somme d'énergie et de volonté dont leur a fait présent la nature[6] ». Libre à l'individu d'en faire bon usage, car il a une somme donnée qu'il ne peut dépasser.

Au fond, ce qui fait la différence entre l'homme fort et l'homme faible, c'est la façon dont il va mettre à profit son énergie, soit qu'il la consume en travaux nécessaires, dans les angoisses de passions funestes ou qu'il végète. Au reste, pour Baudelaire qui a vu juste le premier, beaucoup de héros balzaciens en apparaissent pourvus comme des canons, « bourrés jusqu'à la gueule ». Quant à Rodin qui n'a pourtant jamais rencontré Balzac, il perfuse sa statue d'une volonté prométhéenne, 25 ans après la mort de l'écrivain. C'est peu dire par conséquent que la volonté fait beaucoup chez Balzac : même s'il n'écrit pas tous les jours de sa vie, il est bon de rappeler qu'il travaille en moyenne 12 à 15 heures par jour et qu'il corrige jusqu'à 17 fois ses épreuves, ce qui rend fous les imprimeurs.

Pas de réussite sans volonté, donc, mais pas question d'en avoir trop ni trop peu. Si on en a trop, on dépasse le but, la réussite se fait « peau de chagrin » et on en meurt prématurément comme Raphaël de Valentin. Et si on l'a « intermittente » comme la cervelle de ce pauvre Lucien de Rubempré qui n'en finit pas de perdre ses illusions et les nôtres avec lui, alors on succombe à la passion de l'envie dénoncée par Rousseau, puis par Tocqueville, et privé des moyens pour la satisfaire, on en meurt aussi. On remarquera au passage que si Balzac fait tout avec excès, son héros, lui, dose son énergie, exerce sa volonté en organisant son emploi du temps : un temps pour danser chez Mme de Beauséant et la nuit pour travailler à ses chères études, même si cela ne dure guère. Ensuite, et à partir du moment où il est aux affaires, il ne l'utilise, nous y reviendrons, que dans les moments de crise. Comme le proclame Metternich, amant de la duchesse de Castries à qui Balzac rêve de succéder sans succès : « le vrai chef-d'œuvre, c'est de durer ».

« Voyez si vous pourrez vous lever tous les matins avec plus de volonté que vous n'en aviez la veille[7] », ajoute même Vautrin, porte-parole cynique de l'auteur à l'intention de Rastignac. Le véritable joker de Rastignac ne serait-il pas alors de persister avec plus de force, au fur et à mesure que les obstacles tels que les bévues, le manque d'argent s'amoncellent ? Bien loin de se décourager, après sa piètre visite à Mme de Restaud, ne décide-t-il pas immédiatement de rebondir sur ses erreurs ? Aussi bien, plus précieuse encore que la volonté, la ténacité apparaît, de fait comme le ressort divin de la réussite, selon Balzac. D'autant qu'à l'égal de son créateur, le héros balzacien ranime constamment sa détermination en s'exhortant, et en grand adepte de l'autopersuasion, adopte dans ses délibérations des aiguillons comme « je réussirai », ou bien « il faut au moins que cela serve à quelque chose ». Décidément, il ne fait pas bon paresser dans l'entreprise Balzac qui avait d'ailleurs rédigé une *Théorie de la volonté* malheureusement introuvable ! Il faut donc se contenter d'observer Rastignac et Balzac. « Toujours les ressorts cérébraux tendus !... Pas de relâche ! Ma vie est un combat ; il faut que je dispute pied à pied la reconnaissance de mon talent, si talent il y a[8]. »

2 – *Une forte motivation*

« Je mourrai de chagrin le jour où je reconnaîtrais que mes espérances sont impossibles à réaliser », écrit Balzac[9]. Tandis que le héros de *La Peau de chagrin* déclare : « J'étais la proie d'une excessive ambition, je me croyais destiné à de grandes choses, et je me sentais dans le néant[10]. »

Eugène de Rastignac naît en 1799, à Rastignac, près de Ruffec en Charente, la même année que Balzac, qui lui naît le 21 mai. Son nom sonne, et il sonne bien ; comme Balzac surtout, comme Martignac aussi, comme Polignac, comme Canezac enfin. Comme le bordelais Martignac, ministre des dernières années de la Restauration, et qui tente de constituer une majorité de centre, tout en proposant des réformes. Mais tandis que Chateaubriand refuse l'Instruction publique, Martignac est rapidement remplacé par Polignac chef des Ultras, ce qui mène à la révolution de 1830. Comme Canezac d'où vient la famille paternelle de Balzac. On est gascon ou on ne l'est pas et chez les Gascons, c'est connu, on est ambitieux. Et quand on a un grand-oncle qui s'est illustré comme vice-amiral sous Louis XVI et un frère Gabriel qui a réussi dans la prélature, on a l'ambition chevillée au corps. Au reste, on n'a guère le choix avant la Révolution quand on est de la branche cadette, en conséquence pauvre. On doit forcément s'illustrer. Cependant, ce n'est guère mieux après l'Empire. Or, le clan ambitieux s'est appauvri car le grand-oncle, vice-amiral, s'est ruiné au service du Roi. Si bien que ses parents, principaux perdants de la Révolution française, en tant que groupe social, ont réintégré leur domaine. À l'exemple du comte de Montlosier vivant dans une autarcie d'ermite sur ses terres de Randan, ils mangent, dit drôlement Balzac, des « hannetons rôtis », pour faire vivre la jeune génération. Avec trois fils et deux filles (comme les Balzac qui ont eu trois fils et deux filles), le baron, sa femme et sa sœur vivent en effet, plutôt mal que bien, des revenus de leur vigne.

En 1820, forte de quelque 37 millions d'habitants, la France est le pays le plus peuplé d'Europe à l'exception de la Russie, Mais la France rurale se porte mal et les prix sont à la baisse entre 1817 et 1851 : le vin au détail baisse de 30 %, et le vin ordinaire de 70 %. Leurs revenus se montent d'ailleurs à 3 000 F, ce qui représente environ le SMIC. C'est bien peu pour un noble souhaitant faire vivre dignement toute une famille, encore moins pour obtenir le titre de pair et siéger à la Chambre, puisqu'en 1817, il est exigé pas moins de 10 000 F d'un baron pour en faire partie. D'où la nécessité pour le fils aîné de redorer le blason familial. coûte que coûte : « il s'agit pour moi de faire mon chemin ou de rester dans la boue[11] », écrit Rastignac à sa mère.

Cas de figure auquel s'affronte Rastignac, et mission proche de celle de Balzac qui se verrait bien achever « par la plume », ce que Napoléon « a accompli par les armes ». Est-on en effet mieux loti chez les Balzac, dont le père, notons-le, est né à La Nougayrié, près de Canezac dans le Tarn ? En tant qu'ouvrier agricole enrichi, son rabelaisien de père, Bernard François, fait mieux, puisqu'il abandonne les quelques arpents de vigne qu'il cultive pour autrui, et parvient incontestablement à faire son trou à Paris grâce à la Révolution et surtout grâce à l'Empire. Mais en 1815, les vaches grasses sont terminées pour ce fournisseur aux armées. Lui aussi a eu trois garçons et deux filles, mais l'aîné est mort peu après sa naissance. Avec sa faconde habituelle, un savoir et un *savoir-faire* indéniables, cet homme de ressources parvient, le mot n'est pas trop fort, à se faire nommer Directeur des Vivres jusqu'en 1819, mais, privé de soutien, il est contraint à la retraite. Il réussit indéniablement grâce à sa prudence et à son entregent, qualités précieuses en des temps où il est préférable d'aller lire son journal au café plutôt que de s'y abonner, au risque d'être marqué.

Par surcroît, que l'on s'appelle Talleyrand, Balzac, Hugo, Tocqueville ou que l'on soit un petit-bourgeois de Tours, quand on a subi une Révolution, la République, un Consulat, L'Empire et une Restauration, il vaut mieux avoir de fortes motivations et savoir s'adapter, pour ne pas végéter ou même rester en vie. Et lorsqu'on appartient à la génération perdue, il est bon de se fixer des objectifs précis et définir sa stratégie rapidement, ce que l'auteur appelle « marcher droit à la difficulté pour la résoudre[12] » si on veut pénétrer ce qui ne s'appelle pas encore

« le marché du travail », mais la société révolutionnée. Dès lors qu'on doit soi-même forger son destin, et « qu'un homme ne parvient que pressé par la main de fer de la nécessité[13] », l'ambition est à l'ordre du jour pour les orphelins de la Révolution et de l'Empire. Or rien ne préside mieux au succès que la compétence et le charisme, aux yeux de l'auteur. Mais cela ne suffit pas. Encore faut-il aussi évaluer la situation avec lucidité, et fixer ses objectifs le plus tôt possible car la gloire n'attend pas. Ce que Rubempré, ingrat papillon, ne comprend pas, lui. « Rien que l'amour et la gloire ne peut remplir la vaste place qu'offre mon cœur », écrit Balzac à sa sœur en septembre 1819 et à nouveau en 1821. On observera cependant que c'est l'amour et l'argent qui sont, de fait, privilégiés à parts égales, dans *La Comédie humaine.*

À la loupe

Occurence des mots « argent, fortune, amour, ambition, envie » dans *La Comédie humaine*

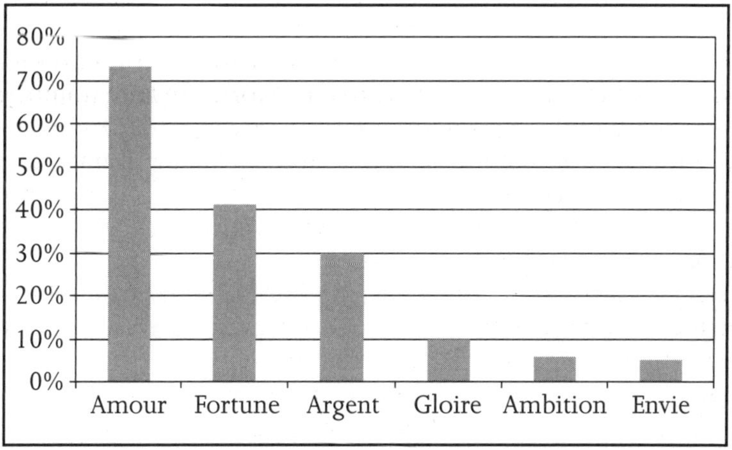

D'après les travaux de Kazuo Kiriu (site du musée de la « Maison de Balzac »). Nous avons compté 4 015 occurrences du mot « amour » contre 1 756 du mot « argent » (ou « archand, archande »).

3 – *L'homme qui « doit arriver »*

Rastignac, de par sa morphologie, est un « homme qui doit arriver[14] ». Autrement dit ; il a le physique de l'emploi. Avoir le physique de l'emploi, est-ce une expression de pacotille ou une vérité sociale ? À chaque emploi correspondrait donc un physique déterminé. Mais tout le monde n'occupe pas forcément l'emploi correspondant à son physique. Faut-il aller au-delà des apparences ? Et que dire de l'habit qui ne fait pas le moine... Vastes sujets au cœur des rapports humains.

« Eugène de Rastignac avait un visage de méridional, le teint blanc, des cheveux noirs, des yeux bleus[15] ». Le lecteur apprendra plus tard qu'il n'est pas grand, ce qui arrange bien Honoré qui mesure I m.58. Cependant être petit n'est pas un inconvénient. Pour l'ambitieux, Bonaparte est l'exemple suprême !

Rastignac est donc petit, mais proportionné, agile et vigoureux. Son teint pâle se colore facilement au soleil. Il respire franchise et loyauté, et rien ne lui résiste. On pourra s'étonner qu'il soit présenté, d'emblée, comme « un homme qui doit arriver », autrement dit qu'il ait un physique de gagnant. Et cela, parce qu'il est petit, a les cheveux noirs et les yeux bleus. C'est que précisément, le cheveu noir signale un caractère fort, des yeux clairs annoncent la perspicacité et la petite taille, un concentré d'énergie. *A priori*, l'aspect déterministe de pareille déclaration a de quoi surprendre sous la plume d'un auteur aussi attaché aux pouvoirs du travail et de la persévérance. Mais c'est compter sans une nouvelle science qui fait fureur à cette époque : la physiognomonie.

Quel contraste ente le physique racé de Rastignac, et l'aspect courtaud et négligé de Balzac, « petit homme avec une grosse taille, un grand front... un gros nez carré, une bouche énorme qui riait toujours, malgré ses mauvaises dents[16] ». On se fabrique parfois un physique de séducteur ! Pour Balzac qui se veut scientifique et décrit ses personnages dans le moindre détail, il existe bien un « physique de l'emploi » pour réussir, d'après une méthode empruntée à Gall et Lavater, qu'il cite plus de cent fois dans *La Comédie humaine*. Lavater[17], savant allemand du XVIIIe siècle, met en rapport le corps humain et le caractère grâce à cette nouvelle science. Il se taille un franc succès auprès des savants qui voient en elle un moyen de classer les comportements (obsession encyclopédiste), de les reconnaître voire de les contrôler, mais aussi auprès des artistes et des caricaturistes zoomorphiques comme Daumier. Cette science ne décèle pas moins de 125 physionomies différentes !

Balzac, fasciné par tout ce qui touche à l'« homme social[18] », se lance dans l'aventure avec enthousiasme. Il publie coup sur coup codes et traités les plus farfelus ; *Code des gens honnêtes, ou comment ne pas être dupe des fripons, Code de la toilette, Traité de la vie élégante.* L'écrivain n'est cependant pas le seul : codes civil, conjugal, épistolaire, galant, gourmand et physiologies plus ou moins malicieux se multiplient, insistant sur la nécessité de savoir reconnaître d'un coup d'œil la catégorie sociale des gens dans la rue et d'être un bon observateur. Définir l'appartenance d'un homme à un groupe social devient presque un sport national dans la France du XIXe siècle.

Le deuxième facteur de réussite et non des moindres, c'est le contraste. Eugène a les cheveux noirs et les yeux bleus. Et c'est épatant dans le monde balzacien. Outre que les yeux bleus sont à la mode, à cause de Napoléon et de Talleyrand qui les a glacés, on relèvera que le contraste fait l'homme complet.

S'ajoute également aux critères physiques qui composent le personnage de l'ambitieux, la maîtrise de soi, dès lors qu'on veut impressionner un interlocuteur, conseil que Madame de Beauséant traduit par : « Si vous voulez réussir [...] d'abord ne soyez pas aussi démonstratif[19]. »

On observera enfin que pour être élégant, *fashionable,* dit Balzac, il convient de travailler son apparence. Car, comment se distinguer désormais dans un monde où « tous les habits sont noirs », et « les cœurs métalliques » et où dans le même temps « l'Égalité produit en France des nuances infinies »[20] ? Très tôt, Eugène, comme Honoré, souhaite donc être *fashionable,* c'est-à-dire à la mode et l'Angleterre la dicte. Mais si contrairement à son auteur, Rastignac a un physique qui le sert et « naît élégant », il lui faut cependant travailler son apparence, car « aujourd'hui, l'individu ne tient sa physionomie que de lui-même[21] ». Rastignac comprend très vite qu'il s'agit, tout en se conformant à un code, de s'en démarquer discrètement par des détails personnels et de tirer parti de ses défauts. Aussi, bien qu'il soit obsédé, comme son auteur, par les gants jaunes indispensables à l'homme élégant, cet « éternel jeune homme » apparaît à quarante-cinq ans, en habit noir sobre, à la Adolphe Thiers, et sans aucune décoration.

Combien d'argent faut-il par an, pour être *fashionable*, en 1820, selon Vautrin-Balzac ?

– logement : 1 000 F
– nourriture : 8 000 F
– trois chevaux et un tilbury pour le matin, un coupé pour le soir : 9 000 F
– garde-robe : 3 000 F
– parfum : 600 F
– chaussures : 100 F
– chapeaux : 100 F
– blanchissage : 1 000 F
– argent de poche : 2 000 F

Au début du XIXe siècle, il en coûte 25 000 F = 80 000 € = environ 7 000 € par mois.

Précisons que Balzac, s'il a mené grand train avec tilbury et dépensé pareille somme, n'en a jamais disposé !

À la loupe

Portraits

Portrait de l'étudiant de 1820	Portrait du dandy de 1820	Portrait de Balzac*	Portrait de l'homme élégant d'aujourd'hui
Porte un chapeau	Cheveux blonds bien frisés-chapeau	Cheveux noirs et négligés	Cheveux propres et coupe mode
Une méchante cravate noire, froissée et mal nouée	Cravate extravagante	Un cordon vert et rouge	Cravate ou écharpe impeccable et sobre. Pas trop de bijoux.
Le teint pâle	Le teint pâle	Un teint fleuri	Une peau saine (points noirs à bannir)
Un pantalon fripé, de vieux habits	Redingote ajustée - bannit l'habit noir	Paletot brun et pantalon noir trop court [1]	Costume ou tailleur classique mais mode : le gris est toujours bien
Un mauvais gilet	« Étourdissants gilets »	Balzac en a plus de 130	Gilet en option
Des bottes ressemelées	Bottes fines et propres	Gros souliers crottés	Chaussures propres et cirées. Gare aux talons trop hauts !
N'a pas de chaussettes	Bas et gants jaunes	Bas et gants jaunes ou noirs	Chaussettes propres et sans trous. Collants non filés
Est mince	Est mince et grand	Petit et trapu	Évite les kilos superflus
Est désargenté et charme par son savoir et sa sincérité	Est cynique et calculateur	Charme par sa conversation pétillante, par sa sincérité, son savoir et sa bonté	À l'élégance du cœur : respecte son entourage et se soucie des autres
Énergique comme Balzac	Vit souvent « à la ramasse »** : est « mou »	Énergique et volontaire. Une grande force intérieure.	Une grande force intérieure : pas de mollesse

* D'après ses familiers, restitué par André Billy, *La Vie de Balzac*, Paris, Flammarion, 2e édition, 1947. D'après Fontaney qui le rencontre chez Gérard, il a « une tournure d'herboriste et une mise de boucher ». (*Journal intime*, publié par René Jasinski, les Presses françaises, 1925, p. 30).
** FYO, Pl.V, p.1047.

L'essentiel

Le physique de l'emploi

Tout le monde n'a pas la « chance » d'être né petit, orné d'une magnifique chevelure brune, de posséder un regard d'acier envoûtant et de partir à la conquête de l'Europe de 1804. Dans nos sociétés contemporaines, on peut même dire qu'une petite taille serait un facteur négatif. On se souviendra pourtant de certains destins présidentiels avant de se lamenter ! Et puis, quelle importance d'être taillé comme un colosse si on passe ses journées assis devant un écran d'ordinateur.
Bien au-delà du simple physique-muscles et/ou atouts-charme, avoir le physique de l'emploi relève plutôt, selon Balzac, d'une manière d'être et d'apparaître en entreprise.
Règle fondamentale : votre entreprise n'attend pas toujours que vous soyez vous-même, mais que vous soyez capable de vous fondre dans le moule. Cela rassure !

◆ *Ni trop présent, ni trop absent*

Votre physique vous permet de remplir l'espace de manière naturelle, d'attirer les regards, de vous imposer. Inutile d'en abuser, faute d'étouffer vos interlocuteurs, au figuré, bien entendu.
Inversement, votre taille modeste peut faire de vous un collaborateur invisible. C'est bien souvent dans la tête que naissent les pires blocages. Faites-vous remarquer par vos autres qualités – bonne humeur, intelligence, etc. – sans gesticuler toutefois.

◆ *Déterminé mais calme*

Entrez dans une pièce d'un pas décidé et non en rasant les murs. Comme Rastignac, « marcher droit à la difficulté pour la résoudre » : dites ce que vous avez à dire rapidement. Ne tournez jamais autour du pot, vous agaceriez votre interlocuteur. Montrez que vous êtes motivé, et quand vous parlez, regardez les yeux de la personne à qui vous vous adressez, et non vos chaussures. Efforcez-vous de parler lentement et distinctement, et ne soyez pas trop « démonstratif », comme le suggère Mme de Beauséant. Présentez-vous à ceux que vous ne connaissez pas, même si la timidité vous ronge, mais sans interrompre leur conversation et sans vous imposer grossièrement.

◆ *Miser sur la « propreté »*

Ne pas causer de désagréments olfactifs et visuels à vos interlocuteurs semble être une mise en garde superflue. Détrompez-vous ! Trop nombreux sont ceux qui rêvent encore au temps de Versailles. Louis XIV refusait peut-être les bains et préférait se frictionner d'eau de Cologne, mais vous n'êtes pas le Roi ! Savon, dentifrice et déodorant sont les meilleurs atouts du collaborateur ambitieux. Cheveux, ongles, mains peuvent en dire plus sur votre personnalité que vous ne l'imaginez. Prenez soin de votre apparence. Si vous ne le faites pas pour vous, ayez la décence de le faire pour ceux qui vous entourent.

◆ *Sobriété, élégance, adaptabilité*

Inutile de provoquer une crise d'épilepsie chez un interlocuteur avec vos cravates fluo, ou une attaque cardiaque avec vos décolletés vertigineux. Lorsque vous arrivez dans une entreprise, misez sur la sobriété, avant d'avoir pu comprendre dans quel univers vous allez évoluer.
Cols de chemise, de chemisiers doivent être impeccables, vos habits frais repassés et sans taches, vos chaussures cirées. Évitez les maquillages outranciers, vernis agressifs, vêtements voyants : on engage rarement les perroquets !
Bien entendu, une salle des marchés, un entrepôt frigorifique ou une agence de publicité possèdent leurs propres codes vestimentaires et comportementaux. Soyez adaptables, identifiez rapidement les caractéristiques essentielles de votre « nouveau physique ». Enfin, si vous portez ostensiblement des vêtements plus coûteux que votre supérieur hiérarchique, il risque de ne voir aucune nécessité à vous augmenter.

Chapitre II

UNE STRATÉGIE COMPLÈTE : SAVOIR ET SÉDUCTION

Au bout d'un an d'études, « Rastignac résolut d'ouvrir deux tranchées parallèles pour arriver à la fortune, de s'appuyer sur la science et sur l'amour, d'être un savant docteur et un homme à la mode[1] ». Bien que Balzac considère cette démarche impossible, savoir et séduire sont pourtant les armes que Rastignac fourbit durant ses années de jeunesse. Séduire par le savoir et le charme sont de fait les éléments d'une stratégie offensive et ciblée, et qui se fonde sur la compétence – savoir + apprentissage –, tout autant que sur le faire savoir qu'on l'est. Démarche inédite s'il en est, et qui est à méditer en ces temps de médiatisation.

1 – *Une stratégie offensive et ciblée*

À l'évidence, Rastignac-Balzac apparaît comme un stratège offensif et précis, et comme un spécialiste du « comment-faire ». Non content de définir ses objectifs, il choisit rapidement les moyens pour les atteindre : le savoir et le charme. Ce qui ne l'empêche pas de réfléchir avant d'agir. Ainsi n'adhère-t-il pas aux conclusions hâtives des autres pensionnaires comme Vautrin, Poiret et Mlle Michonneau, à propos du Père Goriot : il cherche méthodiquement à en savoir plus long sur l'homme, avant de se prononcer. Après avoir observé Goriot attentivement, et l'avoir vu tordre de l'argent la nuit en murmurant « pauvre enfant », il se garde bien de « condamner inconsidérément son voisin »[2]. Et c'est grâce à sa sagacité tout autant qu'à sa prudence, qu'il résout l'énigme Goriot, contrairement à Vautrin qui se fie aux apparences et le voit en vieillard lubrique.

Certes rapide et efficace dans l'action, Rastignac s'interroge cependant sans cesse et envisage toutes les conséquences de ses actes : on remarquera le nombre de monologues intérieurs – pas moins de trois – qui précèdent ses décisions. Il sait aussi très tôt évaluer les risques – insatisfaction, ridicule, ruine –, ce qui lui permet d'anticiper ses actions et les solutions possibles, afin de se donner les meilleures garanties de succès. C'est ainsi qu'il mise, pour entrer dans le monde, sur un apport financier de sa famille mais également sur une lettre de change donnée à Vautrin, au risque de se perdre.

Une fois nanti d'un capital de départ, il se donne tous les moyens de réussir. Au commencement du récit, ne table-t-il pas, et sur Mme de Restaud, et sur Mme de Nucingen pour parvenir, tout comme Honoré commence par s'appuyer sur ses deux maîtresses, Mme de Berny et la duchesse d'Abrantès tout en se lançant à la fois dans le monde, l'écriture, la librairie, l'édition, l'imprimerie et le journalisme ? Mieux qu'une stratégie défensive, il est clair qu'il met en place une stratégie ciblée. À l'aise dans l'offensive d'engagement, dirait Alain Minc[3], voilà un stratège qui n'hésite pas à cultiver son intelligence dans un univers hostile et ultracompétitif !

Si cette stratégie, tout en inventant des réponses inédites à des situations conflictuelles, ose braver la morale, elle tente cependant de concilier l'action et une certaine probité sur le terrain. Que fait Rastignac pour parvenir ? Il commence par demander conseil à une cousine, Mme de Beauséant, sur le meilleur moyen d'entrer dans le monde (entreprise). Celle-ci lui donne un sésame, un « ticket d'entrée » dans son salon pour Delphine, trésor qui lui vaut l'amour et la reconnaissance de Mme de Nucingen. Assez comparable à une « fusion–acquisition » ou mariage de deux entreprises, la transaction marche au-delà de toute espérance : Delphine est enfin reçue dans le monde, Rastignac est entretenu par Delphine et Goriot, et finit par avoir un « poste » important auprès du mari, dans la suite, *La Maison Nucingen*. Cela ne va pas cependant sans quelques « dommages collatéraux » qui donnent des crises de remords récurrentes à Eugène. Tout d'abord, il tombe vraiment amoureux d'elle, malgré sa sécheresse de cœur envers son père. Ensuite, Goriot meurt sur la paille à cause d'elle, de sa sœur et de Rastignac qui a profité de ses largesses. Il est vrai que ce genre de situation ambiguë est monnaie courante à Paris, à l'époque : Adolphe Thiers, brillant avocat, l'expérimente en quelque sorte avec les Dosne, en arrivant à Paris. On ne saurait donc juger Rastignac avec les yeux d'aujourd'hui. D'autant qu'il est le seul à aider le père Goriot, et à financer son enterrement et qu'il rend son argent à Delphine au centuple. Tout cela n'est évidemment pas sans rappeler Machiavel que Balzac admire fort.

Que retenir, pour ce qui nous occupe, de cette approche ? Tout d'abord qu'il est indispensable d'avoir l'esprit de compétition pour réussir. En second lieu qu'il importe de profiter des circonstances pour se faire valoir et apprécier. Par ailleurs on constate que Rastignac allie courage et assurance dans sa stratégie offensive, n'hésitant pas à relancer ses relations et à risquer le refus. Si bravoure, témérité, audace sont les meilleurs atouts de l'ambitieux, Il sait aussi faire preuve d'esprit de méthode pour planifier, oser et s'engager vite et fort. On remarquera enfin qu'il est bien difficile de parvenir sans relations, sans réseaux. Savoir ne suffit pas, et sans aller jusqu'à la « promotion canapé », il est nécessaire de s'appuyer sur le groupe (ici la famille) pour apporter une monnaie d'échange, une expérience, une compétence.

2 – *La soif du savoir et de l'expérience*

Savoir, c'est pouvoir[4]. Cette conviction habite l'écrivain et lui paraît une nécessité du monde moderne. Même si on ne voit guère ses étudiants travailler, on relève que Rastignac, au début de l'œuvre, en est aussi convaincu. On le voit au lendemain du bal chez Mme de Beauséant et à deux heures du matin, se jeter sur ses livres avec avidité : ne voulant, dans un premier mouvement, ne rien devoir qu'à son mérite, comme il le dit lui-même : « Eugène se déshabilla, se mit en pantoufles, prit un méchante redingote, alluma son feu de mottes, et se prépara lestement au travail [...] resta pensif pendant quelques moments avant de se plonger dans ses livres de Droit[5]. »

Rastignac se veut un « savant docteur », mais est-ce à dire, pour autant, qu'il accumule les diplômes ? Assurément quelques-uns, mais il s'agit surtout d'engranger tous les savoirs, ce dont l'auteur se fait le champion puisque lui-même se livre à une véritable boulimie de connaissance, comme un autre de ses doubles, Louis Lambert, au risque d'en tomber malade. Acquérir des connaissances, c'est bien, savoir les exploiter, c'est mieux. Il s'agira avant tout d'acquérir un savoir-faire et bien souvent un savoir-y faire.

Savoir est assurément l'ambition dévorante de l'homme social, selon Balzac. C'est pourquoi Eugène est bachelier en droit, comme son créateur, lorsque commence l'affaire Goriot en 1820, mais également bachelier ès lettres, ce qui n'est pas rien pour la période. Au reste, Rastignac ne chôme pas, puisqu'il est bachelier ès lettres et bachelier en droit en un an. Il s'agit pour lui, lorsque commence le récit du *Père Goriot*, de préparer sa licence de droit, mais il abandonne ses études en devenant l'amant de Delphine de Nucingen : l'entrée dans le monde prévaut.

Pour la période et à l'évidence, la faculté de droit est la faculté par excellence, « véritable creuset d'où sortent toute une génération d'avocats, de magistrats de notaires, de fonctionnaires et d'hommes politiques[6] ». Dans un pays où le droit est profondément ancré dans les mœurs, c'est plus qu'un apprentissage de notions juridiques, c'est un apprentissage du Politique, souvent la première étape d'une carrière qui peut mener sur les bancs de la Chambre ou au Gouvernement comme pour Thiers et Rastignac lui-même, mais aussi dans les arcanes de la presse et de la littérature. De fait, des milliers de Rastignac déferlent sur Paris et la faculté de droit de 1815 à 1848[7].

Cependant, le savoir livresque n'est rien, s'il ne s'accompagne pour les jeunes d'une initiation, un ressenti, seul à même de porter véritablement ses fruits, un savoir en science sociale. Ainsi voit-on l'étudiant engranger toutes sortes de savoirs dans *Le Père Goriot* : un savoir livresque certes, mais aussi un savoir initiatique qui est de loin le plus fécond : le *vade mecum* du parfait étudiant à Paris en est l'illustration. Presque inconsciemment, il acquiert également des connaissances fondamentales en science sociale, un savoir des usages qui lui permettent de s'intégrer aussi bien dans le milieu étudiant, dans la bonne société parisienne que dans le microcosme de la pension Vauquer : le savoir-faire.

Il fréquente également beaucoup les théâtres, autre passion de l'auteur et plus particulièrement l'Opéra-Comique[8] appelé

« les Bouffons » ou les « Italiens ». Contrairement à l'Opéra, le silence y règne, pas question d'arriver en retard, d'applaudir dans les loges, seul le parterre s'exprime. Entre 1817 et 1845, c'est Rossini[9] qu'on y joue le plus. Rien d'étonnant donc à ce que Rastignac aille écouter *Le Barbier de Séville* avec Mme de Nucingen, puisque c'est en octobre 1819 que cet opéra est joué en France pour la première fois.

De fait, Rastignac se soumet à une formation très complète et à une discipline stricte. Si ce désir exacerbé de bien faire, l'importance d'instaurer un code des bonnes manières pour temps démocratiques, dans un monde bouleversé et déchiré nous paraissent par moments attendrissants, il faut tenir compte du fait que les anciennes conventions semblent désormais inadaptées et que deux valeurs se font jour durant la période : l'argent et le travail. Or, selon Balzac, dans ce monde inédit, le travail apparaît comme la seule valeur qui puisse contrebalancer l'injustice sociale.

Curieux de tout, Honoré ne chôme pas non plus en ces années d'apprentissage. Bachelier en droit, il est censé suivre par surcroît des cours particuliers de sciences et les cours de la Sorbonne. Mais s'il est un lecteur encyclopédiste dès treize ans, et s'il obtient sa première année de baccalauréat, il renonce à passer la seconde et sa licence en droit en 1819, peut-être parce que le père est mis à la retraite et que les examens coûtent plus cher que les études. Chez lui aussi, études et expérience doivent marcher ensemble, savoir et apprentissage vont de pair. En avance sur son temps, l'alternance lui apparaît comme une nécessité, voire un raccourci pour qui veut se faire un chemin dans la Société (le monde professionnel pour nous). Il est vrai que le modèle vient de loin, puisque Bonaparte est lieutenant à seize ans et général à vingt-six.

Ainsi ses études s'accompagnent d'une solide formation juridique sur l'abondant Code civil, dans le même temps chez un avoué puis chez un notaire et par son père qui aurait tant voulu l'envoyer à Polytechnique puis faire de lui un notaire, lui-même étant nommé en 1807 assesseur du juge de paix de Tours[10].

De fait, Balzac ne cesse dans l'œuvre de répéter qu'il faut savoir diversifier ses connaissances, les relier entre elles et les compléter

À la loupe

Savoir

Savoir	Savoir être	Savoir faire	Savoir y faire
« Oser savoir » : lire de tout, Internet compris	Être modeste	Apprendre l'organigramme de la société et ses rouages	Faire savoir : montrer ses connaissances sans en faire étalage
Acquérir de l'expérience et l'exploiter	Être efficace et tenace	Repérer les hommes, les bonnes adresses, les sites Internet utiles	Se tenir au courant des nouveautés des stages formateurs, des entreprises qui marchent, etc.
Classifier les priorités	Être organisé	Savoir vivre comme éteindre son portable en société	Ne pas oublier de rappeler son correspondant
Avoir des intérêts variés	Être curieux	Apprendre le langage et les plaisirs à la mode dans l'entreprise	Ne pas hésiter à poser des questions
Être à l'écoute des autres	Être généreux	Prendre conseil	Rendre service
Être posé	Être un homme d'action	Savoir se détendre	Prendre du recul sur l'événement
Être sensible	Être drôle	Savoir raconter un histoire	Séduire d'un sourire
Avoir une passion	Être passionné mais savoir s'en moquer	Faire des projets	Partager cette passion ou ce projet avec des alliés dans l'entreprise
S'exercer à parler en public	Être ouvert à la discussion	Séduire les femmes ou les hommes par sa sincérité	Se créer des amitiés fidèles
Connaître ses défauts et ses qualités	Être vrai : rire de soi	Tirer parti de ses défauts	Reconnaître ses erreurs et ses qualités et en faire des atouts
Observer	Être souple	Expérimenter	Innover

Compétences de Rastignac, d'après ses portraits dans *Étude de femme* et *Le Père Goriot*, transposées à l'entreprise d'aujourd'hui.

constamment par l'expérience. Si Rastignac le prouve en passant son *brevet de conquête sociale*, à l'école de la pension Vauquer et de la bonne société, son créateur démontre lui aussi, par la variété et la richesse de sa création, les bienfaits de l'« alternance » et de la formation. Sans sa formation chez avoués et notaires, aurait-il pu enrichir aussi rapidement ses connaissances ? Outre la forte motivation, dans la société démocratique, il convient en effet d'adopter une stratégie de réussite globale qui cumule tous les savoirs. Et l'expérience, formation en accéléré, est assurément un moyen qu'il convient de privilégier si l'on veut aller vite et loin. Sans les leçons de l'expérience en mémoire, comment s'approprier le monde moderne ? Comment ouvrir à bon escient « les tiroirs de son cerveau[11] » ?

3 – *Comment séduire*

Séduire, c'est non seulement savoir parler mais savoir écouter, c'est s'adapter à son interlocuteur. « Elle cause bien, je sais écouter, je lui ai plu, je vais à ses soirées. Tel était le but de mon ambition[12] », dit Rastignac. Séduire relève d'une véritable stratégie, mise au point grâce à des recettes éprouvées par Balzac lui-même, et qui se fonde sur une éloquence de conviction et une rhétorique profonde : instruire, toucher, plaire. Dans une entreprise, on remplacera « instruire » par « informer » et « toucher » par « sensibiliser ».

Un grand sens de l'écoute et du dialogue paraît, chez Rastignac, une qualité primordiale et d'autant plus appréciée que les autres lui font des discours passablement étoffés, tant Mme de Beauséant[13] que Vautrin. On sait qu'en matière d'écoute, Balzac était, d'après son entourage, lui aussi imbattable. Et si on mesure en pourcentage la parole de Mme de Beauséant (la cliente) et celle de Rastignac (le vendeur), dans les dialogues mentionnés plus haut, par exemple, on s'aperçoit que le rapport est de 90 à 10. C'est en laissant s'exprimer son interlocuteur, que Rastignac séduit. La clé de la persuasion est donc bien dans le temps de parole et le sens de l'écoute.

L'écoute ne signifie pas, pour autant, n'avoir rien à dire, bien au contraire. Il s'agira de s'exprimer, mais toujours à bon escient :

« Si vous connaissiez la situation dans laquelle se trouve ma famille, vous aimeriez à jouer le rôle d'une de ces fées fabuleuses [...] Vous m'avez troublé, je ne sais plus ce que je venais vous dire. Vous êtes la seule personne que je connaisse à Paris. Ah ! je voulais vous consulter en vous demandant de m'accepter comme un pauvre enfant qui désire se coudre à votre jupe, et qui saurait mourir pour vous.
– Vous tueriez quelqu'un pour moi ?
– J'en tuerais deux, dit Eugène[14]. »

C'est précisément dans les dialogues du *Père Goriot* que s'appréhende la spécificité de l'éloquence balzacienne : pour convaincre, il faut à la fois parler avec logique, émouvoir et complimenter, enfin ne pas lésiner sur ses offres de service. Bien qu'il s'avance beaucoup, puisqu'il ne connaît pas encore le maniement des armes, c'est de fait à la stratégie offensive d'un prudent bretteur que ressortit le discours d'Eugène à Mme de Beauséant. Il est à cet égard un modèle du genre. Il ose avec prudence !

Après l'amorce familière mais juste du « Ma cousine », Rastignac rebondit avec grâce sur cette maladresse, en faisant aussitôt appel au pardon et à la compassion. S'il l'appelle ainsi, c'est qu'il a bien besoin d'une parenté qui le soutienne, ce qui est rigoureusement exact. Alternant ainsi audace et humilité, sa stratégie est mieux acceptée. Ensuite, comme il connaît son Aristote, il sait que les premiers mots sont essentiels, aussi en vient-il rapidement aux faits : il est pauvre et elle est de sa famille. Elle pourrait donc être sa marraine. D'autant qu'il l'admire et qu'il est déjà bien heureux d'être un de ses parents. De nouveau audace et compliments. Puis il lui avoue la vérité : elle est la seule personne qu'il connaisse à Paris et par conséquent la seule à pouvoir lui donner des conseils avisés. L'appel à sa générosité ainsi formulé, il ne lui reste plus qu'à l'assurer de sa gratitude infinie par la surenchère : il n'hésitera pas à tuer pour elle. On ne peut qu'admirer l'art consommé avec lequel il parvient à l'émouvoir, la flatte, et la charme en quelques phases. Il feint d'être troublé par sa beauté et son charisme, l'attendrissant sur les infortunes de sa famille et sur le beau rôle qu'elle pourrait jouer à son égard, tout en lui proposant ses services. Et on observera avec quelle audace mesurée, Rastignac se propose tout en laissant constamment l'initiative à son interlocutrice. C'est elle qui finit par lui demander ce qu'elle peut faire pour lui !

S'adapter à l'interlocuteur est de la première nécessité. Ainsi voit-on Eugène présenter sa situation sans fard à sa cousine : il se montre sans appui, sans fortune. Tandis qu'il ment délibérément à Delphine de Nucingen dès leur première entrevue[15], utilisant les informations recueillies sur elle et tablant sur la jalousie des deux sœurs pour faire avancer ses pions. Les principes vertueux balzaciens sont clairement assujettis à la morale de l'interlocuteur ; en d'autres termes, on ne doit pas jouer franc jeu avec une ingrate et une hypocrite mais utiliser ses cartes, celles de la duplicité et de la ruse. Ce qui ne l'empêche nullement de tomber amoureux d'elle, et c'est là que Balzac est génial, car c'est en toute lucidité et par conséquent souffrance que Rastignac aime Mme de Nucingen. Proust s'en souviendra avec Odette, l'amour de Swann.

Balzac charme et séduit lui aussi dans les salons, grâce aux armes qu'il attribue généreusement à son *alter ego* : énergie, ambition, drôlerie, modestie, dévouement. Cela peut sembler étonnant qu'il puisse sortir des conceptions délicates, des pensées fines, de cette rude enveloppe. D'autant, qu'ayant manifestement souffert de son physique ingrat, il l'accentue parfois en jouant les moines paillards et les commis voyageurs à la Gaudissart.

Mais il suffit de connaître son Shakespeare, dit l'auteur, dans *Une fille d'Ève*[16], pour séduire. En d'autres termes, il convient de « dérouler ses misères », de raconter « sa lutte avec les hommes et les choses », de faire entrevoir ses qualités encore dépourvues d'appui, « son génie politique inconnu, sa vie sans affection noble » pour qu'aussitôt la femme à qui l'on se confie se mette à fondre et vous propose sur-le-champ d'y remédier ! « Être jeune, avoir soif du monde, avoir faim d'une femme [...] se sentir assez ambitieux pour donner un superbe coup de pied à la corde roide sur laquelle il faut marcher avec l'assurance d'un sauteur qui ne tombera pas, et avoir trouvé dans une charmante femme le meilleur des balanciers[17]. » Ce balancier, c'est Mme de Berny[18].

Faute d'avoir un *mentor* comme Rastignac, une solide culture est aujourd'hui le garant d'une progression plus rapide.

À la loupe

Points clés de la réussite

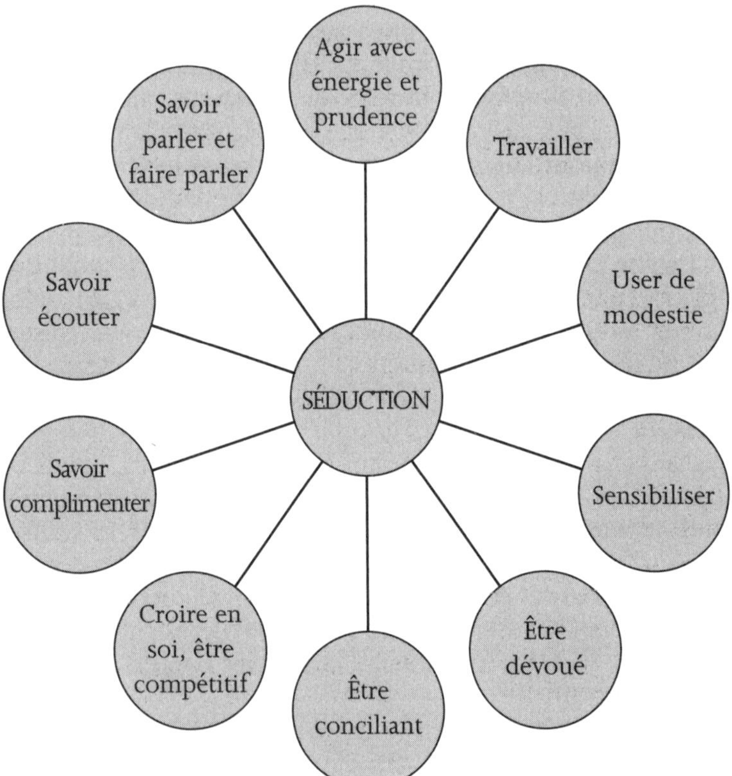

Shakespeare est toujours une valeur sûre pour séduire son interlocuteur et permet d'alimenter agréablement la conversation. Quelques citations de Napoléon, de Talleyrand ou de Balzac, placés à bon escient comme Rastignac, peuvent également faire l'affaire. En voici quelques-unes :

– « Qui peut tout dire, arrive à tout faire[19] ! »
– « Rien n'est volé, tout se paie[20]. »
– « Tout est possible à celui qui veut tout[21]. »
– « Je ne me suis jamais pressé et cependant je suis toujours arrivé à temps[22]. »

– « Tout ce qui est excessif est insignifiant[23]. »
– « Les bons mots mènent à tout, mais ne servent à rien[24]. »
– «… pour arriver, encore faut-il bien se mettre en route[25]. »
– « Un homme ne parvient que poussé par la main de fer de la nécessité[26]. »
– « L'honneur dans nos temps de corruption, a été inventé pour faire produire à la vanité les effets de la vertu[27]. »
– « En politique, il n'y a ni lois ni principes, mais des événements et des circonstances[28]. »

Les calembours balzaciens sont, en revanche, nettement plus aléatoires :

– « Il faut battre son frère quand il a chaud.
– Qui trop embrasse a mal aux reins.
– Il ne faut pas couvrir deux lèvres à la fois.
– Il est comme un âne en plaine.
– Les bons comtes ont les bons habits.
– La pépie vient en mangeant ! »

4 – *Le facteur chance et la théorie du « gagnant-gagnant »*

Savoir reconnaître la chance quand elle passe et la saisir est assurément un atout. Savoir la provoquer par la théorie du gagnant-gagnant est encore plus profitable.

Rastignac, contrairement aux autres doubles balzaciens, a beaucoup de chance. Il n'a pas besoin, par exemple, d'utiliser l'argent emprunté à Vautrin car sa mère lui fait parvenir à temps la somme nécessaire. Endetté, il gagne au jeu, sauvant Mme de Nucingen du déshonneur. Enfin, Goriot l'installe dans une charmante garçonnière. Nul grain de sable ne vient gripper son ascension et ses réussites. Alors que c'est le cas pour bon nombre de héros balzaciens, comme Montriveau dont la pendule retarde au moment du choix dans *La Duchesse de Langeais*, ou bien, pour de Marsay, dans *La Fille aux yeux d'or*, et dont la demi-sœur contrecarre les plans au dernier moment, etc. Est-ce à dire qu'il le mérite ? Aux yeux de Balzac, assurément, car il repousse les propositions criminelles de Vautrin. Rastignac est généreux et aimant.

Il sait surtout saisir la chance, ce qui, convenons-en, est quelque peu différent. Plutôt que de s'obstiner à séduire en vain Mme de Restaud, il opte pour sa sœur avec laquelle il peut engager une « négociation gagnant-gagnant ». Mme de Nucingen le protège et l'aime et, en contrepartie, il la fait recevoir dans le Saint des Saints, le faubourg Saint-Germain auquel elle ne peut appartenir, ayant épousé le banquier Nucingen. Voilà un pacte machiavélien comme Balzac les aime !

Et d'ailleurs, on constate qu'Eugène s'efforce d'être le moins redevable possible tout au long du chemin, en pratiquant le « gagnant-gagnant » à chaque échelon de son ascension : il accepte l'appartement de Goriot à condition de rendre à Delphine le prêt consenti par Goriot, au cours d'un véritable débat cornélien. Débat qui a sans doute torturé le jeune Honoré au moment d'accepter les prêts successifs de Mme de Berny. Les justifications que l'écrivain amoncelle sur la tête de son personnage reflètent assurément les cas de conscience qui ont dû l'assaillir. Si la chance échoit à Rastignac, elle est dans le récit une conséquence de sa ténacité, de sa sagacité et de sa générosité. Rastignac se persuade : « Tout m'a réussi ! Quand on s'aime bien pour toujours, l'on peut s'aider, je puis recevoir cela. D'ailleurs je parviendrai, certes, et pourrai tout rendre au centuple[29]. » Comme les autres héros balzaciens, Rastignac s'avance sur le devant de la scène au moment de la crise et du choix, ce que Vautrin nomme « le carrefour de la vie ». S'il fait le mauvais choix, la faute lui en revient : comme c'est le cas, un peu plus tard, pour Rubempré, sur la route d'Angoulême, son chemin de Damas, lorsqu'il succombe à Herrera-Vautrin, parce qu'il n'a pas su reconnaître en lui le « Satan social ».

Balzac croit à la chance dans la mesure où il faut savoir la reconnaître. « Combien de lampes merveilleuses faut-il avoir maniées avant de reconnaître que la vraie Lampe merveilleuse est ou le hasard, ou le travail ou le génie[30] ? » se demande-t-il, dans *Honorine*. Frappé très tôt par la période de transition, donc de transaction que constitue le premier XIXe siècle, il met l'accent sur la nécessité du compromis dans son œuvre. Ainsi, dans un article politique « Du Gouvernement moderne[31] », il se livre à une large entreprise de conciliation fondée sur la théorie du « donnant-donnant » et qui consiste à accorder des contreparties aux légitimistes (droite) comme aux libéraux (gauche), afin d'élaborer un programme novateur.

Lui-même, partant à la rencontre du marché, dont il pressent l'expansion lorsqu'il devient libraire-éditeur dès 1825, recourt au financement bancaire. Ne vend-il pas par souscription ou à tempérament la première intégrale de *La Comédie humaine* chez Furne en 1842 ? Si ses tentatives comme éditeur et imprimeur tournent court, c'est surtout faute de savoir les gérer, d'en prendre le temps, et faute d'une demande intérieure suffisante. De fait, il sait admirablement se servir de la culture à l'âge du marché, ou, dirait J.-Y. Mollier[32],du « capitalisme d'édition » avant la lettre.

Dans une entreprise, il faut savoir utiliser les situations propices. Mieux vaut choisir le bon moment, pour demander quelque chose à son patron. On peut provoquer la chance par une attitude ouverte, comme la « juste familiarité » que Rastignac déploie envers sa cousine. Rechercher les points communs, la proximité authentique avec son interlocuteur permet de susciter un retour bénéfique.

En ce qui concerne le « gagnant-gagnant », il s'agit moins d'une attitude de troc que d'une situation d'échange réciproque, d'entraide, face à l'individualisme égoïste « la personnalité » déjà dénoncé par Balzac. Établir un échange avantageux se fonde sur le besoin et la réciprocité. Rendre service, par exemple, peut être très rentable car cela déclenche chez autrui un sentiment de gratitude. L'astuce de Rastignac est de ne pas demander immédiatement ce qu'il souhaite en retour !

Enfin, il est indispensable dans tout échange de faire des concessions. Le mieux est de commencer, et pour déclencher la réciprocité, de le souligner : « j'ai fait une concession, à vous d'en faire une ». Lorsqu'un collaborateur fait une faute, il peut être judicieux, par exemple, de ne pas en tenir compte, en échange d'un travail imprévu, supplémentaire, que ce dernier aura du mal à refuser. Donner beaucoup de poids à ce que l'on concède est valorisant pour autrui. Rastignac est grand seigneur, faites comme lui !

L'essentiel

Un as de la communication

C'est parce qu'il croit résolument au pouvoir de la parole, sorte d'énergie en action, que Balzac fait de Rastignac un as de la communication efficace. Non seulement, Il sait ce qu'il veut, sait identifier les réponses qu'il obtient et fait preuve d'une grande flexibilité de comportement (alternance d'audace et d'humilité) pour obtenir ce qu'il veut. Ensuite il sait écouter : or une personne que l'on écoute et que l'on comprend a tendance à vous écouter et à vous comprendre et du même coup à accéder à votre requête. Enfin, il donne un grand prix au service qui lui est rendu en regard de celui qu'il rend : voilà qui très astucieux car si tout le monde aime passer pour généreux, personne n'aime être débiteur.
Attention ! Ne vous engagez pas à la légère dans un service pour satisfaire votre interlocuteur si vous n'êtes pas sûr de réussir. Soyez prudent. Rastignac, lui, est effectivement capable de tuer deux adversaires en duel !

◆ *Prise de parole*

Engagez la conversation avec vos collègues, et communiquez à bon escient. Donnez rapidement des informations sur vous : « je suis nouveau et je ne sais pas où se trouve la machine à café », par exemple. Inutile pour autant de raconter que votre petit chat est mort. S'il y a réticence ou conflit avec quelqu'un, n'hésitez pas à crever l'abcès rapidement en prenant les devants : « Voilà, j'ai eu l'impression que vous me battiez froid. Est-ce que sans le vouloir je vous ai blessé ? »

◆ *Vive le savoir !*

Plus vous en saurez, plus vous aurez envie de le transmettre, de partager le savoir des autres. Vive le savoir ! Pas de savoir, sans travail. La facilité n'existe pas. Savoir, dans la société non plus révolutionnée mais globalisée qui est la nôtre, est plus que jamais indispensable. Soyez un « bosseur » : le travail est la seule valeur qui peut contrebalancer l'injustice sociale, et la continuité dans l'effort est gratifiante. Par ailleurs, le travail est un excellent antidote à l'ennui.

◆ *Vive le débat !*

Il est indispensable de confronter ses idées à celles des autres pour les compléter, voire les modifier. Sollicitez aide et avis, pour valider une option ou éviter une erreur. Soyez tenace mais pas têtu. Si on vous affirme que vous avez fait une erreur de calcul dans le montant du budget, commencez par vérifier avant d'en venir aux mains. Au reste, n'en venez jamais aux mains, et ne vous mettez pas en colère : affirmez plutôt vos convictions avec des arguments solides. Au besoin pratiquez le disque rayé si vous êtes sûr d'avoir raison.

◆ Self-confidence

Affirmez-vous sans trop en faire et laissez aux autres une marge d'initiative. Faites votre autocritique préventivement : « je ne ferais sûrement pas aussi bien que vous », mais laissez deviner vos talents en proposant vos services. Si par chance vous avez un abonnement à l'Opéra, proposez des billets à un collègue mais surtout pas à votre patron, il pourrait en prendre ombrage. Mais si vous jouez d'un instrument ou si vous chantez dans une chorale parlez à votre supérieur de votre passion, et invitez-le, il sera ravi que vous pensiez à lui. Pour autant, gare à vous si vous faites des couacs !

◆ *À l'écoute*

Proposer de faire un travail supplémentaire, de rester un peu plus tard de venir un peu plus tôt est toujours apprécié quand il y a urgence, car vous montrez que vous vous souciez de la bonne marche de l'entreprise. Proposer à quelqu'un de le soulager d'un travail, à charge de revanche un jour, est également bien noté. Jouez collectif. Pour autant, ne proposez votre aide que si vous en avez envie. À condition d'y mettre les formes, suggérer une amélioration dans un projet ou une modification montre que vous êtes motivé. Pas question de contrer quelqu'un en public cependant, surtout pas un supérieur : il faut en parler seul à seul.

◆ *Les compliments*

Faire des compliments mais toujours sincères : « j'aime beaucoup votre nouvelle coiffure elle vous va très bien ». Inutile d'ajouter que cela lui va beaucoup mieux que les cheveux tirés qui lui durcissaient le visage. Même chose pour une cravate : si elle est en laine et que vous en aimiez la matière, dites : « j'aime beaucoup ta cravate en laine, c'est un matière que je trouve très douce ». Il n'est pas nécessaire d'ajouter : « c'est pratique pour cirer les chaussures » ! Et montrez que vous appréciez hautement les services que l'on vous rend. Évitez de féliciter pour ensuite demander un service !

Chapitre III

DISCOURS DE LA MÉTHODE

Équation de la réussite
R = Savoir + Travail^2 + Expérience + Élégance + Chance

« Pendant une année environ, je menai donc en apparence la vie d'un homme du monde ; mais cette dissipation et mon empressement à me lier avec des parents en faveur ou avec des gens qui pouvaient nous être utiles, cachaient d'immenses travaux[1]. »

1 – *Démonstrations*

Un discours percutant est souvent la clé du succès et susciter une adhésion efficace par une prise de parole fait partie d'un parcours professionnel. Convaincre est l'outil premier de l'entrepreneur, du manager, autant que du créateur.

Deux discours de la méthode ponctuent le chemin de Rastignac : celui de Mme de Beauséant[2] et celui de Vautrin[3]. L'un comme l'autre sont d'un cynisme achevé. Rien de surprenant de la part d'un ex-bagnard. Quant à Mme de Beauséant, la femme du monde, elle vient de se faire abandonner par son amant, le marquis d'Ajuda-Pinto, au profit d'un mariage avantageux. On serait amère à moins. Pour autant, ils disent plus ou moins la même chose, ce qui laisse à penser qu'il y a du Balzac là-dessous. L'un et l'autre fournissent en effet à Rastignac les clés du « livre du monde », dit Mme de Beauséant, c'est-à-dire les moyens de réussir, étant entendu que le monde en question est « une réunion de dupes et de fripons », et où « l'honnêteté ne sert à rien », selon Vautrin cette fois. Modèles du genre, ces deux discours recèlent une technique de persuasion, toujours d'actualité de par sa redoutable efficacité. Quels en sont les outils ?

Une amorce alléchante et une confidence pour capter l'intérêt mettent un l'interlocuteur en confiance. Aussi Vautrin raconte-t-il brièvement sa « vie », et Mme de Beauséant ses malheurs, pour mieux convaincre Rastignac. Puis on passe à une accroche positive, une formule choc, propre à frapper son esprit. « Vous voulez parvenir, je vous aiderai », lui propose Mme de Beauséant, tandis que Vautrin assène : « Savez-vous ce qu'il vous faut… un million… Ce million, je vais vous le donner. » Outre qu'elles résument parfaitement les enjeux, voilà deux accroches pertinentes qui ont de quoi intriguer, surprendre Eugène. Après avoir ainsi proposé leurs services, l'un et l'autre se lancent ensuite dans une solide argumentation pour persuader. Elle est d'autant plus solide qu'elle est logique et déductive. La première déroule sur-le-champ un programme de réussite rapide et sûre, tandis que la seconde démontre en détail qu'il est impossible de parvenir promptement et honnêtement, lui peignant un « monde tel qu'il est », et un avenir calamiteux.

L'usage intensif de phrases slogans frappe ensuite dans les deux discours. « Traitez ce monde comme il mérite de l'être– N'acceptez les hommes et les femmes que comme des chevaux de poste que vous laisserez crever à chaque relais- servez-vous d'elle [Delphine de Nucingen]– [elle] sera pour vous une enseigne– le monde, une réunion de dupes et de fripons, pour Mme de Beauséant. Chez Vautrin –ou une stupide obéissance ou la révolte– Voilà le carrefour de la vie –il faut entrer dans cette masse d'hommes comme un boulet de canon. »

Phrases percutantes, images choc fusent, et illustrent l'idée. Ainsi l'idée phare de Vautrin qui est d'« entrer dans cette masse d'hommes comme un boulet de canon », se trouve admirablement imagée par deux métaphores prosaïques et frappantes – « il faut vous manger les uns les autres comme des araignées dans un pot –il faut balayer le palais avec sa langue », si on veut réussir honnêtement dans la magistrature. Mme de Beauséant n'est pas en reste, qui compare Goriot à un « citron pressé » par ses deux filles, et les humains à « des chevaux de poste » qu'on doit utiliser sans scrupule.

Pour faire passer ses idées, il faut également exposer les faits essentiels, ne pas être abstrait ou approximatif. Recourir aux analogies les plus concrètes est indispensable. Ensuite chaque exemple, chaque fait et chaque conséquence doivent s'enchaîner logiquement : aimer, c'est se rendre vulnérable, annonce Mme de Beauséant. Il est donc conseillé de ne jamais montrer un sentiment, sous peine de devenir une victime, par exemple. Autre exemple : grâce à Mme de Beauséant, séduire Mme de Nucingen sera un jeu d'enfants. Elle souffre de ne pas être reçue dans le monde. Il suffira donc à Rastignac de l'introduire dans le salon de la vicomtesse, et elle lui tombera dans les bras. Éperdue de reconnaissance, elle fera sa fortune et son bonheur.

Vautrin, d'une logique à la limite du sophisme, opte pour une tout autre démarche. Il commence par établir un bilan : d'un côté, les inconvénients de la famille honnête mais pauvre de Rastignac avec toutes leurs conséquences, de l'autre, les désirs d'Eugène qui sont immenses. Comment parvenir à un équilibre ? Il énumère toutes les solutions honnêtes possibles, en procédant par élimination. Eugène pourrait devenir avocat, mais cela ne rend pas fortuné pour autant. Il y a bien le mariage, mais c'est fastidieux, etc. Si bien qu'avec pareil raisonnement, il n'existe qu'une seule décision possible : suivre le plan de Vautrin.

Éloquence des idées, des faits, des images, tout est bon pour persuader. D'autant que s'y ajoutent deux formes de sollicitation auxquelles il est difficile de dire non : l'ordre donné sous forme d'impératif par Mme de Beauséant, « frappez, aimez, servez-vous d'elle » et le « nous » de rassemblement de Vautrin qui suscite l'adhésion rapide de l'interlocuteur : « quant à nous, nous avons de l'ambition », etc.

En résumé, tandis que Mme de Beauséant positive, Vautrin effraie. Or ce que décide *in fine* Rastignac est fort instructif. Il repousse avec horreur le projet de Vautrin et opte pour l'avenir heureux que lui peint Mme de Beauséant. Il n'est pas meilleur levier que la promesse d'un succès à portée de la main, surtout s'il est affirmé de façon concrète : « vous aurez des succès, elle vous adorera, soyez celui qu'elle distingue », etc. *A contrario,*

Vautrin joue sur la peur et menace Rastignac d'un avenir sombre, s'il ne lui obéit pas. Il est évident que l'affirmation positive et la valorisation de l'interlocuteur prévalent sur le jugement négatif et sur la peur.

Pour autant, si Rastignac écoute l'un et l'autre, retient quelques conseils de Vautrin et suit *grosso modo* le chemin tracé par Mme de Beauséant, il les vit à sa manière, ce qui constitue tout le prix du roman. Car il n'avait pas prévu qu'il devrait ramper en chemin, comme l'avoue Balzac lui-même dans ses lettres. Il n'avait guère imaginé non plus qu'il tomberait amoureux de Delphine en dépit de ses défauts, et que sa conscience serait mise à rude épreuve, par la mort du père Goriot. Gare aux plans trop précis qui ne tiennent pas compte des aléas de l'existence, des imprévus, et de l'incertitude qui s'attache à tout projet !

2 – *Le principe du boulet de canon*

Quelle méthode adopter pour réussir ? Faut-il foncer avec fureur, comme le suggère Vautrin à Rastignac et « entrer dans cette masse d'hommes comme un boulet de canon[4] », ou bien, plutôt, privilégier la constance et les petits pas ?

On devine aisément ce que le principe du boulet de canon doit à l'irrésistible ascension de Bonaparte, ce référent suprême, parvenu de génie qui, on le sait moins, a, un temps, hésité entre l'écriture et les armes[5].

On ne saurait trop relativiser cependant. Si la méthode élaborée par Balzac est à l'évidence marquée du sceau de la figure tutélaire de Napoléon, il ne faut pas confondre rapidité et précipitation. Car l'auteur sait fort bien que l'empereur, ce « poète en action », fut un bourreau de travail et fit des études brillantes à Brienne. Et si Bonaparte, lors des revues, savait nommer chaque soldat par son nom, c'est qu'il s'était couché la veille en étudiant à fond ce qu'on appelle les Cadres de l'armée[6].

Et bien que Rastignac ne mette qu'un an pour faire une sorte d'apprentissage « à son insu », il lui faut tout de même près de huit ans pour faire fortune, dit Bixiou dans *La Maison Nucingen*. Réussir est incontestablement tout un travail, et qui doit se mûrir et s'élaborer avec méthode, même si parfois l'étudiant n'en a pas conscience.

Quant à Honoré, si boulet de canon il y a en 1829, la mèche a été fort longue. Il cherche sa voie pendant près de dix ans, tâte de la philosophie, écrit une pièce de théâtre, et des essais, se fait éditeur, imprimeur. Il rédige des romans en collaboration et sous un faux nom, toutes « cochonneries littéraires » qu'il ne reconnaît pas pour siennes, une fois lancé. Prudent, et sous l'anonymat, il publie avec succès en décembre 1829 la *Physiologie du mariage* et c'est seulement en mars qu'il endosse la paternité d'un premier roman, *Le Dernier Chouan*.

Tout un chacun désire « être Napoléon ou rien », comme Chateaubriand. Même Delacroix s'y met, qui note précieusement le passage du « boulet de canon » dans son carnet « héliotrope » à trente-sept ans. Il est vrai qu'il s'est fait connaître à l'âge de vingt-deux ans avec son *Dante et Virgile*, mais non sans avoir effectué des milliers de copies au Louvre. On aurait tort de voir dans le principe du boulet de canon de la précipitation, bien au contraire. Il s'agit en réalité de préparer son entrée avec le plus grand soin et le plus discrètement possible.

Faire vite et bien nécessite une bonne préparation avant de se lancer. Rappelez-vous que Rastignac prépare soigneusement son entrée dans le monde. Ne croyez pas, sauf cas très rares, à l'improvisation, Talleyrand l'affirme : « Tout ce qui est bien a dû être prévu et réfléchi[7]. »

En 1848, Balzac, par stratagème, fait semblant d'inventer, au cours d'une soirée, le cinquième acte de *Mercadet*. De fait, il l'a rédigé pendant la nuit ! Pour décrocher un contrat, une décision favorable, un rendez-vous, préparez le terrain en amont. Commencez par tester vos idées sur vos proches, ou dans un petit cercle comme Balzac. Leurs critiques vous permettront d'affiner et d'affûter vos arguments ou projets. Ainsi vous prendrez confiance.

Faire mouche ou viser juste nécessite d'apprécier d'une part le bon moment et d'autre part de lancer un ballon d'essai. La première visite à Mme de Restaud est un échec mais Rastignac rebondit immédiatement sur son erreur avec le mari. Une première réussite même modeste vous donnera de l'assurance et une idée positive de progression. Consignez vos réussites sur un petit carnet ou sur votre ordinateur et relisez-les pour le grand jour. Un travail sur vous-même est la clé du succès : la passion est mobilisatrice d'adhésion. Soyez convaincu par ce que vous dites et faites !

Et dites-vous que si vous avez une seule chance aujourd'hui, d'autres occasions se présenteront.

3 – *Intrigue et méritocratie*

Il est souvent difficile d'être jugé selon ses mérites, car la concurrence est rude. Peut-on les faire connaître sans intriguer ? Peut-on, même si on le mérite, réussir sans soutien ? Où finit le compromis et où commence la compromission ? C'est l'un des problèmes majeurs de l'homme social.

Rastignac-Balzac est précisément confronté à ce problème. « Une rapide fortune est le problème que se proposent de résoudre en ce moment cinquante mille jeunes gens qui se trouvent tous dans votre position. [...] Il faut vous manger les uns les autres comme des araignées dans un pot, attendu qu'il n'y a pas cinquante mille bonnes places[8]. » S'il faut certes autre chose pour réussir que des relations mondaines, elles importent pourtant, et cela d'autant plus que la lutte est âpre dans l'administration. L'avancement dans la magistrature est extrêmement lent à cette période, sauf intervention d'amis ou de parents influents. Les postes sont peu nombreux. Les facultés de droit françaises forment déjà trop d'étudiants : neuf cents à mille licenciés pour la seule faculté de Paris par an pour six mille postes dans l'administration centrale et la haute fonction publique. Aussi, beaucoup de jeunes occupent-ils des postes appelés « surnuméraires », sans être payés, avec l'espoir d'obtenir un jour un poste rémunéré. Cette forme de « noviciat administratif » coûte très cher aux familles puisqu'il faut continuer d'entretenir le jeune homme sans certitude d'avenir, mais elle est très prisée. Tocqueville, pour ne citer qu'un seul exemple, nommé substitut du Procureur auprès du tribunal de Versailles, comme surnuméraire en 1827, lassé d'attendre une place définitive, démissionne en 1832. On comprend mieux dès lors les impatiences de Rastignac et ses priorités. Il est d'autant plus pressé qu'il n'est pas seul en cause : il doit établir ses sœurs et relever le prestige de la famille. Par surcroît, s'il est « un homme qui doit réussir », c'est parce qu'il le mérite. Non seulement il a hérité des valeurs de l'aristocratie, courage, générosité et esprit de sacrifice mais il est brillant et sensible. Il est diplômé et connaisseur en science sociale. Malheureusement, il est impossible de percer, dans le Paris de 1820, si on n'a aucune relation, pas de *mentor*, pas d'argent, et surtout pas de protectrice. Réussir n'est pas donné à tout le monde, dit Vautrin, seul « l'homme supérieur » peut y prétendre, insiste Balzac qui est résolument pour la méritocratie dans tous ses écrits, l'opposant à la « médiocratie » instaurée par la bourgeoisie « repue » de la Restauration. Encore faut-il se faire connaître. Et c'est là que le bat blesse ! Il est quasiment impossible sous la monarchie de Juillet d'arriver par son seul mérite, tant la hiérarchie sociale est forte, et la période concurrentielle. Anne-Marie Martin-Fugier comparant par exemple les deux destins de Charles de Rémusat, aristocrate parisien de bonne naissance et Adolphe Thiers, roturier pauvre et provincial, et en partie modèle de Rastignac, souligne que Rémusat parvient beaucoup plus vite. Thiers, brillant avocat, doit s'appuyer sur l'influence de la famille Dosne et de Mme Dosne, de quatre ans son aînée, et dont il est l'amant. Il parvient d'ailleurs à se faire élire député et s'assure une rapide carrière en épousant la fille.

Par conséquent, trouver un protecteur ou une protectrice, ce qu'on appelle aujourd'hui la « promotion canapé », préoccupe l'ambitieux et cette quête s'exaspère avec l'accroissement de la concurrence au XIXe siècle. Les femmes, en cette période, ont acquis un rôle fondamental dans l'avancement d'une carrière et elles sont un des rouages essentiels dans l'ascension sociale. Elles sont, comme le remarque Goriot, « les armes de l'époque, les outils nécessaires à qui veut être quelque chose[8] ».

Pour soutenir sa famille, Rastignac doit faire fortune, Delphine de Nucingen peut l'y aider en lui faisant obtenir un poste important. Il doit donc la persuader de son attachement, au cours d'une scène à l'Opéra, au prix de la vérité. Au risque de la manipulation, il l'assure que Mme de Beauséant la trouve distinguée et qu'elle la préfère à sa sœur. Ce qui est totalement faux mais lui permet de jouer du puissant levier de la rivalité entre les deux filles Goriot, pour avancer ses pions. Pire, il lui débite des « sottises stéréotypées », et se joue d'elle. « Le mors est mis à la bête, sautons dessus et gouvernons-la[9] », remarque-t-il avec le plus parfait cynisme et un peu de présomption, dans la mesure où Delphine l'écoute d'une oreille distraite. Elle est surtout attentive à ce que fait de Marsay dans une loge voisine.

Honoré ne manque pas lui non plus de se servir de sa famille et de ses maîtresses pour réussir. Mais le moyen de faire autrement lorsque l'on est un génie méconnu et pressé ? D'ailleurs, « tout s'excuse et se justifie à une époque où l'on a transformé la vertu en vice, comme on a érigé certains vices en vertus[10] » ? La Delphine de Balzac s'appelle Laure de Berny et lui ouvre les portes de l'avenir. Celle que l'auteur appelle *la dilecta* est une femme qui se dévoue corps et âme et sans relâche pour l'initier aux dangers du monde et le conseiller utilement, « sans blesser sa vanité », dira Balzac. Malgré les infidélités de ce dernier, elle continue de le commanditer en 1826 pour son imprimerie, lui rend visite quotidiennement, l'aidant à supporter le bruit des machines et surtout les terribles échéances. Si bien que l'écrivain, à sa mort, lui rend un vibrant hommage, et vante ses mérites auprès de sa maîtresse en titre, Ève Hanska (hum ! À éviter absolument), à la manière d'un Félix de Vandenesse[11] :

> « Un ange m'a soutenu dans cette horrible guerre. [...] elle a été une mère, une amie, une famille, un ami, un conseil ; elle a fait l'écrivain ; elle a consolé le jeune homme ; elle a créé le goût ; elle a pleuré comme une sœur, elle a ri, elle est venue tous les jours, comme un bienfaisant sommeil, endormir les douleurs[12]. »

Fort heureusement, le monde de l'entreprise n'en est plus là, même si demeurent les passe-droits et les connivences. À la « promotion canapé », préférez la sociabilité. Facteur trop souvent négligé, il est pourtant déterminant de la réussite par temps démocratique et on n'en soulignera jamais assez l'importance dans une période où les relations sont tout pour faire reconnaître ses mérites. On aura tout intérêt par exemple à développer ses talents et à les diversifier en se comportant comme Rastignac : « À faire l'aristocrate avec les savants et faire le savant avec les aristocrates[13]. » C'est-à-dire, valoriser ses différences et ses atouts (ses plus) par un comportement ouvert, conciliant, adaptable et adapté. Rien n'est plus agréable que de côtoyer des gens affables, souriants, dynamiques, enthousiastes et chaleureux. Au diable les bougons, les taiseux, les rancuniers, les grossiers personnages !

Méditez le programme de Bianchon : « Je reportais dans mes travaux la rage que m'inspirait la misère. Je tâchais d'accaparer des connaissances positives afin d'avoir une immense valeur personnelle, pour mériter la place à laquelle j'arriverais le jour où je serais sorti de mon néant[14]. » Et demandez une formation.

Misez sur le faire-savoir de Rastignac et la transparence plutôt que sur l'intrigue. Pour accéder à l'échelon supérieur, travaillez votre propre visibilité. Il n'est pas question de camper près de l'ascenseur dans l'espoir de voir le directeur général. Multipliez plutôt les rendez-vous avec fournisseurs et clients. Ceux-ci peuvent ensuite parler de vous à votre patron. Participez à un groupe de projet transversal (déménagement, modification de procédures, etc.). Dans ces groupes constitués d'autres pairs de différents services, vous aurez l'occasion de faire étalage de vos qualités et proposer des initiatives impossibles à votre poste. Déjeunez (le petit déjeuner est plus chic) souvent avec des collègues rencontrés dans des séminaires internes : vous serez ainsi au courant des postes à pourvoir.

Gare au choix de l'allégeance à un seul dirigeant comme moteur d'évolution ! C'est assez condamnable sur le plan éthique, car cela suppose de ne jamais s'opposer à lui : ainsi Rastignac, parce qu'il dépend de Delphine, n'ose pas s'opposer à l'égoïsme de celle-ci, à l'égard de son père. Par ailleurs si le *mentor* perd son influence, tout s'écroule : la mort de De Marsay entraîne la disgrâce de Rastignac au gouvernement.

La compromission n'est pas le moyen le plus sûr de se faire connaître car *primo* elle vous engage à contrecœur, et *secundo* vous entraîne vers des conséquences qui peuvent devenir fâcheuses.

Ainsi, Rastignac, en n'ayant pas dénoncé les intentions criminelles de Vautrin à l'égard du fils Taillefer, se trouve-t-il son complice, sans l'avoir voulu, dans *Splendeurs et misères des courtisanes*, ce qui le contraint à lui obéir plus ou moins par la suite.

4 – *La théorie du mandarin*

Connaissez-vous la théorie du mandarin[15] ? Cette théorie que Balzac prête faussement à Rousseau alors qu'elle appartient à Chateaubriand, se fonde sur le « pas vu pas pris » : il est acceptable de s'enrichir en faisant tuer un vieux mandarin en Chine, pourvu que personne n'en sache rien. En d'autres termes, doit-on se défaire d'un concurrent gênant, peut-on parvenir, à n'importe quel prix ?

Parvenir ! parvenir à tout prix[16], croit déchiffrer Vautrin sur le front de Rastignac. Peut-on parvenir à n'importe quel prix ? C'est là tout le problème de l'ambitieux. L'auteur l'examine sous toutes ses faces, chez Goriot vermicellier et profiteur de guerre, chez ses deux filles qui profitent de ses biens, chez Rastignac qui profite de Delphine et de Goriot. C'est Rastignac torturé par la question et les « tænia du remords », qui demande à Bianchon ce qu'il ferait au cas où il pourrait s'enrichir en tuant en Chine par sa seule volonté un vieux mandarin sans bouger de Paris. De fait, Vautrin vient de proposer à Eugène[17] de faire tuer par personne interposée le frère de Victorine Taillefer, pour qu'il puisse l'épouser ensuite et hériter du même coup de toute la fortune, sans que personne en sache rien. Rastignac refuse, mais Vautrin exécute son projet quand même, ce qui compromet Rastignac en quelque sorte par la suite, car il ne le dénonce pas.

La théorie du mandarin est bien intéressante à plus d'un titre. Qui n'a rêvé en effet de voir éliminé un gêneur (un vieux parent à héritage) ou un concurrent et quel est celui qui n'a culpabilisé lorsque sa disparition survient effectivement ?

Si Balzac s'interroge autant sur la moralité des moyens de parvenir, dans cet ouvrage et dans bon nombre de romans, c'est que les mœurs sont devenues élastiques, que tout est bon pour réussir. « L'homme est imparfait… l'homme est le même en haut, en bas, au milieu[18]. » Les fait divers abondent en pareilles iniquités. Si le « pas vu pas pris » gagne, l'écrivain ne manque pas de pointer à plusieurs reprises Richelieu, un grand ministre, s'il en fut et qui a méthodiquement pillé le trésor royal à son profit, tout en gouvernant la France avec sagesse et succès.

Sans aller jusqu'au crime « entrepreneurial », court-circuiter un « boss » ou jouer un interlocuteur contre un autre est monnaie courante. Est-ce pour autant acceptable ? Bon nombre d'arrivistes (le contraire de l'ambitieux légitime) sont persuadés que leur propre réussite passe aussi par l'échec de leurs rivaux potentiels. Ils n'hésitent pas à les dénigrer en toutes occasions, sous peine d'entacher leur propre réputation. Soyez un Rastignac et non un Machiavel de la machine à café.

Manipuler, se servir des autres, ou, pire, passer sur le corps d'autrui en multipliant les peaux de bananes se rencontre bien souvent au sein de l'entreprise. Ce n'est pas plus défendable. Mais doit-on combattre quelqu'un avec ses propres armes ? Toutes questions que le récit pose et qui relèvent d'une éthique nécessaire mais aussi du simple bon sens. Pour bien dormir, il est préférable de rester intègre et de pouvoir se regarder dans la glace le matin. Cependant, un peu de ruse ne peut pas faire de mal, surtout quand il s'agit de piéger un indélicat ou un fâcheux avec ses propres armes. Sachez vous défendre et ne faites pas d'angélisme, mais préférez toujours, et quoi qu'il arrive, la réussite au mérite : elle est plus sûre à long terme.

L'essentiel

« Brevet » de conquête sociale

Réussir est un travail de chaque instant pour Vautrin-Balzac, seul un « homme supérieur »* peut y prétendre. Cela nécessite même de passer un diplôme : « le brevet » de conquête sociale**. Si vous ne remplissez pas toutes les conditions, vous n'êtes pas encore un vrai Rastignac. Poursuivez votre lecture.

◆ *« Se lever chaque matin avec plus de volonté que la veille »*

Avoir de la constance, avoir en tête plusieurs projets, laisser mûrir. Se répéter *je réussirai* chaque matin. Bien vouloir, c'est pouvoir. Ne pas confondre rapidité et précipitation, et avancer peu à peu ses pions (Rastignac a mûri pendant un an à la pension Vauquer avant d'agir). Ne pas hésiter à recommencer. Attendre le bon moment pour *le boulet de canon.*

◆ *« Aller en droite ligne »*

Ne pas tergiverser. Se fixer des priorités et des enjeux accessibles. Agir seulement quand on se sent prêt. « La tête haute », tenir ses engagements et ses promesses, sinon expliquer pourquoi on n'a pu les tenir. Cela permet de devenir le relais de personnes difficilement accessibles.

◆ *« Lutter contre l'envie »*

Montrer l'exemple. Être franc, loyal et honnête, c'est être fiable. Prendre le temps d'écouter les autres. Mettre les gens à l'aise et comprendre leur point de vue, ce qu'ils ressentent : ils vous écouteront à leur tour. Se préoccuper de l'image que les autres ont de vous pour la rectifier au besoin.

◆ *« Lutter contre la calomnie »*

Se moquer des rumeurs. De toute façon, il y en a toujours. Accepter d'être temporairement impopulaire pour une bonne cause ou un résultat probant. Il faut constamment positiver une situation tendue et la dédramatiser de manière à la dénouer : rebondir sur ses erreurs, ne jamais se mettre en colère. Ne jamais s'isoler ! Se défendre si besoin est.

* PG, Pl. III, p. 141.
** PG, Pl. III, p. 76. L'expression employée par Balzac est celle de « brevet de haute noblesse » qui est à ses yeux un élément de « conquête sociale » (p. 75).

◆ *« Lutter contre la médiocrité »**

Fonder votre progression sur le mérite et rien d'autre. Il n'est pas question de « parvenir à tout prix » mais bien d'atteindre l'enjeu de compétence que l'on s'est fixé, selon un schéma réaliste. La fortune et la gloire ne sourient pas toujours aux audacieux, mais la vie est plus facile pour ceux qui adaptent leurs désirs au réel, ceux qui sont des experts en leur domaine même modeste.

* Cf. Le discours de Vautrin, p. 141.

Chapitre IV

RASTIGNAC AU POUVOIR

Il ne suffit pas d'être doté de qualités intellectuelles et de bien connaître son secteur d'activités, nous avons vu avec Balzac qu'il fallait posséder des qualités humaines : le courage, l'écoute, et la volonté d'aller vers les autres. Un bon manager doit aussi inspirer confiance, motiver une équipe et endosser le rôle de médiateur, pour réussir à faire travailler ensemble des gens qui ne sont pas toujours d'accord entre eux ; éloquence, pédagogie, adaptabilité, art du compromis, esprit d'entreprise, efficacité, tous ces éléments sont à prendre en compte. Afin d'éclairer un dirigeant actuel, il s'agira, à présent, d'apprécier l'ascension de Rastignac et d'évaluer les éléments qui ont pu contribuer à son succès relatif.

1 – *L'ascension*

Plusieurs dates ponctuées d'affirmations définitives permettent à peu près de suivre l'ascension de Rastignac. Dès 1827, il est qualifié de « ministériel », c'est-à-dire de ministrable parce que c'est un « gentleman qui sait le jeu », selon son ami Bixiou. En 1833, il fait partie des « gens arrivés au pouvoir », selon Balzac. Considéré par la cousine Bette comme un « homme important » et sous-secrétaire d'État en 1838, il est comte, curieusement ministre pour la deuxième fois en 1839, il a un frère évêque et un beau-frère ambassadeur, c'est, à n'en pas douter, un homme de pouvoir. Par surcroît, il possède un superbe hôtel particulier rue de Bourbon. Enfin en 1845, c'est l'apothéose : il est pair de France, ministre de la Justice et il possède 300 000 livres de rente, l'équivalent de 1 000 000 d'euros. Certes l'ascension paraît vertigineuse, et sa fortune rapide, mais il ne devient pas

Premier ministre et sa carrière est plutôt lente si on la compare à l'un de ses modèles, Adolphe Thiers. Car s'il est vrai qu'il poursuit une ascension relativement rapide, il ne devient ministre qu'en 1839, soit à l'âge de quarante ans, tandis que Thiers est ministre de l'Intérieur, pour la première fois dès 1832, et à trente-cinq ans.

Dans *Les Comédiens sans le savoir*, Balzac fait en effet de Rastignac une description assez proche de Thiers, le peignant comme un « jeune homme » malgré ses quarante-huit ans (pense-t-il plutôt à lui-même ?), vêtu très sobrement de noir, et sans décoration. Ailleurs, il lui emprunte même quelques traits, en particulier son physique de « Mirabeau-mouche », et fait de son héros « un grand petit homme politique », expression souvent utilisée pour qualifier Thiers dans les revues, et dont on rapporte le mot suivant : alors qu'un noble l'aborde et lui demande : « Monsieur Thiers, de qui descendez-vous ? –Moi, monsieur, je ne descends pas. Je monte. »

Rastignac et Thiers sont tous deux issus de milieux pauvres et avocats. « Gamin qui a le feu sacré[1] », selon Talleyrand, Adolphe Thiers naît à Marseille en 1822. Roturier, il fait ses études de droit à Aix-en-Provence, faute de moyens pour les suivre à Paris. De 1822 à 1828, ce brillant avocat écrit plus de cinq cents articles pour le *Constitutionnel*, sur l'art et la littérature aussi bien que sur la politique. Il est le seul à percevoir le talent de Delacroix dès 1822, rédigeant sur le *Dante et Virgile aux Enfers* du Salon un article fort élogieux. Dans le même temps, Balzac en rédige à peu près autant ; il est difficile de les évaluer car beaucoup ne sont pas signés. À la même période qu'Eugène, Thiers rattrape son retard mondain et se fait des relations. Il s'installe comme par hasard, au 4, rue de Choiseul, à la Chaussée-d'Antin, tout près de Rastignac qui, lui, demeure rue Saint-Georges. Brillant publiciste, il tâte un peu du dandysme, prend des leçons d'équitation, achète un cheval, Ibrahim, pour se promener au bois de Boulogne comme Rastignac. Il fréquente les salons du baron Gérard, des dames Clarke, de Mme Aubernon, rencontre Chateaubriand et Delacroix mais va peu chez Sophie Gay car il n'aime guère les milieux littéraires trop romantiques à son goût. Par ailleurs, il obtient la gloire en publiant, dès 1823, son *Histoire de la Révolution* qui lui rapporte 50 000 F, une forte somme pour l'époque. C'est vers 1825 que Thiers rencontre la femme qui eut sur sa carrière une influence déterminante, Mme Dosne. Elle est de quatre ans son aînée et épouse d'un ex agent de change devenu spéculateur immobilier. Nucingen n'est pas loin ! Toute dévouée à sa réussite, probablement sa maîtresse, elle lui donne sa fille en mariage en 1833. Est-ce pour autant un tremplin ? Apparemment, il n'en a guère besoin. C'est un homme intelligent, ambitieux, éloquent, et qui incarne peut-être le mieux la monarchie de Juillet. Très attaché à la Révolution et à ses idéaux, il met en œuvre ce que Balzac préconise dans son œuvre : parvenir à canaliser le jeu des passions, à favoriser de ce fait la promotion des classes moyennes et à créer une stabilité par tout un réseau d'intérêts croisés. En 1830, il devient un dignitaire du nouveau régime. Il est député d'Aix, et sous-secrétaire d'État aux Finances, tandis que Rastignac a la même fonction, probablement aux Affaires étrangères.

C'est vers 1831 que Rastignac devient le *factotum* de De Marsay. Primitivement inspiré de Talleyrand, de Marsay a évolué et s'apparente de plus en plus à Casimir Périer. Comme lui, il est devenu Premier ministre, au moment où on constate une véritable crise d'autorité doublée d'une crise extérieure en France. Périer est un Conservateur, mais s'appuie sur une monarchie parlementaire, et sa devise, « au-dedans l'ordre sans sacrifier la liberté ; au-dehors la paix sans qu'il en coûte rien à l'honneur » plaît à Balzac parce qu'elle joue sur l'art du compromis. Mais ce « seul Premier ministre réel qu'ait eu la révolution de Juillet[2] »présente l'énorme défaut de mourir du choléra en 1832, comme de Marsay précisément, ce qui lui vaut de la part de l'auteur cet éloge posthume ! Entre-temps, Eugène rend des services, prend des commissions.

En 1833, dans *Une fille d'Ève*, Rastignac fait enfin partie des « gens arrivés », selon Balzac. Il est sur le point d'épouser la fille Nucingen et par conséquent de devenir très riche. Il est par ailleurs aussi bien reçu dans les salons de Mme de Montcornet, épouse d'un des maréchaux de l'Empire, une des reines de Paris et maîtresse du journaliste Blondet, que chez les courtisanes comme Florine. Il fait enfin son entrée en politique comme sous-secrétaire d'État dans le ministère de Marsay. Ce ministère, qui tombe en 1834 dans *Une Fille d'Ève*, correspondrait, semble-t-il, au ministère Soult qui dure près d'un an et demi avec Thiers à l'Intérieur, Broglie aux Affaires étrangères et Guizot à l'Instruction publique et qui accomplit une œuvre importante.

Nommé en effet ministre de l'Intérieur en 1832 puis ministre du Commerce et des Travaux publics en 1833, Thiers vole de succès en succès. On ne saurait en dire autant de Rastignac qui, bien que sur le point d'épouser la fille Nucingen en 1833, n'est que sous-secrétaire d'État à l'âge de trente-quatre ans et seulement « en passe de devenir ministre et pair de France », en 1836[3].

Il est toujours sous-secrétaire d'État en 1838, lorsqu'il épouse finalement Augusta de Nucingen tandis que Thiers est ministre des Affaires étrangères et chef du gouvernement de 1836 à 1840. Rastignac est « ministre pour la seconde fois », en 1839, dans *Le Député d'Arcis*. Balzac s'embrouille visiblement. Entre-temps, il est devenu ministre, mais quand ? Thiers participe à une coalition en 1838, avec Odilon Barrot et Guizot : ils souhaitent obtenir que le roi ne gouverne pas, ce qui semble correspondre au désir de la classe moyenne. Une crise s'ensuit, et le roi est contraint de nommer Thiers en mars 1840. Il s'entoure cette fois d'hommes nouveaux malgré une conjoncture sociale et économique qui lui est défavorable et souhaite instaurer une véritable monarchie parlementaire. Une vaste campagne pour une réforme électorale est lancée mais elle se heurte à l'opposition de Thiers qui craint d'ouvrir la voie au suffrage universel. Dès lors, il mécontente sa base sociale. Dans le but de reconquérir l'opinion, Thiers organise la cérémonie symbolique du retour des cendres de Napoléon. Balzac y assiste très ému. Alors que la situation internationale se tend à cause de la question d'Orient entre l'Égypte et le sultan ottoman, il parle de guerre, ce qui mécontente le roi, et il est contraint de démissionner le 29 octobre 1840. Un ministère Soult-Guizot lui succède jusqu'en 1848. Quant à la carrière de Rastignac, elle s'achève en 1845 à son apogée ; c'est la consécration, il est membre du Jockey-Club depuis quatre ans. Est-ce à dire pour autant qu'il en est le double ? D'abord, on constate à l'évidence que la carrière de Thiers est bien plus brillante que celle d'Eugène, ensuite Honoré classe Rastignac dans les « doctrinaires » dans la « Préface » de *Pierrette*, ce qui, même s'il est aussi partisan d'une monarchie constitutionnelle, n'est assurément pas le cas de Thiers, libéral de centre gauche, mais de Guizot, grand bénéficiaire de la révolution de Juillet. Guizot n'est pas un libéral, il est le chef de file des partisans de la monarchie constitutionnelle, qui sont aussi appelés les Juste-Milieu. Comme toujours, Balzac s'abreuve à plusieurs sources pour façonner son personnage.

On remarquera que la réussite de Rastignac est surtout fonction de son excellente intégration à la Haute société et que Balzac s'attarde plutôt sur les signes extérieurs de richesse : montant de la fortune, hôtel particulier bien situé, appartenance à un club très huppé. Enfin, le nom de Rastignac est mentionné pour la dernière fois en 1846 dans une ébauche rattachée à *La Comédie humaine* et, signe qui ne trompe pas, il refuse de se rendre dans un salon de second ordre, parce qu'il est devenu « suffisant » et fait désormais partie des « grands faiseurs de la politique[4] ». Malheureusement Balzac meurt en 1850 avant de nous donner une suite qu'il prévoyait dans les *Scènes de la vie politique*.

2 – *Un pédagogue désabusé*

Un dirigeant doit inspirer confiance, avoir la volonté d'aller vers les autres, savoir expliquer et imposer ses idées. Après *Le Père Goriot*, les réapparitions successives de Rastignac ne laissent pas d'être fluctuantes. Seul le récit de son ascension financière au sein de *La Maison Nucingen*, que nous aborderons dans la seconde partie, fait l'objet d'une longue narration. Malgré la disparité de ses interventions largement due au fait que Balzac case ses personnages reparaissants comme il peut, il est cependant possible de dégager quelques éléments essentiels. À l'image parfois cynique de son créateur, Rastignac apparaît le plus souvent en ami fidèle, dévoué, efficace mais désabusé. Il sait négocier comme personne, et octroyer des conseils avisés à ses amis qui n'en ont malheureusement cure, et continuent de foncer tête baissée vers la catastrophe, pour la plus grande joie du lecteur. Ouvert aux autres, toujours partant pour rendre service, spirituel et cynique donc, Rastignac accroît son aisance et sa maîtrise, et acquiert un sens de la pédagogie et de la médiation appréciables.

Ainsi, pendant ces années Nucingen, en 1829, Rastignac rencontre au *Café de Paris* Raphaël de Valentin, dans *La Peau de chagrin*[5]. L'un et l'autre se connaissent déjà et se voient de temps en temps. Mais Balzac qui relit et corrige sans cesse, doit modifier les traits de ce Rastignac-là pour les faire coïncider avec l'ascension vertigineuse de l'autre. Toujours généreux et joueur, il partage ses gains avec Raphaël. Mais qualifié de « viveur », il n'a pas de particule et se présente comme un intrigant. Il est résolument « Gascon » : « ce prudent Gascon », ce « diable de Gascon », répète Balzac, commence par expliquer avec aplomb à Raphaël comment « faire son succès » soi-même, c'est-à-dire se faire des alliés dans les salons et conquérir les journalistes. Le dialogue qui s'instaure entre Raphaël et Rastignac est, au reste, hallucinant, dans la mesure où ils représentent l'un et l'autre Balzac. Expliquons-nous ! Raphaël, au cours de l'entrevue est le Balzac écrivain, et Rastignac, le Balzac éditeur. Il parle de lui à la troisième personne et se présente comme un « proxénète littéraire qui a dépensé huit ans de sa vie, et payé ses relations avec la librairie par de cruelles expériences ». Il lui propose, moyennant une commission prélevée à Finot, et qu'il lui donnera, de rédiger les *Mémoires* de quelqu'un d'autre et de les vendre très cher à l'éditeur qui sera ravi de les proposer à « quelque chevalier d'industrie ou une fangeuse comtesse » (ne serait-ce point *Les Mémoires* de Napoléon vendus à Gaudy, ou ceux de la duchesse d'Abrantès ?). Rastignac envisage à cette époque d'épouser une petite veuve alsacienne qui, non contente de lire Kant, Schiller et Jean Paul dans le texte, « pleure des averses à la lecture de Goethe » et autres livres « hydrauliques ». On a là un échantillon de l'esprit Rastignac-Balzac, qui n'en manque guère. Elle lui a probablement été présentée par Nucingen, le banquier alsacien. Heureusement il y renonce, elle a six orteils au pied gauche !

Malgré les contradictions entre les deux Rastignac, un point commun se dégage. Rastignac rode une pédagogie qui ne se lasse pas d'expliquer et de prouver. Il fait prendre conscience fort habilement à Raphaël, qui est amoureux de la comtesse Foedora, qu'elle est une manipulatrice et qu'il pêche par excès de confiance. Pour ce faire, il a recours à une expérience pratique. Il s'arrange pour la sonder, et chanter les louanges de son ami auprès d'elle, tandis que Raphaël entend la conversation sans être vu. C'est alors qu'elle révèle son vrai visage et qu'afin de briller et d'amuser ses amis, elle l'immole sans pitié, se moquant de ses prétentions et de ses secrets. Sans aller jusqu'au bout de cette mise en scène, cette méthode peut s'avérer fort utile pour un dirigeant qui veut savoir, par exemple, si ses collaborateurs se respectent entre eux. Elle permet également de gagner leur confiance : « Je perdais une maîtresse, mais j'avais un ami ! » s'écrie d'ailleurs Raphaël. Ensuite, pour dédramatiser le conflit, Rastignac détecte très vite les causes de cette passion et le lui fait comprendre : il l'aime précisément parce[6] qu'elle le rejette. S'en tenir aux faits objectifs est souvent une bonne manière de relativiser les problèmes relationnels. Malheureusement Raphaël est follement épris de l'idée Foedora, et songe à différentes formes de suicide. Cette fois, ce drôle de Rastignac dédramatise la situation par le rire, en lui conseillant plutôt « d'user l'existence par le plaisir ». Par ailleurs, se détruire par l'opium procure des souffrances atroces ; la Seine est bien sale pour y mourir ; un coup de pistolet peut vous défigurer sans vous tuer. En lui montrant ainsi les conséquences de chaque action, il lui fait mesurer les risques encourus et parvient d'autant mieux à l'en dissuader.

« Qui peut tout dire, arrive à tout faire[7] » : cette maxime attribuée à Napoléon par Balzac sert en quelque sorte de stratégie à Rastignac pour assurer sa légitimité. On le voit le plus souvent intervenir par petites touches, s'affirmer et convaincre son auditoire, asseoir en quelque sorte son *leadership*. Inlassablement il défend ses amis, les soutient, leur dévoile la vérité, et les met en garde, en régulateur des passions. Ainsi conseille-t-il à l'écrivain d'Arthez[8] de fuir la princesse de Cadignan dont il a été l'un des nombreux amants, car elle est grande dévoreuse d'hommes. Ce dernier, bien entendu, fonce tête baissée, et il lui en coûtera son œuvre. On le consulte sur tout et ce qu'il dit avec autorité commande la « réflexion » de ses interlocuteurs.

Il donne à Malvina d'Aldrigger sa théorie sur le mariage « qui, selon lui, est une société de commerce instituée pour supporter la vie[9] ». Ailleurs, il conseille à son ami Beaudenord de ne pas épouser la sœur qui est « sotte comme une musique de ballet ». Passant outre celui-ci s'aperçoit trop tard qu'en effet elle « est bête comme une oie ». Après avoir secouru financièrement son ami Portenduère jeté en prison, il lui explique qu'il n'est pas assez fort pour la vie de Paris, qu'être emprisonné est une faute lorsque l'on porte un grand nom mais qu'y rester est bien pire. Sans remords, il le lâche.

3 – *Un médiateur hors pair*

Négocier participe de l'activité quotidienne d'un dirigeant. Sa capacité à résoudre les problèmes, comme trouver un accord, régler un différend, stabiliser un client difficile est un enjeu prépondérant. Il lui faut pour cela associer fermeté et souplesse, ce qui s'apprend. Conseiller, bras droit du ministre de Marsay, témoin de Rubempré pour son duel avec d'Arthez, négociateur pour une grande famille aristocratique, les Grandlieu, Rastignac semble se mêler de beaucoup de choses et se fait accepter comme le bon médiateur. C'est qu'il est fort habile, même dans les petites choses. En voici un exemple significatif et qui illustre à merveille ses talents. Après avoir appris la vie dissolue de Rubempré, les Grandlieu le chargent d'annoncer à celui-ci la rupture de son projet de mariage avec leur fille Clotilde.

Détermination, empathie et habileté ponctuent cette mission, ô combien délicate, et qui se déroule dans *Splendeurs et Misères des courtisanes*[10]. Sans laisser dire un mot à Lucien, il se présente d'abord comme étant son ami, ce qui n'est pas neutre, et le fait accepter par conséquent comme un interlocuteur positif qui légitime sa capacité à mener la négociation. « Au désespoir » d'avoir à le faire, il impose ses sentiments et prend de ce fait immédiatement la main, c'est-à-dire le contrôle de la situation. Tout en admettant la peine qu'il ressent à l'obligation d'avoir à lui annoncer une mauvaise nouvelle, il ne tergiverse nullement, va droit au but et déclare à Lucien que son mariage est rompu, qu'il ne doit pas remettre les pieds chez les Grandlieu. Pour autant, attentif à la personnalité de Lucien, il ménage son amour-propre, et lui fait savoir que la belle l'aimait vraiment et qu'elle voulait s'enfuir avec lui. Lucien reste coi. Démontrant ensuite son implication et son efficacité, il lui propose aussitôt une solution de rechange bien plus avantageuse pour l'intéressé, en la personne de la nièce de sa maîtresse : tout se passerait donc en famille ! Enfin, il lui conseille de se précipiter chez la maîtresse de quarante ans en toute tranquillité. Malgré une brouille, et au vu de son âge, elle l'accueillera les bras ouverts et l'aidera même à se venger. Grâce à cet argumentaire adapté à la situation, Rubempré lui en saura gré un peu plus tard qui lui léguera « une toilette en or ».

La confiance est une des conditions du lien social, et les sciences humaines considèrent ce mécanisme comme essentiel. Dès lors qu'il s'agit de tisser le lien social, la question de la confiance se pose rapidement dans la mesure où elle constitue une forte disposition à agir. Dans ce rôle d'homme de confiance, Rastignac excelle, mais de manière très ambivalente, comme homme dévoué certes, mais aussi au détriment de la morale. S'il a tout pour réussir, il est cependant contraint, par la suite, de composer avec une société corrompue, Trois exemples donnent à penser : on lira avec intérêt, comment il manipule son meilleur ami Bianchon dans *L'Interdiction*, aux fins de satisfaire la marquise d'Espard, « type le plus achevé de l'égoïsme[11] », mais dont il espère un soutien politique en 1828, comment il complote pour détruire Nathan, en s'alliant à Nucingen et du Tillet en 1834, dans *Une fille d'Ève*, comment il tire parti des dettes de Maxime de Trailles en 1839, pour en faire un député à la main du gouvernement.

L'essentiel

Gestion du pouvoir

◆ *Chef symbolique*

Rastignac a une autorité incontestée. Son avis est souvent sollicité et on lui demande son aide pour résoudre les problèmes.

◆ *Meneur d'hommes*

Il est écouté par ses collaborateurs et leur explique rapidement ce qu'il faut faire, c'est-à-dire un *modus operandi* qui leur permet de bien faire leur travail et de prendre leurs responsabilités.

◆ *Agent de liaison*

Il inspire confiance et est un ami fidèle. Il soutient ses (amis) collaborateurs, tisse des liens avec eux. Loyal, il peut ainsi attirer les meilleurs éléments et provoquer une motivation constante.

◆ *Observateur actif*

Il voit les conséquences de chaque action. Anticiper est un de ses atouts majeurs, pour modifier l'objectif. Planifier, attribuer une durée à une tâche et prévoir les imprévus.

◆ *Diffuseur d'information en interne*

Partager les succès est indispensable, promouvoir l'esprit d'équipe en valorisant l'ensemble des collaborateurs, et prendre en compte les problèmes complexes.

◆ *Porte-parole à l'extérieur*

Il défend ses alliés et fait savoir.

◆ *Entrepreneur*

Pratique la culture du résultat.

◆ *Régulateur en environnement perturbé*

Il est toujours maître de lui.

◆ *Répartiteur de ressources*

Parvient à restituer à Delphine sa fortune.

◆ *Négociateur*

C'est un médiateur hors pair.

D'après « Les 10 rôles du dirigeant », in *Le Manager au quotidien*, Henry Mintzberg, Éditions d'Organisation, 1984. On remarquera que Rastignac répond pleinement aux critères évoqués par Mintzberg.

Chapitre V

LA MÉTHODE RASTIGNAC

1 – *Observer et s'intégrer*

Bien observer, permet de déchiffrer le réel, et par conséquent, d'évaluer et de réévaluer constamment l'objectif. Observer, c'est savoir regarder, s'intéresser au monde qui vous entoure, être curieux de tout, avoir de l'intuition, être à l'écoute des autres. Observer permet de s'intégrer rapidement.

C'est grâce à la perspicacité et à la curiosité de Rastignac que le lecteur a pu savoir le fin mot de l'affaire Goriot, selon le narrateur. Par ses « observations curieuses » et son « adresse », le récit a « des tons vrais[1] ». Si Eugène comprend beaucoup et en très peu de temps, c'est parce qu'il a « un œil qui sait tout voir ».

Le personnage ne cesse de capitaliser du savoir-faire, d'accumuler de l'expérience en étant curieux et attentif des uns et des autres, On observera la façon précise dont il étudie et détaille le jeune dandy, Maxime de Trailles, chez Mme de Restaud, et les pensionnaires de la maison Vauquer qu'il décrit avec minutie. En analysant immédiatement les signes négatifs, les rires des valets par exemple, il déduit rapidement qu'il ne faut jamais venir chez une comtesse à pied, et ne jamais s'y présenter avant 16 h 30.

Outre le fait que « ses yeux s'allument comme des charbons », lorsque le peignoir de Mme de Restaud s'entrouvre, il a, par surcroît, « un œil de lynx » : un simple regard, un mot, un geste, suffisent au jeune homme pour déchiffrer un comportement. Ainsi est-il capable de deviner à l'intonation de voix sèche de Mme de Beauséant combien elle est égoïste, ou combien elle aime Ajuda-Pinto. Il est vrai que le langage corporel offre de merveilleux indices pour qui s'y intéresse et qu'en ce premier XIXe siècle, la psychologie est en train de naître. Il faut noter avec quelle sagacité Eugène devine, d'un coup d'œil, au début du récit que Mme de Restaud s'entretient avec son amant qu'il n'a pourtant jamais vu. Il fait en revanche une énorme bourde pour ce qui concerne l'allusion au père Goriot, ce qui nécessite une sorte de *crash course*, un apprentissage accéléré du « Droit parisien ».

Rastignac est assurément bon élève, il pose des questions, sa curiosité est insatiable. Ainsi, il n'a de cesse de découvrir pourquoi Goriot tord de l'argent pendant la nuit, et pourquoi Vautrin fait entrer nuitamment un individu suspect dans sa chambre. Rien n'arrête la curiosité du jeune homme. Et même s'il se fait discret pendant les repas à la pension, c'est pour mieux surprendre les secrets de ceux qui l'entourent. Lui seul s'étonne d'ailleurs qu'il y ait autant de « mystères dans une pension bourgeoise ». Toujours attentif, c'est lui qui enjoint Bianchon, pourtant médecin, d'étudier le crâne de Goriot. Son enquête sur Goriot le mènera d'ailleurs au cœur du drame. Drame que n'ont pu déceler ni Vautrin ni les autres à cause de leur indifférence. À l'école de la vie, il s'agit d'être bon observateur et de savoir aiguiser sa sensibilité, si on veut maîtriser son destin.

Observer le monde dans l'optique balzacienne, ce n'est pas seulement voir, c'est intégrer les sensations, le ressenti. Ce qui permet de le comprendre et de mieux s'y intégrer, voire de pouvoir le changer. La sensibilité a été aiguisée par la période révolutionnaire violente, éprouvante et qui a suscité solidarité et remise en question des liens sociaux. Il s'agit désormais de prendre en compte l'émotion, de l'utiliser pour lire le monde autrement. Et c'est à l'aide de l'outil innovant qui ne s'appelle pas encore « l'intelligence émotionnelle[2] » que Rastignac conquiert son brevet social.

Il ne fait aucun doute que l'enjeu du romanesque balzacien est d'éduquer ce potentiel émotif chez le lecteur pour en faire un outil de compréhension du réel. Au lieu de subir ses émotions, le lecteur apprend à travers Rastignac à les utiliser à distance pour connaître le vrai. Sensibilité et raison façonnent désormais « l'honnête homme » romantique.

Fin « psychologue » avant la lettre, non seulement Rastignac met hors jeu les pensionnaires de l'« entreprise » Vauquer, cette communauté mal ficelée dont les dix-huit membres professent la plus grande indifférence les uns pour les autres ; mais cette aptitude, cet outil presque professionnel, lui permet de conquérir en même temps les salons parisiens et la femme la plus en vue.

Grâce à la qualité de ses observations, l'étudiant tire très vite parti de sa présence importune chez Anastasie de Restaud. Il rebondit, change d'objectif en intéressant le comte de Restaud à sa personne. De fait, il évalue constamment ses pratiques : prendre ou non un fiacre, à quel moment interrompre un tête-à-tête, comment attendrir les autres sur son sort par exemple. Ce faisant, il donne du sens à son action et réussit à s'intégrer rapidement dans des milieux aussi antinomiques qu'une misérable pension de famille et le gratin parisien.

Manuel de survie en milieu hostile, ce roman donne assurément les clefs pour s'intégrer dans toute entreprise. Se bien comporter, se conformer et se plier aux usages sont les moyens les plus sûrs pour se faire accepter. Sans regarder par les trous des serrures comme Rastignac, bien observer permet de cerner l'objectif à atteindre, d'anticiper les problèmes et surtout de modifier rapidement une stratégie. Comment agir, en effet, si on ignore les causes et les effets de ce qui existe ?

Avoir un véritable talent d'écoute est le fruit d'une attention de tous les instants et d'un travail acharné. Si Rastignac participe peu à la conversation des pensionnaires, pour autant rien ne lui échappe, ni les détails ni les expressions les plus fugitives, rougissement soudain, frémissement. L'enjeu de l'intelligence émotionnelle est bien de pouvoir éduquer son potentiel émotif de manière à en faire un outil de maîtrise de la réalité. Au lieu de subir ses émotions, un dirigeant, un homme ou une femme d'affaires peut les utiliser à repérer les choses et les hommes, et renforcer ainsi son efficacité. Cela permet de se montrer assuré dans ses propos sans se mettre en colère ni rester passif. Être attentif aux autres permet, plus que jamais, d'étudier les comportements et d'en déduire des conduites à adopter ou à bannir. Prêter attention assure une meilleure appréhension, mais aussi une appropriation du monde professionnel. C'est souvent la première étape d'un évolution de carrière.

2 – *Copier*

Pour parvenir à l'excellence, rien de mieux que d'imiter, de reproduire une performance réussie.

Sous la Restauration et la monarchie de Juillet, « Faire comme » devient l'assurance de faire juste. C'est que, autre innovation de la société postrévolutionnaire, le comportement prend le pas sur l'action comme mode primordial des relations humaines, dirait Hannah Arendt, dans la nouvelle société qui est par ailleurs une société en temps de paix sinon apaisée. Aussi bien Vautrin que Mme de Beauséant soulignent la nécessité des apparences, comme, au reste, la famille de la duchesse de Langeais dans le roman éponyme : on peut être un fripon ou une criminelle, pourvu que personne ne le soupçonne, et que l'on « sache se bien débarbouiller », comme l'affirme Vautrin. On note d'ailleurs quel soin Rastignac met à ses habits, à son apparence parce que dans la société conformiste qui se crée et contre laquelle luttent Rousseau et les romantiques, on identifie à présent l'individu à sa position sociale. Il est à noter que Vautrin donne le change pendant plusieurs années à la pension Vauquer. Au reste, les pensionnaires sont furieux qu'il soit dénoncé à la police par Poiret et Michonneau. On observera également la double vie de Ferragus qui donne lui aussi le change pendant des années en se faisant passer pour un mendiant exemplaire et pour un négociant bordelais sans éveiller le moindre soupçon.

Les personnages référentiels de la réussite, chez Mme de Beauséant comme chez Vautrin bien que tout les oppose, sont incontestablement Talleyrand et Napoléon. Il n'est que de relever leur vocabulaire guerrier, les métaphores employées et les conseils prodigués. D'un côté, il s'agit de « frapper sans pitié », de ne rien laisser paraître de ses émotions, de « calculer froidement[3] », d'avoir de l'« esprit, du talent », de l'autre, de ressembler à un boulet de canon, d'être acharné au « combat ». Napoléon est cité nommément et Talleyrand est donné en exemple par Vautrin comme le « prince » à qui l'« on doit des couronnes », et à qui pourtant « on jette de la boue ». Il n'est guère étonnant par conséquent que Rastignac s'efforce d'imiter Napoléon par sa bravoure et des préceptes tels que celui-ci.

Pour ce qui est de Balzac et de bien des Romantiques comme Delacroix ou Hugo qui s'en défendent pourtant, ils ont compris qu'il était indispensable de savoir imiter les grands maîtres afin de mieux s'en affranchir. Ce sont d'ailleurs d'infatigables travailleurs contrairement à Rastignac qu'on ne voit jamais travailler, par coquetterie d'auteur, sans doute. Au reste, il n'est pas de bon ton de montrer qu'on se tue à la tâche. Il est significatif que Delacroix se voit plus en Rastignac et ne manque pas de noter en secret les conseils de Vautrin à celui-ci pour « entrer dans la vie comme un boulet de canon », dans un petit carnet brun qui ne le quitte pas. Pour autant, si Balzac admire le peintre, il le voit plus en Joseph Brideau, ce travailleur acharné qui se rend régulièrement au Louvre pour se mesurer aux grandes œuvres. Quant à l'écrivain, nous avons déjà souligné ses imitations dans ses *Romans de jeunesse.* Balzac copie tout ce qui marche à l'époque : aussi bien Racine avec son *Cromwell* que des écrivains comme Rousseau, Walter Scott, Chateaubriand, Goethe, Mathurin, Ann Radcliffe, et plus discrètement Diderot. Mais il fait mieux encore puisqu'il n'hésite pas à se mesurer à Dante avec audace, ajoutant un canto à la *Divine Comédie* dans *Les proscrits* ou bien une parabole de l'Évangile dans *Jésus-Christ en Flandre,* pour ne citer que ces exemples. Se conformer pour mieux innover ensuite, telle pourrait être une des devises du romantisme.

Est-ce si différent aujourd'hui ? De fait, non. Suivre l'exemple demeure comme hier un solide aiguillon et le plus sûr moyen de progresser dans la vie professionnelle. L'admiration fait faire des merveilles et reproduire des stratégies réussies : c'est un excellent moyen pour s'entraîner et construire par la suite un processus qui marche.

3 – *Repérer les hommes*

Repérer les hommes et évaluer leurs compétences, telle est l'une des principales stratégies que Rastignac applique dès le début du Père Goriot. Mettant ses dons d'observation à profit, il procède à un tour de table hallucinant des pensionnaires de la Pension Vauquer, dressant leur portrait physique et moral, traquant leurs tics et leurs habitudes. Il a tôt fait de deviner le manège de Vautrin alors que les autres n'en ont aucune idée et se laissent prendre à ses manières affables. Curieux de nature, il comprend également que Goriot n'a rien d'un joyeux drille.

Repérer les hommes est le but avoué d'un grand nombre de manuels qui fleurissent sous la Restauration. Ils sont à la mode et arrondissent commodément les fins de mois difficiles. Et Balzac n'y échappe pas. De 1825 à 1830, il rédige ainsi, anonymement, de nombreux codes. Or, s'il est un ouvrage qui parle d'évaluation, c'est bien *Le Père Goriot*. Jeter un jeune aristocrate dans un milieu inconnu pour en découvrir les rouages, n'est-ce pas aussi évaluer les compétences des hommes qui composent cette société inédite ? De fait, *La Comédie humaine* tout entière est un immense champ d'évaluation de la société brouillée et sans repères du monde postrévolutionnaire.

Mais pourquoi se livrer à ces observations ? Balzac nous dirait : pour reconnaître les filous et les gens honnêtes. Et Rastignac est quasiment un expert en la matière ! Comme Talleyrand, il sait sonder les reins et les cœurs. Comment ? D'abord en parlant avec prudence, qualité des stratèges. Il l'acquiert à ses dépens après son échec auprès de Mme de Restaud, lorsqu'il fait référence à son vermicellier de père. Mentionner les origines modestes de quelqu'un est une bévue difficilement pardonnable. Ensuite, en faisant confiance à son sens de l'observation, car le corps peut dire plus qu'on ne l'imagine : les soupirs et l'abattement de Mme de Beauséant, après le départ du marquis d'Ajuda-Pinto, signalent qu'il est son amant et la fait souffrir. Ces trois phases permettent ainsi à Rastignac de situer ses interlocuteurs sur le plan social, mais également sur le plan intime. À sa manière, il dresse un portrait-robot des femmes et des hommes qui l'entourent.

Dans le monde de l'entreprise, reconnaître les filous des honnêtes collaborateurs peut parfois se révéler utile, mais là n'est pas la seule vertu de l'observation. Il s'agit avant tout de repérer les talents, les failles aussi. Repérer pour bien s'entourer s'avère une nécessité pour un manager par exemple, car il doit impérativement réunir autour de lui les bonnes compétences. Il faut également repérer pour situer professionnellement, voire socialement, tous les collaborateurs de l'entreprise : collaborateurs principaux, secondaires, à problèmes, perturbateurs, frustrés et stressés. Il convient de repérer les hommes pour savoir quels leviers actionner pour progresser, quels sont les collaborateurs qui comptent, ceux qui peuvent nuire. Repérer les hommes permet une progression bien préparée, à l'inverse de celle du malheureux Rabourdin dans *Les Employés*.

4 – *S'adapter*

« Eugène de Rastignac [...] était un de ces jeunes gens façonnés au travail et au malheur, qui comprennent dès le jeune âge les espérances que leurs parents placent en eux, et qui se préparent une belle destinée en calculant déjà la portée de leurs études, et les adaptant par avance au mouvement de la société[4]. »

Outre une socialisation conforme aux étudiants de la période qui voit Rastignac fréquenter les mêmes lieux qu'eux, c'est une solide éducation doublée d'épreuves qui a façonné son caractère. C'est grâce à ce que nous appelons aujourd'hui son intelligence émotionnelle, qu'Eugène parvient non seulement à s'intégrer mais à s'adapter aux deux milieux antithétiques qu'il fréquente, la pension et la bonne société. « Il est souple comme une anguille », déclare Ajuda-Pinto, l'amant de Mme de Beauséant. Et c'est avec une remarquable aisance qu'Eugène passe de l'un à l'autre sans presque jamais se trouver en porte à faux. Quelles en sont les raisons ? D'abord il fait preuve d'une certaine modestie à l'égard de ceux qui l'entourent. Il est avant tout à leur écoute, nous l'avons vu, ce qui lui permet de se faire accepter rapidement. Ni agressif ni vantard, il n'a rien d'un monsieur « je sais tout ». À l'instar de Talleyrand, le « chef de la secte », selon Balzac dans *Le Cabinet des Antiques*, Rastignac attend, observe attentivement, réfléchit et sonde le terrain. Il n'est que de voir la rapidité avec laquelle il repère, en allant pour la première fois chez Mme de Restaud, que Maxime de Trailles est l'amant.

Asseoir sa légitimité par la confiance en soi, mais savoir s'adapter et rester soi-même permettent de progresser rapidement dans une entreprise. Si Rastignac s'intègre bien dans les conversations parfois prosaïques à la pension, il n'hésite pas à rectifier les manquements au respect d'autrui. Il corrige « Père Goriot » en « Monsieur Goriot », par exemple. Patient et tenace, il est aussi à l'aise dans le face-à-face, et l'affrontement avec Vautrin par exemple, qu'au sein d'un groupe. Il s'agit d'expliquer tranquillement ses griefs ou ses idées en avançant peu à peu mais sans lâcher ses convictions. S'adapter aux différentes personnalités pour arriver à ses fins désamorce les conflits. Seul le résultat compte.

La sociabilité est un atout dans le monde du travail. Rastignac reste lui-même partout mais sait s'adapter. Être flexible et souple est apprécié dans la communauté sociale et permet d'accueillir sereinement les changements et les idées nouvelles, c'est par ailleurs une nécessité à notre époque dans la mesure où tout change très vite.

5 – *Innover : le héros social*

À l'aise en société, mesuré, audacieux mais prudent, cynique et ingénu, imparfait mais lucide, le héros social innove. Il ne meurt pas d'amour, il ne succombe pas à la misère, il réussit. Il sait allier émotion et raison. Il est tout l'opposé de Werther, de René ou même de Julien Sorel qui se révolte contre ladite société.

Malgré ses faiblesses, il sera toujours présenté par l'auteur comme un homme généreux. Homme de cœur et de raison, il est le seul à s'intéresser à Goriot et à deviner son secret. Il a par ailleurs quelque mérite à comprendre comment Delphine de Nucingen en est arrivée à pareille sécheresse de cœur (la condition féminine) et à vouloir lui apporter une indépendance financière dans *La Maison Nucingen*[5]. Enfin c'est cette même lucidité qui lui permet de parvenir à se moquer de lui-même et à relativiser les hochets de la notoriété. Devenu un homme de pouvoir, il est le seul à se savoir comédien dans *Les Comédiens sans le savoir*.

Ambitieux calculateur, généreux, faible et fort, astucieux et maladroit, trompeur et trompé, vulnérable et limité, Rastignac est un héros tout neuf. C'est le héros démocratique pour temps de paix, celui auquel certains lecteurs peuvent s'identifier, celui qui console les autres par ses succès, tout relatifs d'ailleurs. Tout en nuances, pétri de contradictions, il n'a rien du satanique Lovelace, du brigand Jehan Sbogar, du farfelu Tom Jones. Il est complexe.

Enfin Rastignac–Balzac, est un pragmatique, bien que le mot n'existe pas encore. Il utilise tout ce qui marche pour arriver à ses fins, se sert de ce qui est le plus efficace pour réussir, charme, éloquence, esprit. Il manipule tout autant que son créateur qui n'hésite guère à utiliser toutes les armes de « l'infirmerie littéraire[6] », nous dirions aujourd'hui du « roman de gare », afin d'attirer le public parce que « si la masse lisante s'est agrandie, la somme de l'intelligence publique n'a pas augmenté en proportion ». Pourtant si vous voulez du nouveau, lisez *Le Père Goriot* ! Mieux qu'un roman d'initiation, *Le Père Goriot* est un ouvrage précurseur. Véritable manuel de développement personnel, « ce n'est ni une fiction, ni un roman. *All is true*, il est si véritable, que chacun peut en reconnaître les éléments chez soi, dans son cœur peut-être[7] ».

Outre le fait quc Rastignac est résolument moderne et porte une montre Bréguet dernier cri d'innovation horlogère, par exemple, et que *La Comédie humaine* est un véritable observatoire d'innovations en tout genre, on aurait tort de considérer son auteur comme un homme du passé qui ignore les progrès de la science. Bien au contraire ! Balzac s'enthousiasme sans retenue pour les installations du port de Cherbourg, les trouvant dignes des Romains, des Égyptiens voire des Pyramides. Quant au Diorama, sorte de gigantesque toile paysagée que Daguerre vient d'ouvrir au public et dont il parle d'ailleurs dans *Le Père Goriot*, c'est tout simplement une des merveilles du siècle. Il prédit d'ailleurs en quelque sorte en 1832, dans *Louis Lambert*, l'invention du daguerréotype. En 1839, il salue l'invention des chemins de fer et pense à juste titre qu'ils vont modifier la notion d'espace et de temps dans *le Curé de village*. Il comprend très vite que la montre, comme devait le souligner plus tard Lewis Mumford, est la machine clé de l'âge industriel moderne ; plus que la machine à vapeur et que les changements de mentalité qu'apportent dans leurs sacs, les nouvelles techniques sont importantes.

Non content de s'extasier sur les innovations collectives du siècle, Balzac les utilise. C'est ainsi que dès 1825, il innove et utilise pour la première fois la presse Stanhope, comme sa créature David Séchard dans *Illusions perdues*. Cette presse, en permettant une réelle industrialisation de l'imprimerie, est à elle seule une véritable révolution dont l'auteur a su mesurer l'impact. Car non seulement elle nourrit la nouvelle circulation de la connaissance mais elle accélère, par ricochet, la révolution industrielle. En effet, un certain nombre d'individus ayant accès à la lecture autonome, à la curiosité de la technique répandus par le livre, la brochure ou le journal, l'habileté manuelle devient plus inventive, et l'esprit d'initiative plus affiné.

À la loupe

Quelques innovations

Innovations techniques de Balzac	Idées balzaciennes innovantes
– Le récit encadré – La construction en abîme – Les personnages reparaissants – Le retour en arrière – Les néologismes – Les accents étrangers – Le dialogue de théâtre intégré	– Pour l'émancipation des jeunes filles, contre la virginité : *La Physiologie du mariage* – Contre l'absence d'unité des travaux scientifiques, pour les académies séparées : *Louis Lambert*. – Réorganisation du système scolaire : moins de mathématiques, suppression des concours : *Le Lys*, *Le Cousin Pons* – Invente le goudron pour sa propriété des Jardies à Sèvres. – Réforme de l'Administration : *Les Employés*. – Rénovation de l'économie : *Le Médecin de campagne*, *Le Curé de village*. – Projet d'une entreprise d'*Abonnement général*, évoqué dans une lettre inédite du 4 janvier 1831 à son amie Zulma Carraud : préfiguration géniale des clubs de livres de notre temps.

6 – *Prendre des risques calculés*

Savoir accepter les risques est assurément un atout, les reconnaître est indispensable pour pouvoir anticiper.

L'ambition de Rastignac lui fait prendre beaucoup de risques dans *Le Père Goriot*. Non seulement il emprunte de l'argent à Vautrin, à sa mère, à sa tante, mais il joue gros jeu au risque de se ruiner, ainsi que toute sa famille. Par ailleurs, il joue avec le feu ou avec le diable, si l'on veut, en courtisant Victorine Taillefer dans un moment de découragement, au risque de se perdre, puisque Vautrin peut en déduire qu'il accepte sa proposition criminelle. De même, il privilégie sa liaison avec Delphine de Nucingen, aux dépens de ses études, au risque de ne jamais atteindre la réussite. S'agit-il de risques calculés ? Rastignac le croit qui considère l'emprunt contracté auprès de Vautrin, comme aisément remboursable par sa famille, ce qui relève tout de même de la présomption ou d'une anticipation optimiste.

On peut avoir un aperçu très éclairant de la manière dont on concevait l'ambition au premier XIXe siècle en feuilletant les guides des carrières. Bien loin d'encourager la prise de risques, contrairement à ce que fait ce cher Rastignac, ceux-ci recommandent d'adopter la même profession que le père ou bien d'user du parrainage. Ainsi le manuel de Charton intitulé *Guide pour le choix d'un état* ou *Dictionnaire des professions*[8] qui fait fureur en 1842, recommande surtout de ne pas viser trop haut et de rechercher les métiers qui « conduisent à l'aisance plus qu'à la richesse, à l'estime plutôt qu'à l'admiration, à un développement normal des facultés, à l'accroissement de l'intelligence et de la moralité plus qu'à la satisfaction des passions ». Comme les métiers susceptibles d'apporter la fortune peuvent également conduire à la misère, comme ceux où la gloire est la plus grande récompensent un très petit nombre, mieux vaut avoir une vie utile, modeste, peu affairée, simple. Car le but pour un jeune homme « devait être de ne pas prendre de risques, et, plutôt que d'essayer de doubler ses revenus, de trouver une position honorable et paisible qui occupe et développe son intelligence et le conduise, par des voies lentes mais sûres, à l'estime publique ».

Pour Charton, il est clair que l'esprit d'entreprise et l'ambition n'ouvrent pas la voie au succès et que l'argent est loin d'être un but en soi. Nous voilà bien loin des héros avides de gloire balzaciens ! Par ailleurs, il soutient peu l'industrie à laquelle il voit un modeste avenir et conseille plutôt le petit commerce. On voit donc que ce journaliste influent et représentatif de l'opinion de son temps détourne délibérément les jeunes gens de l'expansion économique, comme le fait remarquer Donnard[9].

Quant aux ouvrages de médecine, ils sont encore plus explicites. Dans un ouvrage un peu plus tardif, *La Médecine des passions*[10], le Docteur Descouret, en 1841, est catégorique. Il déclare que l'ambition est une maladie dont il n'hésite pas à décrire ainsi les symptômes inquiétants : l'ambitieux « devient pâle, ses sourcils se rapprochent, ses yeux se retirent dans leur orbite, son regard devient mobile et soucieux, ses tempes se creusent, ses cheveux tombent ou blanchissent avant le temps ». Il est en proie à l'insomnie, son haleine est brûlante, et ses digestions imparfaites. S'il meurt fréquemment d'un cancer du foie, d'apoplexie ou de problèmes cardiaques, il est bien souvent sujet à la mélancolie ou à la monomanie quand il ne se retrouve pas dans un asile d'aliénés. Car il néglige une règle fondamentale, celle de la prudence. Quel traitement préconise alors le bon docteur ? Celui que Diane de Maufrigneuse, dans *Les Secrets de la princesse de Cadignan*, inflige précisément à l'écrivain d'Arthez, pourtant mis en garde par Rastignac : la vie à la campagne, de longues marches, une alimentation légère, des massages, des bains chauds et des lectures variées et peu fatigantes. Il en deviendra littérairement stérile.

Honoré, pas si bête, fuit ce genre de traitement. Il n'est pas question de pantoufler. Comme on ne peut réussir durablement sans effort, on ne peut réussir sans prendre de risques : aussi Balzac en prend-il avec l'argent des autres, celui de Mme de Berny, du petit père Dablin, etc. On a beaucoup dit que Balzac avait échoué dans ses entreprises parce qu'il pensait à autre chose. Ce n'est pas faux, mais il se pourrait également qu'il ait été trop en avance sur son temps dans certains domaines, ou qu'il n'y ait pas eu, à ce stade, d'adéquation entre les potentialités de la technique et les forces du marché : presque toutes les entreprises où il a échoué, fait remarquer André Maurois[11], ont fait la fortune d'autres hommes, un peu plus tard. Force est de constater par exemple que son idée d'abonnement est récupérée par Émile de Girardin qui lance le roman inédit découpé en tranches en roman-feuilleton en 1836. Non seulement la fonderie de caractères mais les spéculations sur les terrains, la réimpression des classiques, la publicité des parfums, la Société des gens de lettres, prospèrent encore de nos jours mais on n'imagine pas de faire autrement. C'est vrai aussi du *Dernier Chouan*, qui malgré son succès public est un échec commercial.

À l'évidence, celui qui ne tente rien, n'obtient rien en Balzacie, et le volontarisme est grand pourvoyeur de chances à saisir. Qu'est-ce que prendre un risque sinon relever un défi comme Rastignac ? Il s'agit tout d'abord de prendre ses responsabilités, et de monter en première ligne. La première étape est l'évaluation du risque, comme le fait constamment Rastignac dans ses introspections. Il convient de noter sur une feuille les aspects positifs et les aspects négatifs à courir et de les comparer soigneusement. Risquer de tout perdre n'est jamais une bonne option.

Ensuite, il faut identifier les risques payants, c'est-à-dire ceux qui permettent d'avancer, de se faire connaître, sans se mettre en danger. Évaluation : pour Rastignac, risquer un échec auprès de Delphine de Nucingen est infiniment moins dangereux que de cautionner le crime de Vautrin. Ne pas prendre ce risque équivaut à végéter longtemps : c'est la justification du risque. Est-ce une nécessité opérationnelle ? Oui, pour l'ambitieux.

Mais, plus important encore peut-être, est de pas tomber dans l'excès de confiance. Se fier à sa chance ou aux expériences de réussites passées peut s'avérer dangereux. Détectez plutôt les opportunités, les bonnes occasions pour prouver votre valeur.

7 – *Rebondir sur ses erreurs*

Personne n'est parfait. Le monde serait fort ennuyeux si tel était le cas. Chacun a des défauts et des qualités et commet des erreurs. Essayer d'en commettre le moins possible est bien entendu le but de ce *vade-mecum*. Plus intéressant peut-être est de souligner que pour réussir dans le long terme, il s'agit surtout de savoir rebondir sur les erreurs que l'on commet fatalement, et d'anticiper les échecs possibles.

Rastignac « est plein de bonnes qualités et ne laissant voir que ses défauts ». Cela signifie d'abord qu'en dépit de ses talents, il n'est heureusement pas parfait comme les héros anciens, n'a rien d'un Achille même avec son talon, ni d'un Apollon. Cela veut dire ensuite qu'il demeure modeste en société et ne se met pas en avant. Il commet des erreurs, a des faiblesses, dans *Le Père Goriot*. Cela permet à son créateur d'en faire un personnage attachant auquel le lecteur peut s'identifier, tout en l'instruisant finement de ce qu'il ne faut pas faire. Rien n'est plus drôle qu'Eugène, se trompant de porte chez Mme de Restaud, se retrouvant dans un cabinet de toilette, et manquant de tomber dans la baignoire. Il n'empêche qu'il « rebondit », impose avec aplomb sa présence non désirée par la maîtresse de maison, et attire habilement l'attention du maître de maison.

Montrer délibérément ses défauts peut aussi relever d'une stratégie. Pourquoi ? En règle générale, reconnaître ses erreurs désarme l'adversaire qui ne s'y attend guère, et cela calme le jeu. Cependant il s'agit moins de s'excuser que de reconnaître les faits, afin d'éviter les malentendus ou les drames à venir, car, parfois, on n'a pas conscience de ses erreurs ni de leurs conséquences. Ainsi Rastignac ne précise pas à Vautrin qu'il ne souhaite pas la mort du mandarin de la façon la plus ferme, si bien que le forçat poursuit son projet funeste, impliquant de ce fait et pour toujours le jeune ambitieux qui ne le dénonce pas après coup. En conséquence, ce dernier est contraint de couvrir les manigances de Vautrin de peur qu'il ne fasse courir des rumeurs désastreuses pour sa carrière dans *Splendeurs et misères des courtisanes*. Des causes et des effets ! Cette négligence le rend complice d'un meurtre malgré lui et entame sérieusement sa marge de manœuvre d'homme politique. Est ainsi privilégiée une morale de la responsabilité qui cherche à anticiper les conséquences d'une action, et à prévenir, en quelque sorte, les mauvaises pratiques. Identifier ses erreurs prépare l'avenir et permet de progresser, c'est-à-dire de ne pas les reproduire.

En revanche, si rebondir sur ses erreurs, c'est d'abord les reconnaître, il est des cas où il vaut mieux s'abstenir de mentionner la faute commise, sauf à passer pour un goujat. Cet étourdi de Rastignac rédige deux lettres, dont une lettre enflammée à sa maîtresse Delphine de Nucingen et se trompe de nom et d'adresse. Si bien que la seconde arrive chez une amie très influente, Mme de Listomère, qui la prend hélas pour elle dans *Étude de femme*. Comment réparer sans blesser la personne en question et doit-on avouer l'erreur ? Balzac, qui conseille le silence en pareil cas, trouve vraiment qu'Eugène exagère et se lance dans une stratégie calamiteuse. *Première faute*, il prétend la faire rire de sa méprise comme s'il était impensable qu'il puisse être amoureux d'elle, au lieu de la laisser dans l'erreur très flatteuse pour elle. *Deuxième faute*, il ne va s'excuser que quatre jours après, ce qui donne à la dame le temps de « cristalliser » sur lui, dirait Stendhal. Il n'est guère étonnant que la déconvenue soit rude et qu'elle en fasse non une jaunisse mais une gastrite ! Il est vrai que l'écrivain, toujours indulgent à l'égard de Rastignac, met ces (ses ?) maladresses sur le compte de la jeunesse. Toujours les causes et les effets !

Au reste, Rastignac qui mesure l'ingratitude des filles de Goriot, sait réparer ses erreurs (un peu tard) et n'hésite pas à vendre la montre Breguet qu'il a imprudemment acceptée, pour financer les médecines, la bière et l'enterrement du père. Cette action positive ne ressortit nullement à la repentance que l'auteur soupçonne de cautionner le crime *a posteriori*, comme il l'indique dans *Illusions perdues*. Ici, comme ailleurs, il faut rompre avec l'hypocrisie du moment, et se tourner vers une exigence morale, même si elle est diminutive. On peut souvent rattraper une erreur, encore faut-il saisir le point de non-retour : ce que ne fait nullement Lucien de Rubempré qui s'enfonce, lorsqu'il revient à Paris cornaqué par le *Satan social* Herrera, *alias* Vautrin dans *Splendeurs et misères des courtisanes*.

Assumer ses faiblesses, c'est en faire souvent le constat. Du reste, Balzac en donne obligeamment le moyen : Rastignac n'hésite pas à faire à plusieurs reprises le bilan de sa vie, notamment avec Bianchon. Et faisant très souvent « le point », du même coup, il met ses résultats en perspective. Ainsi lucidité et/

ou cynisme président à la prise de responsabilité de Rastignac toujours pragmatique : dans *Le Cabinet des Antiques*, on le voit très tranquillement expliquer à Savignien de Portenduère, qu'aller en prison n'est rien, l'essentiel est de ne pas y rester.

Pour rebondir, il convient bien souvent de tirer parti de l'écart pour le réduire. On peut ainsi tirer parti d'une faiblesse, la promouvoir, en faire un succès. Par exemple, Honoré se sert de sa grande affectivité, qui le rend pourtant fragile, pour se lancer dans la littérature innovante de la souffrance partagée et de la consolation accordée au lecteur, bref du pathétique et de ce qui ne s'appelle pas encore l'empathie. Il sait également se servir avec drôlerie d'une manie qui coûte fort cher, les dépenses inconsidérées : l'utilisation par Balzac d'une fausse créance rédigée par l'un de ses vrais créanciers Bohin et intégrée à *Illusions perdues* ne manque ni de panache ni de sel. Enfin comment réparer l'erreur funeste qui consiste à s'amouracher d'une coquette, d'une « allumeuse » qui « n'est même pas votre genre » de la façon la plus raffinée qui soit : on se venge de la dame, Henriette de Castries, en la faisant passer à la postérité. Qui se souviendrait encore d'Henriette de Castries aujourd'hui si elle n'avait été immortalisée en duchesse de Langeais, pour l'éternité ? Existe-t-il plus exquise et plus élégante vengeance ? Au reste Henriette ne s'en formalisa pas qui continua à écrire à Balzac pour le supplier de lui rendre visite.

« Dans la vie des ambitieux et de tous ceux qui ne peuvent parvenir qu'à l'aide des hommes et des choses, par un plan de conduite plus ou moins bien combiné, suivi, maintenu, il se rencontre un cruel moment où je ne sais quelle puissance les soumet à de rudes épreuves : tout manque à la fois, de tous côtés, les fils se rompent ou s'embrouillent, le malheur apparaît sur tous les points[12]. » Les gens qui savent résister à ces tourmentes, et qui continent d'avancer sont, aux yeux de l'auteur, « les hommes réellement forts[13] ». Ayez l'esprit critique toujours en éveil, tout en gardant une mise à distance nécessaire avec l'événement. Cela aide à surmonter la crise. Quoi de plus salutaire que le rire de Rastignac dans *La Maison Nucingen* ainsi que dans *Les Comédiens sans le savoir* ! S'il ne manque pas d'aider toujours ses amis, lui seul semble avoir compris que tout pouvoir est comédie. Adopter cette distanciation permet de s'assurer une position en surplomb, de se moquer des prétentions des uns, des menaces des autres, et par-dessus tout de relativiser.

8 – *Le défi*

La vie est faite de défis qu'il s'agit de relever. Mais le pacte faustien se faisant rare, il s'agit plutôt de trouver un emploi, de décrocher une promotion, faire adopter un projet, réussir une fusion, etc. Le plus audacieux, peut-être, étant de définir ses objectifs et de garder le cap quoi qu'il arrive.

Il n'est pas indifférent que Rastignac lance son défi « À nous deux maintenant ! » du sommet du Père-Lachaise. Tout d'abord, parce qu'il domine Paris et parce que, dit Balzac dans son *Album*, « au Père-Lachaise, les morts ont raison ». Ensuite parce que ce cimetière, d'abord propriété des jésuites, est chargé d'Histoire. C'est sur ses hauteurs que Mazarin amène le jeune Louis XIV, alors âgé de quatorze ans, pour contempler les ravages de la Fronde. Par la suite, le Père de la Chaise, étant le confesseur de Louis jusqu'à sa mort, devient un personnage fort influent que les grands du royaume n'hésitent pas à venir consulter avant de se lancer dans une affaire. Mais, ayant fait faillite, les jésuites finissent par céder le domaine de Mont-Louis. Devenu, en 1804, propriété de la Ville de Paris, l'architecte Brongniart est chargé de l'aménager en cimetière. Celui-ci s'appelle alors « Cimetière de l'Est ». Mais les Parisiens fortunés rechignent à se faire enterrer dans un quartier pauvre et populaire. C'est un échec. Il n'y a que 833 tombes en 1812. C'est alors que le préfet Chabrol a une idée lumineuse. Il y fait transférer les cendres d'Héloïse et d'Abélard, de Molière et de La Fontaine en 1817. Le succès est immédiat et en 1830, on y dénombre 33 000 tombes. Entre-temps, en 1820, l'année qui nous occupe, la tombe du jeune Lallemand, tué par la Garde nationale lors d'une manifestation étudiante, devient le lieu de ralliement dominical des libéraux, libéraux dont se réclame alors le jeune Balzac ! Lieu éminemment évocateur à plus d'un titre donc, le Père-Lachaise est durant toute sa vie un endroit de promenade et d'inspiration pour Balzac qui, dit-il à sa sœur, y fait des « études de douleurs », en attendant d'être sa dernière demeure ! Enfin il est plus que vraisemblable que le défi lancé par Rastignac soit un écho de celui que l'étudiant Balzac, lui-même, lança à Paris du haut du Père-Lachaise.

C'est donc au milieu des morts qui obligent, que Rastignac décide de conquérir Paris. Ses bonnes intentions n'ont pas suffi. Il a dû adopter de nouvelles attitudes face à l'adversité, et à la rectification réaliste. Ayant affronté erreurs et coups durs, ayant perdu les illusions de sa jeunesse, connaissant ses faiblesses et ses points forts, il a acquis une méthode. Grâce à elle, il a défini son objectif. Celle-ci, croit-il, va lui permettre de devenir l'un des hommes les plus importants de la capitale européenne. Elle lui a appris à choisir ce qui comptait le plus pour lui et à assumer ses choix. À se connaître pour mieux comprendre le monde, y agir avec efficacité, voire le changer. C'est ainsi que s'achève *Le Père Goriot*. Va-t-il pour autant garder le cap ? C'est désormais dans *La Maison Nucingen*, que se poursuit l'ascension vertigineuse de Rastignac.

9 – *Réponse du marché*

Quand on lance un produit innovant, il convient d'en étudier les effets sur le marché, pour en évaluer l'impact et l'améliorer si besoin est.

En 1835, l'évaluation des retombées qui ne s'appellent pas encore « médiatiques », l'alliance de la réclame ou de l'« Annonce » et de la vente, est déjà à l'ordre du jour. Dès les années 1820, il suffit souvent de parler en bien d'un ouvrage dans un journal pour en assurer les ventes, comme l'indique l'auteur à propos d'un livre de Chateaubriand vendu en une semaine grâce à un article élogieux, alors qu'il était ignoré du public. « Un seul article écrit par un jeune homme dans le *Journal des Débats* fit vendre ce livre en une semaine[14]. » À l'inverse, cette apparition des « *media* » dans la société du temps et dans la politique s'assortit d'un formidable pouvoir : celui de faire et défaire non seulement les réputations mais de modifier les destinées, de manipuler l'opinion. « En 1821, les journaux avaient donc droit de vie et de mort sur les conceptions de la pensée et sur les entreprises de la librairie[15]. »

Mais revenons au *Père Goriot*. L'histoire était primitivement parue en quatre parties dans la *Revue de Paris* les 14, 28 décembre 1834 puis le 25 janvier et le 11 février 1835. Le 8 mars, Balzac en donne la « Préface ». Ce n'est pas adventice, car selon la méthode Rastignac, cela lui permet ainsi de prendre les devants des critiques à venir, de se justifier et de les atténuer à l'avance : celle du Rastignac reparaissant, par exemple, et qui ne fait pas l'unanimité. On croit rêver ! Pour autant, on parle peu de Rastignac considéré comme « un ambitieux froid qui analyse le monde avant de s'y mêler tout à fait, un jeune homme renonçant au travail pour l'intrigue et se dégoûtant systématiquement de l'étude et posant le pied sur l'échelle des femmes », dans *La Quotidienne* du 10 mars 1835. L'attention se concentre sur Goriot et Vautrin pour l'essentiel.

Le succès est immense, même si Honoré, grand vendeur de peau d'ours, l'amplifie en affirmant à Mme Hanska que la seconde édition est déjà commencée avant l'heure. Pour autant, la presse n'est pas tout à fait unanime et s'incline devant un succès populaire. Et tandis que *La Quotidienne* en déconseille la lecture aux femmes, *Le Charivari* lui dénie toute innovation, affirmant qu'il a copié non seulement Shakespeare, mais la pièce d'un jésuite (obscur !) intitulée *Conaxa*. On appréciera ! Les autres sont élogieux. *Le Figaro* du 10 mars vante sa verve et sa volonté de montrer la société en marche qui peut parfois choquer : « Nous savons aussi que M. de Balzac, mieux qu'aucun autre, sait nous faire passer à son gré par tous les échelons de la hiérarchie sociale, et que la magie de sa plume, tout aussi puissante que la béquille d'Asmodée, nous emporte tour à tour de la salle à manger de la pension bourgeoise dans le boudoir de la duchesse, et des coussins moelleux de Mme de Nucingen sur les grabats infects de la maison Vauquer. »

Quant à *L'Impartial* du 8 mars, il déclare que tout y est vrai de mœurs, de style, d'observation philosophique ou pittoresque : « Un plus au thermomètre du succès remporté par M. de Balzac, c'est la violence des irritabilités envieuses qui se déchaînent contre lui. Il doit être fier de ce redoublement d'attaque : c'est le complément d'un triomphe. » *Le Constitutionnel* du 23 mars affirme, lui, que si l'on rit encore de Balzac, ce n'est plus de ses livres car le public ne cesse de l'acclamer et que si les journaux et revues ont regardé l'œuvre comme une abomination, un tissu de mensonges et d'excès, les lecteurs lui ont fait confiance et l'ont suivi aveuglément : « Depuis trois ans bientôt M. de Balzac est le favori de ce pacha aux cent mille têtes, devant lequel s'inclinent les plus forts, les plus superbes d'entre nous. »

Enfin *last but not least*, la publication des 274 pages de la première édition rapporte à Balzac 3 500 F (11 000 €), au tarif de 200 F la feuille de seize pages. Le lecteur, quant à lui, paie la première édition 15 F (45 €). Les 1 200 exemplaires de l'édition originale furent immédiatement vendus avant les annonces. Le défi de Rastignac était bel et bien relevé !

L'essentiel

La méthode Rastignac

◆ Observer

C'est d'abord se faire discret, repérer les usages pour s'y conformer, pour mieux s'intégrer. Cela permet d'apprendre sans se fatiguer. Observer, c'est aussi avoir « un œil qui sait tout voir », c'est être curieux, perspicace et partant de savoir ce qui marche et ce qui ne marche pas.

◆ Copier

Se fixer des exemples à suivre. Il n'est pas nécessaire d'être Talleyrand pour être un bon négociateur au sein de l'entreprise. Pour autant, son exemple apporte des éléments de réponse à coup sûr éclairants pour qui veut réussir : ne pas être « démonstratif » (séduire) permet en effet de cacher son jeu pour mieux surprendre et remporter la mise. Imiter la façon dont Rastignac conquiert l'attention de Mme de Beauséant, alternant faiblesse et détermination, admiration et dévouement vous assurera le succès sans aucun doute. Essayez, c'est un bon exercice.

◆ *S'adapter*

Pour réussir, il faut être flexible. « Dans la vie, il n'y a pas de principes mais des événements et des circonstances. » Pour autant, il faut se tenir à ses convictions. On voit bien que Rastignac module ses actes en fonction de la réalité du moment, mais conserve le sens du devoir à l'égard de sa famille et de Goriot. Ne pas être rigide dans ses façons de voir permet d'explorer de nouvelles idées.

◆ *Prendre des risques*

Les évaluer et ne prendre que ceux qui sont calculés, c'est-à-dire payants, ceux qui démontrent votre efficacité. La vie est faite de défis. Noter sur une feuille les points positifs et les points négatifs. Si le positif l'emporte, allez-y !

◆ *Rebondir sur ses erreurs*

« Marcher droit à la difficulté pour la résoudre ». Faire des bilans réguliers et reconnaître ses erreurs : non seulement les identifier mais les admettre comme un outil de construction. Revoir méthodiquement le déroulement des faits de manière à repérer la faute. En effet, accepter la remise en cause que provoque la détection d'une erreur est une des clés de la réussite future. Comme Rastignac, ruminez efficace !

◆ *Innover*

Faire de ses défauts des qualités. Au lieu de vous confondre en excuses (il en faut), profitez de ce passage délicat pour accepter de modifier votre comportement. Dites, si une critique est justifiée : « vous avez raison, je comprends que cela vous agace, je vais y remédier ». Vous désamorcerez ainsi toute agressivité et montrerez de l'empathie (discours à Mme de Beauséant). Trouvez le moyen de vous améliorer en notant vos progrès et vos idées dans un carnet (comme Delacroix et Balzac, mais oui !). Testez-les sur de menues expériences, s'ils s'avèrent concluants, lancez votre défi.

Deuxième partie

LA MÉTHODE BALZAC

OBSERVER + INNOVER + ANTICIPER

C'est avec ces paramètres en tête – sa propre faillite de 1828, les récits que lui font sa famille et ses amis sur certains banquiers, son amitié pour Rothschild – que Balzac se lance en 1836 dans l'histoire caricaturale de la fortune de Rastignac, avec *La Maison Nucingen*. Mais désormais ce dernier passe au second plan en vertu d'une loi balzacienne : le héros balzacien est toujours appréhendé au moment de la crise ou du choix de vie à faire. Puis, lorsque celui-ci est fait, il devient simple auxiliaire de l'intrigue suivante ou bien disparaît définitivement. Or Rastignac a choisi. Il opte pour une notoriété et une fortune rapides, en devenant l'amant attitré de Delphine de Nucingen, tant il est vrai qu'« une femme du monde mène à tout, elle est le diamant avec lequel un homme coupe toutes les vitres, quand il n'a pas la clef d'or avec laquelle s'ouvrent toutes les portes[1] ». Dès lors, tout en continuant d'analyser son ascension de plus en plus schématique, il nous faudra recourir à l'entrepreneur Birotteau et à l'entreprise Balzac elle-même pour éclairer les lanternes de nos managers d'aujourd'hui.

CHAPITRE VI

LA MAISON NUCINGEN : SOCIABILITÉ ET RÉSEAUX

> « *Payer en mars ce qu'on ne veut payer qu'en octobre est un attentat à la liberté individuelle*[1]. »

Trop souvent, de nos jours, le mérite et la gloire se mesurent à l'aune de l'argent gagné. Il est vrai que l'argent est au cœur des rapports humains dans notre société, comme c'est déjà le cas dans *Le Père Goriot* et dans bon nombre de romans balzaciens. L'argent est tout et il est partout dans l'œuvre. L'auteur chiffre à tout va, la pension de Goriot, le prix de sa chambre, etc. « L'argent, c'est la vie », s'écrie d'ailleurs Goriot, tandis que Creuvel déclare : « Je suis de mon temps, j'honore l'argent[2]. » Le capitalisme est là, même si le mot n'est pas encore prononcé, et l'auteur est le premier à rendre compte de la logique fiduciaire et de l'institutionnalisation du crédit : son organisation et sa généralisation occupent le devant de la scène, et deviennent un vrai problème de société.

Les scandales financiers font le miel des journaux dès le début du XIXe siècle, même lorsqu'ils sont inventés de toutes pièces : l'exemple de Villèle, violemment attaqué par la presse après sa démission le 14 janvier 1828, l'illustre abondamment. Celle-ci l'accuse d'avoir reçu cinq millions de pots de vin des Rothschild, d'avoir fait subir des pertes à l'État en faisant acheter en Bourse du 3 % au lieu du 5 % pour l'amortir, et enfin de s'être livré à des tractations douteuses avec des financiers. « J'ai entendu dire que M. de Villèle, sorti du ministère comme il y était entré, avait gagné quarante millions à la Bourse [...] Vouloir démentir un journal, c'est imiter le chien qui aboie après une chaise de poste[3] », avoue Balzac qui pressent l'immense pouvoir de la presse.

1 – *Le manque de crédit*

Le système bancaire et financier n'existe pas encore à l'époque de Balzac qui n'a de cesse de décrier les palliatifs auxquels les entrepreneurs doivent avoir recours. Ce n'est que plus tard qu'il se développe ; il devient nécessaire pour accompagner la révolution industrielle et c'est de cette période que datent les établissements que nous connaissons encore aujourd'hui comme la Société Générale, la Banque des Pays-Bas (devenue Paribas puis BNP Paribas), le Crédit Lyonnais ou encore le Crédit Foncier. Cette révolution est intervenue dans les années 1850-1870 et, malgré des cycles plus ou mois marqués, les entreprises bénéficient, depuis, d'un accès au crédit pour financer leur développement. Après une période particulièrement faste d'abondance de liquidité, la crise financière de 2008 entame un nouveau cycle marqué notamment pour les entreprises par un accès au crédit plus difficile et plus coûteux. Balzac, lui, doit faire face à des « banquiers » individuels, à une absence de culture du risque de crédit et, plus généralement, à un monde peu recommandable. Il en est tellement frustré qu'il imagine déjà la notion de crédit personnel qui ne se développera en France qu'après la Seconde Guerre mondiale.

À la fin du *Père Goriot*, nous avons laissé notre héros défiant Paris. Il est plus que jamais déterminé à conquérir Delphine de Nucingen pour gouverner son banquier de mari, et ainsi amasser rapidement une fortune. Nous le retrouvons à pied d'œuvre, dans *La Maison Nucingen* de 1836. On dénonce aujourd'hui l'irresponsabilité de la presse, son goût pour les ragots, les scandales vrais ou faux, les rumeurs infondées. Mais Balzac, journaliste lui-même, fustige déjà cette dérive et en joue à propos de l'ascension sociale de Rastignac, en rédigeant une sorte de revue de presse animée par quatre journalistes friands de scandale. Les personnages qui la racontent appartiennent, tous les quatre, à ce milieu et à celui de l'édition : autant dire à l'opinion, à la rumeur dans ce qu'elle a d'expéditif, de mensonger, mais aussi de dangereux. L'auteur note d'ailleurs dans les *Lettres russes* publiées dans la *Revue parisienne* du 25 juillet 1840 que « l'opinion se fait à Paris, elle se fabrique avec de l'encre et du papier. Elle fait les révolutions, la province accepte les révolutions toutes faites ».

Ces « media », en pleine bombance dans un restaurant huppé, content la suite des aventures de Rastignac, par l'intermédiaire d'un narrateur anonyme ayant surpris leur conversation. Il serait plus juste de dire que ce dernier colporte en quelque sorte des ragots et des rumeurs sur une célébrité. Furieux de n'avoir pu arracher quelques subsides à Rastignac, en le menaçant de révéler des secrets bien juteux, l'un des journalistes se venge en effet en lançant la conversation sur l'origine de sa fortune. Et c'est alors le portrait sans complaisance d'un Rastignac dupé et naïf des années vingt qui nous est brossé par le caricaturiste Bixiou, un de ces *condottieri* de l'Industrie moderne qu'est le journalisme selon Balzac[4].

Avec ce genre de personnage à la Monnier s'ensuit un dialogue à la manière du *Neveu de Rameau* que l'auteur semble ne faire que transcrire, l'ayant entendu comme par mégarde dans un cabinet particulier semblable à ceux de chez Véry, illustre restaurant du Palais Royal. C'est évidemment très habile, car cela permet à la fois de donner de la véracité au récit, tout en prenant de la distance si le fait est vrai. Ainsi l'auteur suit la méthode qui a fait son succès : observation, vraisemblance et innovation. Cela autorise enfin Balzac à régler ses comptes avec le monde de la Haute banque qui ne lui a pas permis de mener à bonne fin ses projets d'entrepreneur. Mais cet échec lui permet surtout de rebondir et d'innover dans son entreprise littéraire. Car grâce à *César Birotteau* et à *La Maison Nucingen*, il est le premier à thématiser l'avènement de l'argent virtuel et à rendre compte d'une évolution sociale majeure. On ne s'étonnera donc pas que l'aventurier social, Rastignac, s'y intéresse lui aussi, l'importance d'un homme dans la société postrévolutionnaire se mesurant désormais à l'aune de sa fortune et non plus de son rang ou de sa naissance.

De fait, dès mars 1835, l'écrivain est bien décidé à rédiger la suite des aventures de Rastignac, du moins celles de Delphine de Nucingen que lui réclame Mme Hanska : « Vous me demandez ce que devient Mme de Nucingen ; elle sera, ainsi que son mari, le personnage le plus comiquement dramatique de *Une vue du Monde*, si longtemps annoncée par la *Revue de Paris*. C'est *La Faillite de M. de Nucingen*[5]. De fait, proposée au *Figaro* en novembre 1836, sous le titre de *La Haute banque*, elle deviendra finalement en 1837 *la Maison Nucingen*. ». Pourquoi ces fluctuations ? Pourquoi ce soudain intérêt ? D'abord, il n'est pas si soudain. En premier lieu, en 1836, nous l'avons dit, Balzac a des problèmes d'argent et des comptes à régler avec les banquiers qui refusent de le renflouer. Il vient en effet d'essuyer un nouvel échec avec la revue de la *Chronique de Paris*. En 1835, il emprunte 1 500 F au banquier James de Rothschild et il prend en effet une participation majoritaire dans la revue ; il y publie un certain nombre de textes jusqu'à ce que la société, irrémédiablement déficitaire, soit dissoute six mois plus tard. Rastignac le venge en quelque sorte.

Car, alors que « les banquiers sont au cœur de l'État », que « la bourgeoisie a pris la place du faubourg Saint-Germain et les banquiers sont la noblesse de la classe bourgeoise[6] », comme l'écrit Stendhal en 1829, paradoxalement l'argent manque cruellement. Pourtant l'enrichissement révolutionnaire de couches de la société dites moyennes n'est pas un vain mot. Fournisseurs aux armées, spéculateurs et manieurs d'argent ont beaucoup profité des aléas de la vie politique et des aventures militaires. Les années vingt inaugurent un considérable accroissement des échanges alors même qu'une grave pénurie monétaire prive l'industrie et le commerce des capitaux nécessaires. Le crédit devient alors ce que Balzac appelle « la panacée universelle[7] » et c'est à cause de lui, d'ailleurs, que l'un de ses héros, l'artisan-inventeur César Birotteau, fait faillite. Pendant ce temps, Balzac lui-même déplore de ne bénéficier d'aucun crédit, et se plaint continûment d'avoir à mendier des prêts auprès de ses proches. l'argent ne circule pas. Il dort dans les bas de laine des rentiers, ennemis jurés d'Honoré qui s'amuse à les caricaturer sans pitié, à l'instar du prud'homme d'Henry Monnier et du Jérôme Paturot de Raybaud sous les traits des Vervelle, Minoret, Mitouflet, Philéas Beauvisage, etc. Les rentiers, pour lesquels il n'a pas de mots assez durs, le conservent dans des bas de laine ou bien font comme les Saillard[8] dont les 90 000 F économisés sou à sou sont « inintelligemment employés ». Qu'entend-il par là ?

La plupart des gens possédant quelques économies ne souhaitent prendre aucun risque et se contentent d'aller les porter chez un notaire, comme le célèbre Laisné qui leur donne en échange du 5 % et ne prête qu'aux hommes ou aux femmes mariées. Balzac fustige une mauvaise organisation du crédit dans sa critique d'un ouvrage de Louis Gastaldi sur le Crédit Foncier, et réclame dès 1830 la création du « crédit personnel ». Dans *L'Illustre Gaudissart*, il suggère même aux banquiers de capitaliser sur les écrivains et les artistes, dont il compare le talent à une force vive, à une chute d'eau ou machine à vapeur qui fournit de l'énergie et peut rapporter tout autant ! Il est vrai que l'œuvre littéraire ne bénéficie alors d'aucune protection, la contrefaçon belge, nous l'avons vu, fait florès. Quant à l'écrivain, il ne perçoit aucune pension, aucun pourcentage sur ses œuvres, ces dernières ne lui appartenant d'ailleurs pas, c'est dire si sa situation est précaire.

Il y a là un problème préoccupant en ce premier XIXe siècle et si Balzac parle tant d'argent, c'est que la logique fiduciaire le martyrise et qu'il cherche à analyser avec précision les rouages de ces nouvelles normes, peut-être pour mieux exorciser ses problèmes d'endettement. Alexandre Péraud[9], dans une thèse récente, ne relève pas moins de 261 occurrences du mot « dette » et 258 du mot « crédit », ce qui en dit long sur les préoccupations balzaciennes et sur les mouvements économiques de la période. Ces préoccupations sont partagées de fait par les industriels petits ou grands. En effet, les banques se contentent de vivre des bénéfices de quelques grandes entreprises, quant aux prêteurs des campagnes, notaires et trésoriers généraux, ils brassent essentiellement l'argent des hypothèques sur les terres (500 millions de F par an) tandis que la Banque de France[10] n'escompte que 150 millions d'effets commerciaux. Le grand problème de l'industrie est donc d'obtenir du crédit à long terme. Il est vrai que la chambre de commerce d'Amiens ose écrire en 1836 : « Offrir à l'industrie trop de capitaux serait l'induire à donner à sa production une dangereuse expansion [...] notre propre capital peut suffire à nos besoins[11]. »

2 – *Rastignac fait sauter la banque*

Les Bourses, les marchés sont devenus incontournables aujourd'hui. Mais ils sont volatiles. Par ailleurs la Bourse répond de moins en moins à sa mission première, le financement, et elle sert surtout les actionnaires, c'est-à-dire les spéculateurs, au détriment de l'investissement. L'investissement et la spéculation sont déjà un problème d'actualité au temps de Balzac. Or ce dernier, qui suit l'évolution du marché du livre comme le lait sur le feu, constate que l'actualité commande : « Aujourd'hui il faut que les livres, comme toutes les choses au surplus, aient de l'actualité...[12] » Et celle-ci bruisse des profits délirants qui se font alors sur les canaux et les chemins de fer, voies nécessaires mais insuffisantes pour les nouveaux produits manufacturés. On spécule ou on tente de le faire comme lui, on se ruine, on s'enrichit grâce à la Bourse jusqu'au krach de 1839. Aussi s'attelle-t-il à transcrire cet événement fondamental pour la période, et dont on n'a pas encore pesé toutes les conséquences, la mutation industrielle et l'avènement de la banque.

Cette mutation, à sa manière, Rastignac en est le modèle social le moins défectueux et en même temps l'objet critique aux yeux de l'auteur, puisqu'il y adhère en « travaillant » pour le banquier Nucingen et en profitant de ses bienfaits matériels. Rastignac ne s'est pas trompé en s'attachant à la Maison Nucingen. Au reste, il « ne se ressemble plus à lui-même... Il va faire sauter la banque[13] », déclare Ajuda-Pinto à Mme de Beauséant. Il est vrai que pour parvenir rapidement, il faut faire littéralement sauter la banque ou spéculer.

Comment faire sauter la banque ? Rastignac, dans *La Maison Nucingen*, met véritablement les bouchées doubles. Il n'hésite pas à employer tous les leviers, amour, amitié, services rendus, échanges de bons offices, pour parvenir à ses fins. Ces moyens apparemment détournés, sont présentés au lecteur, au cours d'un *flashback*, énorme retour en arrière innovant de Balzac qui en use et parfois en abuse. D'abord entrer dans la place, en charmant la femme du banquier. Mieux encore, en séduisant le banquier lui-même. Ce qui, admettons le, est autrement plus difficile. Eugène, nous l'avons vu, a fourbi ses armes durant ses années Goriot. Volontariste et pragmatiste acharné, Il a acquis éloquence, expérience, dynamisme et efficacité, au prix d'une certaine lucidité et d'un grand désabusement.

C'est que, s'interrogeant sur les critères de différenciation qui ne manqueront pas d'animer la société postrévolutionnaire par ailleurs passionnée d'égalité, Balzac remarque très vite que ce qui va remplacer désormais le courage et la naissance, c'est l'argent. Il pressent et constate que les richesses immatérielles jusqu'ici seules productrices de sens pourraient bien être supplantées par les richesses économiques, et qu'il est temps que les gens de qualité s'intéressent aussi à elles car elles vont désormais constituer un nouveau lien social entre les hommes de toutes conditions. Même si, en 1824, la jeune aristocrate, Émilie de Fontaine, produit figé d'une société qui refuse tout changement, refuse d'épouser Rastignac parce qu'il est devenu banquier et lui préfère le fils d'un pair de France, dans *La Maison Nucingen*.

De fait, l'idée que la sphère économique puisse produire du sens n'est pas plus ancienne que le premier XIXe siècle et transparaît parfois chez Balzac, malgré lui, tant il a pressenti, à l'inverse de Stendhal ou de Hugo, que désormais l'argent aurait partie liée avec l'économique et le social. Et c'est précisément ce qui l'effraie, surtout durant son apprentissage dans l'étude de l'avoué Guillonet-Merville où il voit des gens honnêtes grugés, des escrocs triomphants et des juges complaisants. L'immoralité d'une période troublée fabrique des Grandet qui se constituent une immense fortune, un Taillefer qui s'élève par le crime, d'autres par de honteux mariages comme Delphine ; un Philippe Brideau qui tue pour hériter, etc.

Il observe aussi un certain Adolphe Thiers, avocat sans fortune, débouler à Paris en 1821 sans le sou et faire son chemin en épousant la fille de sa maîtresse. Mais Balzac qui aime condenser et séduire son public en fait un dandy ravageur, le type de tous les ambitieux de province, lui compris. C'est un peu plus flatteur.

Il faut avouer que dans les années 1820, années de l'ascension de Thiers, Balzac et autres Rastignac, il n'est vraiment guère facile de s'enrichir honnêtement. La mobilité sociale se fait davantage vers le bas que vers le haut : à Rouen par exemple, selon Chaline, 60 % des « bourgeois » sont des héritiers, parmi les 40 % restants, seuls 20 % sont des parvenus. Être l'amant d'une femme en vue ne suffit pas. Encore faut-il en tirer profit et « escompter son amour » : se faire connaître, rendre des services par exemple. Aussi voit-on Rastignac, comme Thiers et Balzac, s'affairer pour devenir l'un des « lions du grand monde », se rendre utile, se faire des amis et se faire connaître dans les salons qui sont en quelque sorte les entreprises d'aujourd'hui. Pour faire progresser sa carrière, le capital relationnel devient un facteur déterminant.

3 – *Se constituer des réseaux*

Faire fructifier son capital, qu'il soit intellectuel, mondain ou financier, apparaît comme une priorité, un devoir. Tout doit concourir à la réussite. Comment mieux le faire fructifier que d'entretenir ses relations, de les cultiver ? Être convivial, avoir des relations, c'est bien ; se constituer un réseau et le faire vivre, c'est encore mieux. Le réseau fait gagner du temps, trouver des solutions plus futées et économiser de l'énergie. C'est devenu une compétence stratégique.

C'est en s'élançant d'un cimetière, le Père-Lachaise, que Rastignac compte bien conquérir Paris en se constituant un réseau d'influences. Ce n'est pas anodin. D'abord parce que Balzac y est enterré trente ans plus tard le mercredi 21 août 1850. Ensuite parce que c'est probablement là que l'auteur, s'y rendant souvent, a lancé son propre défi. Rien de mieux qu'un cimetière comme celui du Père-Lachaise, pour mettre en perspective sa vie et son entreprise et surtout garder en mémoire la fin de l'histoire pour tous. À partir de 1820 donc, Rastignac semble se précipiter dans une vie mondaine échevelée. En réalité, son oisiveté n'est qu'apparente, elle est nécessaire et vise *au positif*, dans un monde où, pour percer, il faut en même temps être connu et reconnu. D'autres paressent en Balzacie, comme Rubempré, Esgrignon, Beaudenord, mais en général ils finissent mal, ce dernier sera ruiné par Nucingen.

Où voit-on de fait et en préférence Eugène ? Dans les restaurants et à l'Opéra, soit avec ses « amis » soit avec Delphine de Nucingen qu'il a entrepris de séduire afin de « parvenir ». Il se démène follement, pour rattraper son retard mondain, et se faire des relations comme Balzac. N'oublions pas qu'il vient de province et qu'il est pauvre. Eugène se fait une règle d'évoluer dans tous les milieux, l'aristocratie, le monde financier, celui des journalistes, des hommes politiques, comme Balzac et comme Thiers. Au reste, Balzac n'a de cesse dans plusieurs romans comme *L'Interdiction* ou *Les Comédiens sans le savoir*, de souligner l'importance de côtoyer plusieurs milieux pour élargir ses connaissances et approfondir son savoir, car sinon on court le risque de devenir stupide.

En se frottant ainsi à la société parisienne (la taille d'une entreprise de trois mille personnes), comme le Chamaranthe[14] d'une œuvre ébauchée, Rastignac apprend « à démonter la machine sociale pièce à pièce[15] ». Ce qui est absolument indispensable pour devenir un profond politique, *dixit* l'auteur. Devenu plutôt « le plus célèbre, le plus spirituel[16] » des viveurs de la période, selon cette mauvaise langue de Bixiou, il rencontre comme par hasard de Marsay, entendez Talleyrand, roi des dandies, ancien amant de Delphine de Nucingen, et surtout ministre. Comme par hasard, il lui rend de menus services, et l'autre le conseille en politique.

Puis, dans *Illusions perdues*, Rastignac monte en grade et devient « membre de la troupe des roués parisiens ». Il côtoie de la sorte Lucien de Rubempré[17], son « pays », devenu journaliste et qui, dans son journal, éreinte sans scrupule, et pour de l'argent, l'ouvrage d'un de ses propres amis, Michel Chrestien. En se promenant avec de Marsay, il assiste par hasard à l'altercation entre Lucien et Michel Chrestien, écrivain républicain, et membre du Cénacle. Celui-ci lui jette à la figure l'épigramme abjecte qu'il a rédigée sur ordre. Lucien choisit Rastignac tout naturellement comme témoin. De Marsay et Rastignac le conseillent et le distraient la veille du duel et les duellistes en réchappent. Nous n'en saurons pas davantage.

Eugène réapparaît en 1822 à l'ambassade d'Allemagne, tandis que Balzac fréquente l'ambassadeur d'Autriche Apponyi, puis dans un célèbre restaurant que l'auteur apprécie un peu plus tard, *Le Rocher de Cancale*. Il est vrai qu'il est hors de prix. Le Ducasse du moment en est Vatel, cuisinier illustre qui n'hésite pas à répondre, alors que Balzac lui demande tout particulièrement de soigner le déjeuner du lendemain pour un ami russe, gourmet et gourmand : « je le ferai, monsieur, parce que c'est ce que nous avons l'habitude de faire tous les jours ».

Rastignac est partout. Sur le Boulevard, c'est-à-dire le boulevard des Italiens où, bien qu'il constitue l'épicentre de Paris, on ne se promène que d'un seul côté, le côté nord, exposé au soleil. Rastignac est aperçu au *Café Anglais* qui est situé en face, au 13[18]. On le voit également au *Café de Paris*. Il est vrai que, comme le souligne Frédéric Soulié, ami de Delacroix, seul un homme d'une position faite et d'une parfaite solvabilité, seul un Parisien averti, fréquente le *Café de Paris*. « Tortoni comme café et pour y déjeuner rapidement, le Café de Paris comme restaurant, voilà les deux pôles de la vie parisienne », selon J. Bertaut. Au reste, à l'angle de la rue d'Eugène (rue Taitbout) et du Boulevard, on trouve précisément *Tortoni*, glacier célèbre en effet et où courent « dans la matinée entre 11 et 13 heures les boursiers et les hommes d'affaires [...] les dandys entrent par l'autre porte pour ne pas se mêler avec ces barbares[19] », certains se font même porter leurs glaces dans leurs voitures sur des plateaux d'argent.

Il est aisé d'imaginer une journée de Rastignac à cette période : elle n'est pas de tout repos. Il monte à cheval au bois de Boulogne, prend un café au *Café anglais* puis se promène aux Tuileries pour être vu, déjeune « à la fourchette » c'est-à-dire en libre service chez Tortoni, accompagne Delphine dans sa voiture aux Champs-Élysées, dîne au *Rocher de Cancale* avant d'aller à l'Opéra puis dans un salon. Passage obligé, cette vie « oisive » lui permet de se constituer ce qu'on appelle aujourd'hui l'indispensable carnet d'adresses et les nécessaires réseaux d'influence. Car en réalité, pendant cette journée, il n'a pas chômé. Il a non seulement recueilli des informations financières pour Nucingen et pour le ministre de Marsay, mais il a prodigué quelques conseils financiers ou politiques, tant il est vrai que l'on ne peut faire appel à son réseau, uniquement quand on en a besoin.

À lire les conversations échangées au bal de l'Opéra et entre gens du monde, on est édifié sur la mentalité mesquine et cancanière d'une société qui s'ennuie et qui se repaît des petits drames privés et des affaires publiques, en mêlant hardiment les deux. Elle semble préfigurer plus ou moins le monde des affaires qui n'aura de cesse que de prendre de plus en plus de pouvoir sur les réputations à faire et surtout à défaire. On relève également à travers les interventions de protagonistes comme Rastignac, de Marsay, de Trailles, les services qu'ils se rendent, ou les plans qu'ils trament, l'importance fondamental que revêt le réseau de relations et d'amitiés. Il pointe déjà un « agir » à part entière qui est devenu aujourd'hui fondamental, qui crée de la valeur et développe plus rapidement une carrière.

Pendant que Rastignac semble donc mener grand train, son auteur, avec un décalage appréciable (près de dix ans), n'en est pas encore là. Pour le moment, il s'échine à devenir un entrepreneur, avec l'idée brillante d'industrie complémentaire : il se fait éditeur, imprimeur et fondeur de caractères. Peut–on rêver mieux pour publier un jour sa propre production. Malheureusement, faute de crédit, et de compétences gestionnaires, il échoue et tente à nouveau sa chance dans l'écriture.

À l'aide de la méthode que nous avons décelée dans *Le Père Goriot* et qui consiste à observer, copier, innover, il se lance dans une fiction historique, *Le Dernier Chouan* et le publie sous son nom début 1829. Il s'agira d'élaborer une sorte de reportage sur le vif, sur la Chouannerie, à la manière de Walter Scott, doublé d'une intrigue solide et la plus objective possible, animée par des personnages attachants et de tous milieux. Même si le succès est bien plutôt d'estime, Balzac est désormais connu et apprécié dans les salons. Chaque mercredi soir, il se rend chez le peintre Gérard, homme du monde autant qu'artiste, charmeur et charmant. Il rencontre enfin chez lui l'élite parisienne : Delacroix, David d'Angers, le docteur Koreff, Ary Scheffer…, etc. Il y voit surtout des gens très divers : des savants, des hommes d'État, des femmes à la mode, des dandys de tous poils et il saura s'en souvenir car comme il sait écouter, et ils lui content toutes sortes d'histoires. Il se hâte de publier anonymement cette fois en décembre 1829 une *Physiologie du mariage*, sorte d'analyse drolatique du statut de la femme en ce premier XIXe siècle. Cette fois, le succès est immédiat. Reconnu, fêté, Balzac échappe au monde étroit des journalistes des escompteurs et des usuriers. Le 10 juillet, il est invité à écouter la lecture de *Marion de Lorme* du jeune Victor Hugo, en compagnie de Vigny, Mérimée, Sainte-Beuve, Musset, Alexandre Dumas. Imagine-t-on sa fierté ? D'autant que la duchesse d'Abrantès, à la même période, l'emmène à l'Abbaye-aux-Bois, chez Juliette Récamier qui reçoit dans son modeste troisième étage tout ce qui compte en politique et autres : Benjamin Constant et Lamartine, aristocratie de l'Ancien Régime et nobles de fraîche date s'y côtoient ainsi que Chateaubriand naturellement. Honoré est si heureux la première fois, qu'il a envie de les serrer tous sur son cœur, aux dires d'Étienne Delécluze. Cette année-là, il est présenté à Fortunée Hamelin, ancienne Merveilleuse, et est également reçu par Sophie Gay et Virginie Ancelot, reines de Paris.

Ce monde auquel il rêvait d'appartenir, ces deux ou trois mille personnes qui se connaissent, et partagent fortune, loisir, pouvoir, talent l'accueillent enfin, même s'il y pratique le « dedans-dehors ». À l'instar de Rastignac, « aristocrate chez les savants et savant chez les aristocrates », il se fait intellectuel chez les aristocrates et aristocrate, du moins, le croit-il, chez les artistes. Cela lui procure une originalité sans pareille. Par surcroît, fréquenter les salons, en fait un esprit bien informé des difficultés du temps, et lui permet d'échanger des idées, d'où une mise en œuvre probablement plus rapide de ses travaux. Enfin, si ce n'est guère la fortune, c'est la gloire tant espérée. Elle se mesure aux dépenses que Balzac fait dans des restaurants huppés comme *Le Rocher de Cancale*, tel le repas que Balzac aurait avalé un soir : Un cent d'huîtres d'Ostende - Douze côtelettes de pré-salé au naturel - Un caneton aux navets - Une paire de perdreaux rôtis - Une sole normande - Hors d'œuvre, fantaisies, vin fin, café et liqueurs.

4 – *Lieux de sociabilité*

La compétence professionnelle ne suffit pas à se faire apprécier. Lieu de sociabilité, l'entreprise vit dans le culte du paraître et de l'impression. Il faut donc y travailler son image, son *look*. Sans bâtir sa carrière sur une supercherie et tomber dans le cynisme de Rastignac qui décide « de jouer tout ce monde, et de s'y tenir en grand costume de vertu, de probité, de belle manières[20] », il est indispensable de promouvoir sa « reconnaissance », d'asseoir sa légitimité auprès de ses pairs, et de ses supérieurs. Pour ce faire, il convient de montrer sa présence, de participer aux réunions importantes, de fréquenter les nœuds d'échange, restaurants d'entreprise, cafétéria, et de participer aux « événements » majeurs de l'entreprise, vœux du président, séminaires de direction etc. Rastignac nous enseigne à sa manière que pour se faire connaître, il faut se montrer et être vu de tous.

Jouant désormais les figurants dans la production balzacienne, il est vu dans tous les endroits à la mode, afin de signaler sa présence. Nous sommes en 1821, année au cours de laquelle Rastignac apparaît essentiellement et très fugitivement dans une loge à l'Opéra avec Delphine dans *Illusions perdues*[21]. Apparemment il œuvre déjà pour de Marsay-Talleyrand, don Juan satanique et homme politique qui se vante auprès de Félix de Vandenesse d'en faire son jouet et de le lancer « comme un cerf-volant ». En cours de route, pour cultiver sa différence, « il passe dandy »[22], comme s'il s'agissait d'un concours.

Puis on le retrouve à l'ambassade d'Allemagne, tandis que Balzac, lui, fréquente celle d'Autriche. Il continue d'y construire son image. « Parmi les jeunes gens qui tiennent le haut du pavé de la fashion, il est alors dépeint comme le plus célèbre des viveurs et le plus spirituel de l'époque en attendant d'entrer, conduit dans la carrière politique par de Marsay, où il se distinguera[23] », ce qui n'est en rien péjoratif pour la période : l'écrivain prend la peine d'expliquer au lecteur que l'époque ne permet pas à la jeunesse de talent et douée de qualités éminentes de s'exprimer car elle veut une place, et la politique ne lui en fait nulle part. Classé à nouveau comme dandy avec de Marsay par l'auteur, il a déménagé et habite, à présent, rue Taitbout, quartier neuf et dynamique, très « fashion » de la Chaussée-d'Antin où habite également l'ami de Balzac, James de Rothschild, rue d'Artois, et accessoirement Thiers, son modèle, au 4, rue de Choiseul, en 1823. La Chaussée-d'Antin est effectivement devenue à la mode et bon nombre d'artistes et de riches familles s'y font construire des hôtels particuliers. En 1820, la topologie parisienne se divise pour le grand monde en quatre quartiers : le faubourg Saint-Germain où habitent Diane de Maufrigneuse, la duchesse de Langeais, Mme de Beauséant (Mme de Castries et Mme d'Abrantès, le comte d'Orsay, amis de Balzac), le faubourg Saint-Honoré (Charles de Rémusat), la Chaussée-d'Antin (Rothschild, Thiers, Rastignac), le Marais (Balzac). Plus amusant est le classement que la femme à la mode, Delphine de Girardin[24], en donne– « La Chaussée-d'Antin, comme les ministres, propose– Le faubourg Saint-Honoré, comme la Chambre des députés, adopte– Le faubourg Saint-Germain consacre, comme la Chambre des pairs.– Le Marais, enfin comme le gouvernement, exécute et entérine[25]. »

Enfin Rastignac occupe le terrain, et apparaît dans tous les salons qui comptent : celui de Mme de Beauséant, chez la marquise de Listomère, etc. C'est que tout a changé dans la société postrévolutionnaire. Les liens sociaux sont à réinventer, en particulier les lieux de sociabilité pour les gens du « Monde ». Ancêtres de l'entreprise en tant que lieux de brassage d'idées et d'intérêts, salons, musées, concerts, bals, sont désormais des tribunes privilégiées. Ils deviennent des lieux d'échange, comme l'entreprise de nos jours. Ce sont des espaces ou l'on rencontre des gens différents, on l'on découvre les talents, mais aussi les blocages, les nouveautés, où l'on apprend à vivre avec l'autre et à y frotter ses compétences, à mettre en place des intrigues. Sortes de microcosmes représentatifs, très comparables aux communautés entrepreneuriales, les réputations politiques, bancaires, sociales, littéraires s'y font et s'y défont. Les carrières y naissent et prospèrent ou s'effondrent, le destin s'y joue. Ces lieux de sociabilité sont de fait le baromètre de la vie des affaires. S'est-on suffisamment interrogé sur la similitude des salons et des entreprises d'aujourd'hui ? Elles aussi sont de véritables traits d'union entre la sphère publique et la sphère privée, elles exercent une fonction conciliatrice d'ancrage de l'identité et de la reconnaissance. Ne parle-t-on pas au reste de « culture d'entreprise » ? C'est bien parce que, grâce à la liberté de mouvement qui s'y trouve, les jeunes gens peuvent approfondir leurs connaissances, confronter leurs idées, sans cesse discutées dans les réunions. Les entreprises ne répondent-elles pas à la définition que Delphine de Girardin[26] (dont le salon est fréquenté par de nombreux écrivains comme Balzac), donne des salons, à savoir des lieux de promotion et des centres d'influence[27] ?

5 – *Évaluer un collaborateur*

Savoir évaluer un collaborateur et sa progression, non seulement sur ses résultats ponctuels, mais sur son intégrité et sa loyauté, s'avère indispensable à la bonne marche d'une entreprise.

En 1827, Rastignac, perçu comme un cadre à haut potentiel, est enfin promu. Il devient « collaborateur conjugal » du financier Nucingen. C'est un beau poste pour les uns, comparable aux travaux forcés pour les autres. Pourquoi donc est-il choisi par le « Napoléon de la finance », Nucingen ? Parce que celui-ci sait repérer les hommes, et qu'il a tôt fait d'évaluer les compétences de Rastignac. Certes, il est l'amant de sa femme et lui rend de menus services. Mais pas seulement. Comme de Marsay-Talleyrand qui le juge aussi maniable qu'« un cerf-volant », il le croit docile. En l'observant tout à loisir au cours des soirées à l'Opéra et dans les salons, il a pu évaluer son potentiel, en quelque sorte. Et il a effectué d'après Bixiou une sorte de bilan de ses compétences. Quels en sont les points forts ?

Rastignac intervient essentiellement entre 1821 et 1829 en tant que négociateur : c'est un excellent médiateur, et qui inspire confiance. Il est celui qui explique, arrange et résout les problèmes des uns et des autres, y compris ceux de Delphine qu'il assiste au quotidien. Lié avec toute la jeunesse dorée parisienne, il sert, par exemple, d'entremetteur à Godefroi de Beaudenord pour épouser une charmante sotte, tout en le mettant en garde et en encourageant *a contrario* la jeune fille à faire cette bonne affaire, le mariage étant pour lui « une société de commerce instituée pour supporter la vie[28] ». Godefroi, dont la fortune est placée chez Nucingen comme elle, l'épouse. Nous avons déjà évoqué son soutien quelque peu mandaté par Vautrin à Rubempré qu'il conseille pour son duel, et celui prodigué à Portenduère[29] lorsqu'il se retrouve en prison. Non seulement il explique ce qu'il ne faut pas faire, mais il anime, au sens littéral du terme, ceux qu'il souhaite aider, les encourageant à agir : aller en prison n'est rien, à condition de ne pas y rester. Agissant avec eux et pour eux, comme doit le faire tout bon médiateur ou dirigeant, si on extrapole quelque peu, Rastignac est constamment à l'écoute. Excellent communicant, ses conseils commandent non pas tant « l'attention mais la réflexion[30] », souligne Balzac. Quant à l'objectif qui est de le présenter comme un collaborateur crédible et qui rassure, Rastignac répond à toutes les conditions. D'abord, il possède « l'art de mettre sa cravate », ce qui n'est pas rien pour un homme comme Balzac, rappelons-le[31]. Ensuite, il est dévoué, intelligent, « doué de bonnes manières » (l'apprentissage Goriot), ayant toutes les apparences de l'intégrité, tous éléments qui constituent l'armure de l'honnête homme social. Nucingen lui dessine même son plan de carrière qui va d'ailleurs se réaliser : « véritable diplomate », il est « digne d'être ministre[32] ». D'autant qu'il connaît à présent le cœur des hommes. Comme Talleyrand, et sauf exception, il ne croit « à aucune vertu, mais à des circonstances où l'homme est vertueux[33] ». L'intérêt de pareille évaluation, caricaturale et comique à la fois, montre bien la constante mise à l'épreuve balzacienne de la nouvelle morale. Que dit Balzac à propos des rapports entre la morale et l'ambition ? Qu'il est bien difficile de concilier les deux. Que cette problématique, pour inédite qu'elle soit, a de beaux jours devant elle.

Outre ses résultats tangibles, comment évaluer un collaborateur dans le monde contemporain ? Il ne s'agit nullement d'une simple évaluation de compétences. Pour mieux diriger votre équipe, évaluer quelles missions confier à un collaborateur, repérer un haut potentiel comme Rastignac, il est impératif de savoir ce qui le motive, quelles sont ses compétences certes, mais aussi quelles valeurs l'animent, quelle promotion l'intéresse. Il existe toutes sortes de QCM d'évaluation extrêmement valables. Cependant rien ne vaut l'observation et un échange constructif pour aider à piloter une carrière individuelle. Il importe tout d'abord de savoir ce que le collaborateur aime faire. Ensuite de noter ce qui l'anime, c'est-à-dire sa dynamique de travail : argent, convivialité, challenge, pouvoir, etc. Cela permet de connaître le type de management qui lui convient. Deux questions peuvent être utiles pour vérifier son adéquation à un poste, et choisir des profils complémentaires dans une équipe : « Comment vous décrivez-vous ? Qu'est-ce que les autres attendent de vous ? » Elles contribuent paradoxalement à définir un projet professionnel, ou, le cas échéant, un projet de formation. Observation et discussion pertinente permettent également d'évaluer sa relation aux autres, sa perception du monde (positive ? trop personnelle ?), son ascendance sur autrui, et sa conscience professionnelle. Sachant que l'ouverture d'esprit commande une bonne capacité d'improvisation, et que la stabilité émotionnelle est un atout, tout dépend évidemment du poste. Enfin, il est incontestable qu'intégrité et loyauté, comme il est montré par Balzac, sont des critères absolument majeurs.

L'essentiel

Sociabilité et réseaux

Aujourd'hui tout le monde travaille. Il est indispensable de tisser des liens avec des alliés ou relations et de cultiver des amitiés sincères, car l'échange est un facteur d'épanouissement, et de réussite. Pour être efficace, un réseau doit se composer de 15 à 30 personnes.

◆ *Se tenir au courant, en partageant les informations avec discernement*

Soyez à l'écoute, et posez des questions : cela évite la rétention d'informations, le cloisonnement des services, et, à terme, une créativité moindre. Cela vous permet d'être au courant des postes disponibles et de vous positionner.

◆ *Organiser des rencontres transversales*

C'est une question de survie professionnelle. Prenez le temps de petit-déjeuner avec des interlocuteurs externes, clients, fournisseurs, etc. Il s'agit de vous faire connaître et d'assurer une bonne visibilité de vos résultats, de ceux de votre entreprise. Cela assoit votre notoriété.

◆ *Innover*

Ne jamais lancer de rumeurs. Grâce à Balzac, vous avez pu en mesurer les dégâts, ruine, suicide… Désamorcez au besoin les velléités des Machiavel de la machine à café*, par l'humour, sinon vous vous dévalorisez. Ne dénigrez jamais comme Bixiou et soyez exemplaire pour ce qui concerne le travail en équipe. Si cette dernière est composée de gens qui se battent entre eux, son discours n'est plus audible.

◆ *Oublier la promotion-canapé*

Ce contournement peut vous coûter cher car il s'apprend toujours. Vous n'en avez pas besoin. Grâce à cet ouvrage, vous êtes encore plus intelligent et plus compétent qu'auparavant. La participation à un groupe de projet est la meilleure occasion de rencontrer vos pairs et de vous faire connaître : proposez, prenez des initiatives exprimant votre talent d'innovateur. Attention aux intrigants et aux opportunistes qui ne viennent qu'aux réunions avec le comité directeur. Se proposer très tôt comme rapporteur pour déjouer les manœuvres et montrer ses qualités de synthèse.

* Expression d'Isabelle Mounier-Kuhn, directeur d'Eos conseil.

CHAPITRE VII

COMMENT ESCOMPTER SON CAPITAL

« Comment réussirez-vous si vous n'escomptez pas votre amour ? »

1 – *Se rendre indispensable*

Se rendre indispensable et proposer ses services à bon escient sont des atouts majeurs dans la conquête du pouvoir. Et Rastignac ne lésine pas sur ce plan-là : il est tout dévouement. Loyal, jusqu'à l'effacement, il accomplit, à son insu, le plan de carrière qu'il s'était tracé : « Si Madame de Nucingen s'intéresse à moi, je lui apprendrai à gouverner son mari. Ce mari fait des affaires d'or, il pourra m'aider à ramasser tout d'un coup une fortune[2]. » Tout un programme, et qui va se réaliser peu ou prou ! En 1821, le capital de Rastignac est constitué d'une garçonnière rue d'Artois, de l'amour de Delphine et de sa gratitude pour l'avoir fait recevoir dans le Saint des Saints, c'est-à-dire le faubourg Saint-Germain. C'est peu. Aussi va-t-il travailler assidûment à chausser « les pantoufles de Nucingen », comme le dit perfidement Bixiou : composer un ménage à trois certes, mais surtout copier le banquier et le suppléer en tous points. C'est à cela qu'on reconnaît un bon collaborateur : il sait se rendre indispensable.

Eugène, une fois le carnet d'adresses dûment constitué et entretenu par des marques d'intérêt et des gestes d'amitié que nous avons énumérés, se fait habile assistant. Il commence par régler les petits problèmes qui se posent à son « patron » et qui peuvent interférer dans la bonne marche des affaires autrement plus importantes. Il se positionne comme un secrétaire particulier (très particulier !) qui aplanit toutes les difficultés et aime à rendre service. Et c'est bien le dévouement de Rastignac et son sentiment de culpabilité que Nucingen exploite en « loup cervier » pour tromper son monde. Mais qui exploite qui ? Rastignac « copie » Nucingen dans ses tâches conjugales, comme il copiait les aristocrates qu'il rencontrait dans les salons de Mme de Beauséant et d'Antoinette de Langeais, afin de gouverner le mari.

Si bien qu'étudier Rastignac dans *La Maison Nucingen* équivaut à prendre une leçon de collaboration efficace. Nul mieux que lui ne sait alléger les charges de son « patron » au quotidien. Il se substitue à lui pour les corvées, comme aller au bois, ou bien accompagner sa femme au spectacle. Il emmène Delphine dans les soirées mondaines, à l'opéra, et au bal, il partage toutes les petites misères de la vie conjugale. Ce n'est pas chose inhabituelle en cette période ou les mariages sont de raison, et où les femmes influentes exercent leur pouvoir de cette manière. Par parenthèse, Adolphe Thiers le pratique précisément avec Mme Dosne. Mais chez Eugène, on peut parler de dévotion, tant il partage les moindres préoccupations de la bien-aimée, à savoir le choix d'un ruban, les migraines et les confidences et son ennui dont il faut la distraire : « Vingt ans de travaux forcés[3] », commente avec perfidie son ami Maxime de Trailles en 1837, dans *Le Député d'Arcis*. Toutes choses qu'a dû faire Balzac avec Mme de Berny et la duchesse d'Abrantès et quelques autres. Nucingen de son côté en use et en abuse comme d'un brillant second qui inspire confiance. Rastignac observe, copie, comme à son habitude apprend vite et en profite en tant qu'intermédiaire pour rendre des services, percevoir sa commission au passage et ne prêter qu'à coup sûr. Nucingen lui-même se sert de lui comme d'un *factotum*. Évidemment dans la bouche de cette vipère de Bixiou, il semble que celui qui gouverne l'autre n'est pas celui qu'on croit. Et qu'en apparence, Nucingen utilise Rastignac au mieux de ses intérêts. d'autant que grâce à l'honnêteté d'Eugène, il n'hésite pas à faire courir de faux bruits sur sa supposée faillite. Quels sont les faits ?

2 – *Effectuer un remplacement*

Remplacer son supérieur en son absence, quelle aubaine pour un ambitieux ! C'est l'occasion rêvée de montrer enfin de quoi on est capable. Eugène, qui continue en quelque sorte de mériter sa chance, se trouve rapidement dans cette situation. Le banquier Nucingen, pour des raisons peu avouables, va en effet le manipuler et le charger de faire tourner « la Maison », en son absence, pour réaliser un coup, ce qu'il appelle un *puff*. Mais avant d'aborder cet épisode, il convient de s'attarder un peu sur le monde financier afin de mieux comprendre la pertinence de l'intrigue.

Dès le premier XIXe siècle, les mauvaises pratiques financières fleurissent en l'absence de régulation dans la jungle boursière. Taux usuraires, et rachat des dettes (sorte de titrisation) font déjà des ravages. La crise des *subprimes* n'a rien inventé. Les dénoncer est l'objet des deux volets, *César Birotteau*, et *La Maison Nucingen*. Comment pousser un honnête homme à la faillite dans le premier, comment faire fortune en faisant faillite dans le second, sont les deux faces du même problème. Il est urgent de moraliser le monde financier et la spéculation de manière à favoriser le crédit à l'entreprise.

Alors que sous la Restauration, on enregistre 250 brevets d'invention par an, en 1847 il y en a 2 150, selon André Wurmser. C'est dire si les fonderies, les houillères, les industries mécaniques, le gaz d'éclairage, la vapeur se multiplient. Dans le même temps, tandis qu'il y avait 5 valeurs seulement cotées en Bourse, on en dénombre 198 en 1847. Or, comme le souligne, cette fois, Anne-Marie Meininger[4], si le bond technique dans la construction des voitures réduit d'un tiers le temps des trajets des Messageries en 1830, la modernisation de la France réclame de plus en plus de moyens de transport. D'où la spéculation galopante dont les maisons Rothschild et Fould sont les premières bénéficiaires entre autres. Cela dit, il convient de nuancer : l'argent n'est pas tout, d'autant qu'il y a pénurie. En 1837, on ne parle à Paris et en Bourse que réclames et flambées des Paris-liquidités. Mais c'est également une période de défiance justifiée par des « déconfitures » retentissantes comme celle du banquier Laffitte sous Louis-Philippe. Si le public n'en a pas conscience, l'écrivain ne peut l'ignorer qui fréquente depuis 1832, James de Rothschild.

Nucingen n'a ni prénom, ni visage lorsqu'il apparaît dans *La Maison Nucingen*, sans doute à cause de la stature caricaturale que l'écrivain lui attribue d'emblée, à travers Bixiou. On a beaucoup dit que Nucingen différait de James de Rothschild. Est-ce aussi évident ? Oui et non. Oui, parce que contrairement à Nucingen, il est le banquier le plus scrupuleux qui soit, et parce qu'il n'a jamais été l'amant d'une courtisane comme Esther. Non, parce qu'il est juif comme lui, et lui fournit son accent tudesque, et parce qu'il appartient à l'imaginaire de la période : on en parle beaucoup dans les journaux de l'époque, dans la mesure où il a eu une ascension rapide (il était déjà fortuné auparavant) grâce à d'énormes profits qu'il réalise à partir des prêts octroyés après Waterloo. Né en 1792, il est le fondateur de la dynastie et en 1815, avec ses frères, il est anobli et fait baron par l'empereur d'Autriche. Il négocie par la suite plusieurs emprunts pour le compte de Louis-Philippe qui, en récompense lui octroie la Légion d'honneur. Étant assurément le banquier le plus riche et le plus célèbre de la place pour la période, il est en quelque sorte le « Napoléon de la finance[5] » ; il n'est guère étonnant par conséquent qu'il soit à l'origine de la légende des banquiers Crésus et des nombreuses réapparitions de Nucingen dans l'œuvre. Rastignac habite d'ailleurs dans la même rue que les Rothschild de Londres, sans doute par analogie. Il n'y a en revanche aucun point commun entre ses opérations financières et celles de Nucingen.

C'est par conséquent assez désespéré que Balzac se lance dans cette intrigue qui lui permet à la fois de déverser sa bile, et de dénigrer le rival de Rothschild discrètement, ce qui a dû plaire à ce dernier, n'en doutons pas. Il faut reconnaître que Balzac ne lésine pas. Il fabrique un type composite, véritable « résumé[6] » d'éléments puisés dans la généalogie familiale et condense en un seul personnage toute une dynastie. L'effet est non seulement explosif mais savoureux et irrésistible. Non content de spéculer sur la défaite de Waterloo, comme le Rothschild anglais, Nucingen s'offre le luxe de trois faillites dont une fausse.

Sa fortune, « élevée sur des abîmes », s'édifie en effet grâce à des coups spectaculaires[7]. Il commence en 1804 par suspendre ses paiements d'acceptations. Il désintéresse les gens avec des valeurs mortes et reprend ses paiements. Il est aussitôt très recherché. Puis en 1815, il investit avant Waterloo[8], suspend ses paiements au moment de la panique, liquide avec des actions qu'il s'était procurées auparavant à 20 % au-dessous de la valeur à laquelle il les émettait lui-même ! Il achète du champagne à Grandet, et du bordeaux, pour trente sous la bouteille, et les revend à l'ennemi, au Palais-Royal et un an plus tard, à six F. Il a donc liquidé deux fois, mais au bénéfice de ses créanciers. Mais Nucingen qui jalouse les Rothschild (habile intrusion du réel) veut doubler sa fortune par un *puff* financier. Il décide donc de procéder à une nouvelle liquidation en 1826. Pour ce faire, il crée une société fictive de mines argentifères et émet des actions : capital nominal, dix millions, capital réel sept. Puis, pendant onze mois, il attend une crise boursière pour faire courir la rumeur de sa faillite, et disparaître un temps. Mais il lui faut un homme sans tache et ignorant de l'affaire. Rastignac est cet homme dévoué, intelligent, bien élevé et « véritable diplomate ». Le banquier lui confie le rôle de compère, sans lui avouer cependant la supercherie, de manière à ce qu'il croit à sa faillite. Mais comme Eugène est altruiste, il pense d'abord à Delphine, et exige du banquier une séparation de biens. Nucingen, admiratif de son désintéressement, lui donne vingt-cinq actions de 1 000 F chacune dans les mines de plomb argentifère (le rêve de Balzac qui faillit réussir), et Rastignac les prend pour ne pas l'offenser. Soucieux de sauver ses amis, Rastignac se précipite alors dans le piège tendu par Nucingen, et s'empresse de prévenir le jeune Beaudenord et la baronne d'Aldrigger que le banquier est en fuite. Il leur suggère de réaliser leurs fonds Nucingen, et d'acheter des actions Claparon. Or Claparon est l'homme de paille de Nucingen. Mais ce dernier l'abandonne parce qu'il est trop voyant ; dès lors il fait faillite, entraînant dans sa chute tous ses clients, Beaudenord et Aldrigger, entre autres. Il ne reste plus à Nucingen qu'à reparaître tranquillement à la Bourse et à acheter (comme Rothschild) un domaine aux portes de Paris. Puis est annoncé par le journal de Bordeaux le retour de deux vaisseaux chargés pour le compte de Nucingen de métaux argentifères d'une valeur de sept millions. Ses actions valent de l'or (une action de 1 000 F donne 1 000 F de rente) et le Tout-Paris supplie alors Rastignac de lui en vendre, d'où l'origine de ses quarante mille livres de rente. Quant à Nucingen et ses créanciers, ils empochent une fortune en toute légalité, ainsi que le public qui n'a rien vu. Ce *puff* financier inspire d'ailleurs un peu plus tard Maurice Druon dans *Les Grandes Familles*. Ajoutons que Nucingen est fait pair de France après 1830 et grand officier de la Légion d'honneur par le Château, roulé lui aussi selon Bixiou, ce qui laisse à penser que les choses empirent avec la monarchie de Juillet.

À la lecture de pareils agissements, force est de constater que la Haute banque n'en sort pas grandie. Curieusement la critique, à la parution de l'œuvre, ne s'effare guère de ce brûlot, et s'attarde en revanche sur ses excès esthétiques. Il est vrai que ce type de montage scandaleux est légal ! Il faudrait par ailleurs consacrer un ouvrage entier à énumérer et décortiquer les montages frauduleux, les manipulations mensongères, les spéculations hasardeuses, les malversations des hommes de paille, les délits d'initiés et autres abus de biens sociaux dénoncés dans les deux volumes balzaciens. Tel n'est pas notre propos. Suivons plutôt notre manager par intérim, l'ambitieux Rastignac, et voyons quels enseignements nous pouvons tirer de sa gestion de la crise.

Tout d'abord il ne pratique pas la politique de l'autruche. Sans paniquer, il fait face et s'adapte avec son élégance et son audace coutumières. Ensuite, il sait évaluer rapidement les risques, recenser les parties prenantes (Delphine, son ami Beaudenord et famille). Altruiste, et devant un Nucingen médusé qui n'en demandait pas tant, il agit en homme responsable de « l'entreprise familiale ». Il exige de séparer les biens propres de Delphine de ceux de son mari et les met ainsi à l'abri. L'altruisme étant contagieux, le banquier s'y met aussi et donne 25 000 F en actions à son second. L'autre les accepte sans conviction, persuadé qu'elles ne valent plus rien. D'où l'origine de sa fortune. On croit rêver ! Il n'empêche qu'une fois encore, la méthode Rastignac fait merveille. Gérant la crise avec sang-froid et détermination, « Il enfonce les carrés, les actionnaires, les fondateurs et toute la boutique[9] ». Déjà, dans *Le Père Goriot*, il s'était promis de parvenir et de « rendre au centuple ». Cette fois, il jure aussitôt de profiter de la crise pour tripler la fortune de Delphine. Et c'est ce qui se produit. Voilà bien capitaliser pour l'avenir. Enfin toujours fidèle à son réseau et afin de le sauver, il n'hésite pas avouer la liquidation à son ami Beaudenord (de nos jours, ce serait un délit d'initié !) puis à lui racheter ses actions lorsque la bourse s'emballe.

Hélas, pendant que Rastignac fait fortune à l'aide d'un *puff*, dans l'univers si cruel du réel, Balzac lui, fait faillite par deux fois ! Tout aussi désireux de s'enrichir rapidement, à défaut d'un succès littéraire, il fait du « verticalisme » et aborde tout à tour l'édition de volumes compacts, l'imprimerie et la fonderie de caractères. Il s'associe et les capitaux sont fournis par la famille et Mme de Berny. Les idées sont innovantes et excellentes, mais malheureusement prématurées. Une étude de marché et de risques eût été la bienvenue ; elle aurait pu lui indiquer que le lectorat manquerait à l'appel. Par ailleurs, les associés se dérobent et lui laissent payer les traites, il doit liquider.

3 – *Rastignac manager de crise*

De nos jours, le manager, qu'il soit dirigeant d'entreprise ou chef de projet doit savoir anticiper et faire face à une crise, perte d'une ressource, produit dégradé, action sociale, vol d'informations etc. Rebondir sur la crise, nécessite réactivité, communication, traitement et mesures d'amélioration Or, c'est précisément grâce à la « crise » Nucingen, que Rastignac conquiert ses galons de manager et démontre ses compétences.

Posséder des qualités intellectuelles ne suffit pas pour être un bon manager. Ce dernier doit posséder des qualités humaines, le courage, le dévouement, il doit inspirer confiance, encadrer et assumer ses responsabilités, prendre des risques calculés. C'est dans l'adversité que se révèle la valeur d'un homme. Même s'il s'agit d'un fausse situation de crise, même si c'est « malgré lui » insiste Balzac, Rastignac se retrouve *de facto* en position de manager de crise pour « sauver la boutique » comme dit Nucingen. Comment réagit-il ? Quelle est sa stratégie ? Il est bien difficile de dresser un parcours « professionnel » à travers le portrait-charge drolatique et contradictoire de l'ascension de Rastignac, dans *La Maison Nucingen*. La silhouette esquissée par un journaliste qu'on dirait aujourd'hui de feuille à scandales, se contente de confirmer les méthodes de Rastignac : observation, imitation, audace, élégance et générosité mais aussi opportunisme et absence de scrupules excessifs.

On peut cependant relever quelques éléments signifiants. D'abord la méthode Rastignac fait ses preuves. Et c'est avec détermination, sang-froid et esprit de décision que Rastignac s'implique et gère la crise, prend des risques calculés. Loin d'être entamé par « le malheur », il fait face avec dignité et réagit avec promptitude. Enfin, il continue d'utiliser un levier extrêmement étonnant (désuet aussi, parce qu'aristocratique) pour un parcours professionnel et dans l'âpre univers de la société balzacienne, celui du dévouement.

Déjà dans *Le Père Goriot*, le dévouement présidait à la destinée et participait du succès de Rastignac. Le personnage était présenté comme dévoué à sa famille, à son ami Bianchon et à Goriot. Fruits d'une éducation à « l'ancienne », servir son roi, sa famille, son nom se retrouvent bel et bien dans la stratégie à long terme de la maturité d'Eugène puisque huit ans plus tard, il mise à nouveau sur son dévouement envers Delphine. À l'évidence mieux qu'une tactique à court terme, cette stratégie s'avère donc aux yeux de l'auteur, comme une ligne de force imparable qui s'appuie sur une vertu balzacienne, la générosité. Elle est certes moins élevée que la charité chrétienne exercée par le juge Popinot ou Monsieur Joseph, émule de Saint Vincent de Paul dans l'*Envers de l'histoire contemporaine*. Elle signale en tout cas un basculement de la morale qui prend sa source chez les deux philosophes empiristes, Helvétius et Hume, auteurs auxquels Balzac s'intéresse, tout comme à Saint-Martin dont l'ouvrage *L'homme de désir* le passionne. Relevant plus du calcul que de l'expiation, cette attitude offre de fait un énorme avantage : elle devient un instrument pour déclencher chez l'autre le même comportement.

L'auteur s'aperçoit très vite qu'il n'y a rien de simple pour l'homme social, à passer de la morale ancienne fondée sur le sacrifice et le renoncement aux biens terrestres, à un régime normatif moderne, basé sur l'intérêt bien compris. Seule, à ses yeux, une réciprocité droit-devoir[10] peut régler la cupidité et contenir le désir d'enrichissement Au reste, lui-même le vit dans sa chair, qui « escompte » son amour pour Mme de Berny, en profitant de ses bienfaits tout autant que de son argent. Il n'est guère étonnant par conséquent qu'il fasse de Rastignac comme de Rubempré autre « jeune homme du XIXe siècle », le lieu de ces luttes et de cette mutation. C'est un symbole particulièrement prégnant des malaises et des ajustements des sujets sociaux, à l'égard des glissements qui s'opèrent dans la morale publique et privée. Chez Rastignac, ses hésitations, ses remords de conscience, mais aussi les calculs et les accrocs qu'il fait à son honneur en escomptant son amour et qu'il tente de résoudre par un usage fréquent du « donnant-donnant », donnent à voir le questionnement de toute une jeunesse confrontée à un monde qui change. Mais si l'homme social est bien souvent l'objet d'une lutte de l'honneur contre l'intérêt qui se résout en une catastrophe, Balzac propose le dévouement comme dépassement de la contradiction, à la manière d'un Hegel. Se mettre au service d'autrui devient alors une manière détournée de parvenir à l'amour de soi, en dominant ce qu'on sert. C'est également, par parenthèse, la morale de Ruy Blas.

Tombant d'accord avec La Rochefoucauld et Vauvenargues dans son « Avant-propos », Balzac voit en l'homme un être de passions et d'instincts. Il ne sert donc à rien de les combattre, il faut en revanche les réguler par un habile maniement. Jouer le jeu signifie alors, si on est contraint « d'emprunter », de préserver son honneur, en ayant recours à une morale de compensation : « prendre pour avoir le droit d'imiter le seigneur, en rendant le centuple »[11], se console Rastignac. Rendre pour ne rien devoir à personne est presque obsessionnel chez le personnage comme chez l'auteur, qui tente avec les dédicaces, les encarts-cadeaux et la publicité qu'il fait dans ses ouvrages à son tailleur Buisson et à ses créanciers gourmands de les dédommager. Cette démarche toute balzacienne, donner de l'écoute, de l'intérêt, de l'amour, recevoir et rendre, s'avère fructueuse dans le roman : Rastignac s'enrichit, devient comte et pair « malgré lui ». Quant à « sauver la boutique », un autre talent pressenti par Nucingen se confirme chez Rastignac : c'est un habile négociateur. Grâce à un lent travail d'observation, il parvient à se substituer au financier, endosse aisément l'habit d'agent de change, fait des coups de bourse et sert d'intermédiaire aux agioteurs. Il réussit même à revendre les actions Nucingen à bon prix, établit ses sœurs, triple la fortune de Delphine et gagne 400 000 F. C'est ce qui s'appelle rebondir sur la crise !

Incontestablement, grâce à ces gestes de dévouement et de générosité, de courage, à son habileté, non seulement Rastignac se construit une image de manager efficace et loyal, mais cette particularité lui permet de se démarquer des autres et assoit définitivement sa réputation. Désormais de Marsay (Talleyrand et Périer) songe à lui pour un poste de sous-secrétaire d'état aux Affaires étrangères. On le consulte pour négocier des affaires délicates. Force est de constater que les valeurs de droiture, d'honneur (même dupé) et de loyauté prévalent en Balzacie. C'est que « les obligations contractées s'accroissent en raison des bénéfices que la société présente à l'homme, d'après ce principe, vrai en commerce comme en politique, que la gravité des soins est partout en raison de l'étendue des profits. Chacun paie sa dette à sa manière[12] ».

De fait cette attitude généreuse déjà envisagée par Hume et Bentham au XVIIIe siècle est la conséquence du brouillage de la sphère publique et de la sphère privée qui s'opère dans la société de transition de la Monarchie de Juillet. Et elle se fonde sur la théorie de la réciprocité et sur une axiomatique de l'intérêt bien conduit. Les temps démocratiques consacrant une société à fort déterminant économique, obligent de ce fait, à reprendre à nouveaux frais le régime normatif du moi intéressé comme fondement paradoxal de la collectivité. C'est en ce sens qu'il faut lire et relire la lettre de Mme de Mortsauf à Félix de Vandenesse dans *Le Lys dans la vallée*, et qui est une sorte de *business-plan* de Balzac à usage des jeunes gens. Elle la lui adresse, peu avant qu'il devienne le secrétaire particulier de Louis XVIII à l'issue de l'échec des Cent jours. Dans ce petit chef d'œuvre de pragmatisme et de réalisme, « la droiture, l'honneur, la loyauté, la politesse sont les instruments les plus sûrs et les plus prompts de [la] fortune[13] » et le désintéressement est plus rentable qu'on ne l'imagine.

Certes, les progrès scientifiques et les bouleversements sociaux, nécessitent aujourd'hui chez le manager, un sens du profit immédiat, une réelle ingéniosité intellectuelle, apte à se dégager des préjugés et des déterminismes, et à intégrer une nouvelle donne, celle de la mondialisation. Mais cela ne suffit pas. Pour faire face à cette brutalité de la compétition économique, il se doit de proposer des cadres et des valeurs qui suscitent la fierté de l'appartenance et qui donnent envie de s'accomplir. On l'a vu durant ses années d'apprentissage ; On le redécouvre à l'âge mûr. Eugène pense d'abord aux autres. Pour autant, s'agissant de l'écoute, de l'engagement, du dévouement en entreprise, il ne s'agit nullement d'un comportement courtisan mais d'un souci d'efficacité. Le dévouement du manager est indispensable au bon fonctionnement d'une entreprise, dans la mesure ou comme le souligne déjà Balzac, il est contagieux, (cf. la réaction de Nucingen) De plus on réussit mieux à plusieurs que tout seul. Accepter de l'aide ou en apporter, soude rapidement une équipe en projet, et préside souvent à la réussite. Le dévouement permet alors de détendre une atmosphère, de renforcer la légitimité d'un chef, de montrer que l'on est partie prenante de l'entreprise ou simplement concerné par son entourage. Il est fort instructif de comparer les critères de management contemporain avec ceux du monde balzacien. On s'aperçoit ainsi que bien des valeurs sont les mêmes et qu'il serait temps de les mettre en pratique.

À la loupe

Critères de management

Les 14 critères de management de Renault	Business-plan de Balzac
1. Intégrité et loyauté	1. Intégrité et loyauté
2. Créativité et innovation	2. Discipline et sens de l'honneur
3. Dynamisme et tonicité	3. Dévouement et politesse
4. Courage et sens de la décision	4. Discrétion et écoute
5. Écoute et communication	5. Courage et sens de la décision
6. Transparence du comportement	6. Respect de soi et des autres
7. Organisation personnelle et tenue des délais.	7. Mesure et organisation de l'énergie
8. Sens de la transversalité	8. Sens du devoir et de la justice
9. Sens du profit	9. Obtention de résultats
10. Engagement dans la stratégie de l'entreprise	10. Cultiver les femmes influentes
11. Sens du client et de la qualité	11. Sens de la qualité
12. Animation et délégation	12. Coopération
13. Développement des collaborateurs	13. Intelligence du cœur
14. Obtention des résultats	14. Tenir ses engagements

4 – *Affirmer son leadership*

Quand on a posé un défi ambitieux, l'habileté, la prudence, le secret, la souplesse sont de mise pour sa réussite. Et c'est précisément dans les moments de crise qu'elles démontrent leur utilité. Rastignac occupe la totalité de la fonction. On remarque dans les ouvrages balzaciens que bon nombre de personnages comme Nucingen ou Vautrin vivent en déléguant leurs pouvoirs à autrui. C'est assurément un signe de puissance et de nos jours, de bonne gouvernance. Pour l'auteur c'est, avant tout, une question d'énergie : on se disperse en voulant tout accomplir, sauf si l'on est un génie comme lui, bien entendu. Ne mène-t-il pas, de front, cinq ou six romans, articles, corrections, et vie mondaine ? Pour autant il est persuadé que concentrer son énergie sur l'essentiel permet d'être beaucoup plus efficace : n'oublions pas qu'il admire infiniment Talleyrand dont c'est le principal talent, et que Rastignac précisément sait « avoir tout l'esprit qu'il faut avoir à un moment donné, comme un militaire qui ne place son courage qu'à quatre-vingt-dix jours, trois signatures et des garanties[14] ». Apparemment inconstant et versatile, dès lors qu'une affaire sérieuse se présente, qu'une crise éclate, il ne s'éparpille pas. Il se concentre, « se ramasse, étudie le point où il faut charger, et il charge à fond de train ». Après avoir enfoncé les actionnaires, les fondateurs et toute la boutique, et quand il a résolu la crise, il se repose. Ce qui arrive rarement à son créateur, qui doit tout de même de temps en temps déléguer, c'est-à-dire sous-traiter pour honorer ses contrats. Cela ne va pas sans catastrophe, car s'il est nécessaire de déléguer, encore faut-il contrôler, confier cette tâche à un homme ou une femme digne de confiance et surtout en connaître le bon usage.

Déléguer, n'est pas surveiller ni mépriser celui à qui on a confié une tâche comme le Ministre de Marsay qui parle de son collaborateur, « le petit Rastignac » comme d'un homme qui se « lance comme un cerf-volant[15] ». Ce n'est pas non plus vivre par procuration comme Vautrin, à travers Lucien de Rubempré qu'il manie comme une marionnette, et dont il se sert et fait le malheur, parce qu'ancien bagnard, il ne peut agir lui-même.

Est-ce faire comme Nucingen avec Rastignac en le manipulant ? On en doute. Le monde balzacien est rempli d'hommes de paille véreux, en particulier autour des spéculateurs et des banquiers. Il est vrai que Balzac a du les voir de près.

Déléguer, c'est tout autre chose. Ce n'est pas non plus faire comme le Ministre des finances des *Employés* qui se repose entièrement sur son Secrétaire général, des Lupeaulx, pour faire tourner la boutique, parce qu'il a mieux à faire et qui *in fine* a abdiqué totalement son pouvoir à son adjoint. Du coup, celui-ci n'en fait qu'à sa tête, fait et défait les carrières du ministère selon son bon plaisir. Non, décidément, il n'y a que ce pauvre Birotteau qui délègue : mal lui en prend d'ailleurs avec du Tillet à qui il a confié la caisse et qui, en quelque sorte, part avec elle. D'autant qu'au lieu de le châtier comme le doit être tout collaborateur indélicat, il lui pardonne : double faute qui sera chèrement payée par une faillite. En revanche, il délègue bien à son gendre, le laissant, petit à petit, prendre des initiatives heureuses et qui se solderont par une réhabilitation selon le principe de réciprocité cher à l'auteur.

Quid de Balzac ? On aurait tort de voir les grands génies romantiques cloîtrés dans leur tour d'ivoire. Ils se côtoient et ont recours à des aides. Delacroix par exemple, même s'il ne fait pas école, fait appel à de jeunes peintres. Sans prendre en compte ses premiers romans écrits à quatre mains bien souvent, Balzac ne manque pas à cette règle, qui a recours à l'assistance de Latouche, Philarète Chasles, Félix Davin, Sandeau, Grammont, Belloy, ces derniers lui servant de secrétaires et parfois d'inspirateurs. Il va même jusqu'à solliciter ses amis Gautier, Ourliac, Laurent-Jan, Belloy encore, pour collaborer avec lui à l'écriture du drame de *Vautrin* en une nuit. Il les récompense le plus souvent en leur dédiant ses œuvres. Mais la collaboration n'est pas toujours satisfaisante, et il lui faut réécrire quelques introductions confiées imprudemment à Félix Davin et Philarète Chasles.

En bon publiciste (journaliste), il sait admirablement obtenir anecdotes, faits divers et informations croustillantes. Il déjeune avec l'ex-bagnard Vidocq devenu chef de la sûreté et les bourreaux Sanson, père et fils, exécuteurs de Louis XVI et de Marie-

Antoinette. Horace Raisson, dont le père avait été employé par la police secrète de Fouché, et Desmarets, lui fournissent, par exemple, des renseignements de première main, et en partie inédits, sur l'affaire de l'enlèvement du député Clément de Ris, qu'il conte dans *Une ténébreuse affaire*. La coopération la plus improbable étant celle d'un créancier gourmand, le sieur Loquin à qui Balzac demande ni plus ni moins de coopérer dans *Illusions perdues* au chapitre sur les « comptes de retour[16] »,ressort diabolique dont usent les Cointet pour ruiner David Séchard, et dont les additions sont, de ce fait, impeccables et pour cause. Si Balzac a trouvé en lui un expert, il le paie très cher, puisque Loquin réussit à le faire assigner en justice. Comme quoi déléguer peut s'avérer dangereux. Mais l'histoire ne finit pas là, car il y eut finalement une transaction au bénéfice de Balzac. Ce que l'auteur sait le mieux faire, et ce qui compte avec ses collaborateurs, c'est partager des repas, des moments festifs. Honoré reçoit somptueusement et sait les amuser : « Je n'oublierai jamais les heures délicieuses écoulées rue de Cassini, au sein de tes lectures prestigieuses, de tes melons *drolatiquement* marchandés, de tes spirituels convives et de ton champagne plus enivrant encore par les folles et sublimes créations de l'inimitable Mon [n] ier ![17] »

En 1839, débordé, il prend même un élève, Charles Lassailly, auteur d'un roman frénétique, *les Roueries de Trialph* pour l'aider à rédiger une pièce, *L'École des ménages*. Après la mort de Balzac, Gérard de Nerval conte les malheurs du pauvre élève avec verve, dans *la Presse* du 7 octobre 1850 : le malheureux était généralement réveillé à une heure du matin par un domestique en livrée qui le conduisait à la salle à manger et lui servait des côtelettes et de l'oseille. Ensuite un café très fort, puis Balzac entrait en scène dans son froc de bénédictin ; il l'emmenait dans son bureau ; Il lui dictait alors des scènes inspirées qu'il suffisait de rédiger correctement jusqu'à sept heures. À cette heure là, Balzac se retirait et le domestique conseillait au jeune homme de se recoucher. Réveillé à midi, il prenait un nouveau repas, devait se promener pendant quatre heures, et ensuite reprendre le travail, espacé de côtelettes à l'oseille. La pièce fut écrite en quinze jours mais Lassailly, tombant de sommeil et sans doute lassé des côtelettes, ne put supporter ce régime. Il s'enfuit en laissant une lettre d'excuses au bout d'un mois. Balzac, peu démonté, commente cet échec à Mme Hanska en avouant qu'« il n'a pas écrit deux lignes à conserver[18] », et qu'il n'a « jamais vu pareille incapacité ». Il reconnaît tout de même qu'il lui a été utile « à faire le premier germe » sur lequel il a ensuite travaillé mais qu'il aurait préféré plus d'intelligence et d'esprit. Qu'il est dur de travailler pour un génie !

5 – *Fédérer : La Société des gens de Lettres*

Se surpasser et se protéger est la stratégie qui anime entreprises et entrepreneurs de nos jours, aussi bien dans la concurrence, que dans la coopération et dans l'innovation. Et c'est désormais au sein d'une association, d'une entreprise, d'une équipe, qu'un projet se développe le mieux et le plus rapidement, pourvu qu'il soit porté par une détermination collective. Un bon manager doit obligatoirement savoir fédérer pour être efficace.

Balzac a été le premier à affirmer que la culture est une richesse économique. À la suite d'un Beaumarchais pour le théâtre, sorte de président d'un MEDEF littéraire, il proclame dès 1830 que l'artiste qui « produit sans cesse, [il] rapporte des jouissances, met en œuvre des capitaux, il fait tourner des usines[19] ». Il s'avère donc urgent de réformer la propriété littéraire, puisque l'écrivain participe de l'économie du pays. Or, peu de gens savent que Balzac est à l'origine de la Société des Gens de Lettres, société qui défend toujours aujourd'hui les écrivains.

Juriste de formation, Honoré s'interroge de bonne heure sur le droit d'auteur et ne voit aucune différence entre la propriété des biens et la propriété littéraire. Il veut en faire admettre la perpétuité. Il constate que si l'État se préoccupe de défendre le commerce contre la piraterie (contrefaçon), il demeure indifférent à celle de la librairie (l'édition). Aussi engage-t-il dans une lettre-manifeste, tous les écrivains français à revendiquer leurs droits en se regroupant au sein d'une association qui défendrait leurs intérêts :

> « Notre salut est en nous-mêmes. Il est une entente de nos droits, dans une reconnaissance mutuelle de notre force. Il est donc du

plus haut intérêt pour nous tous que nous nous assemblions, que nous formions une société, comme les auteurs dramatiques ont formé la leur[20]. »

La Société des gens de lettres part d'une idée simple aux yeux de Balzac. Il s'agit de défendre l'inventeur et ses inventions quelles qu'elles soient. Dès 1830, il dénonce les copieurs (voir les problèmes de piratage internet) qui profitent du travail accompli, et qui n'ont donc pas à en supporter les coûts, peuvent impunément casser les prix, un comble ! Seule la durée du droit de propriété qui devrait être permanente peut protéger l'inventeur de pareille dérive. Libre à lui de vendre ou de céder des licences. L'inventeur qui le souhaite doit être libre de faire bénéficier autrui de ce qui lui appartient. *Nihil novi sub sole.* L'illusion contemporaine de la gratuité que fustigeait déjà l'écrivain refait surface, avec la haine à peine voilée que dénonçait déjà l'auteur : celle des grandes réussites.

C'est dans *Illusions perdues,* avec le personnage de David Séchard, qu'il nous fait toucher du doigt les problèmes et les « souffrances de l'inventeur », et s'interroge, à la fois sur le brevet d'invention protégé pendant dix ans, et le brevet de perfectionnement, ce que nous appelons l'exploitation. Son héros David a trouvé le secret de fabrication du papier à bas prix, le papier de Hollande et celui du collage en cuve. Malheureusement, endetté jusqu'au cou comme Balzac en 1827, il est contraint de céder son invention aux Cointet, papetiers malhonnêtes associés à son propre père, qui l'ont poussé à la faillite pour mieux s'emparer de ses secrets. En réalité, l'écrivain dénonce dans le roman la crise qu'il a lui-même subie en 1828 et qui a affecté tout particulièrement l'industrie du livre, à savoir l'asphyxie, par le manque de crédit organisé, pour le petit et le moyen commerce. Comme les dépôts de brevets sont nombreux entre 1820 et 1830, pas moins de 49 d'après Crapelet[21], alors que seules, 80 imprimeries sont autorisées, Balzac est obligé de vendre ses presses à un prêteur d'Assonvillez, soi-disant ami de la famille, et de les lui louer pour pouvoir exercer. Et c'est bien parce que leur fonds de roulement est inexistant et que l'argent est rare, que le personnage et son créateur échouent.

C'est donc sous l'impulsion de Balzac en 1837, et après ses déboires avec Buloz et son procès, que l'auteur encourage un écrivain, Louis Desnoyers, à concrétiser l'idée d'un société d'auteurs qu'il a auparavant évoquée dans la « Lettre aux écrivains français...[22] ».Villemain est le premier président de la Société des Gens de Lettres, Victor Hugo, Lamennais, Gozlan, Dumas, Arago sont membres. Curieusement Balzac n'en est pas ! Trop pris, il hésite et est relancé plusieurs fois. Mais une fois inscrit, il devient très actif, et propose une publication collective, au profit de la Société, intitulée *Babel*, ce qui fait rentrer des fonds. Il se démène également pour obtenir des nouvelles de Lamartine qui refuse, comme Sophie Gay, et Sand à cause de Buloz. Victor Hugo, Dumas et Monnier, heureusement, collaborent, mais trois volumes seulement paraissent. Balzac est élu président en août 1839 et déclare dans l'« Introduction » de *Babel* : « Désormais réunis et représentés, les écrivains ne peuvent plus demeurer étrangers à ce qui se fait sous leur nom et par leurs mains. Il est temps pour le monde, de compter avec l'intelligence qui n'a jamais su compter avec personne[23]. »

Il rédige d'ailleurs une longue lettre au rédacteur de *La Presse* et qui paraît le 19 août 1839, sur le problème de la contrefaçon[24]. Les cabinets de lecture n'hésitent pas en effet à relier les feuilletons des journaux, et l'on trouve, par exemple, dans le midi, 10 000 exemplaires de l'ouvrage de Lamennais, *Paroles d'un croyant*, alors que l'auteur n'en a envoyé que 500. De fait, les auteurs ont changé de statut dans la période postrévolutionnaire. Privés de mécènes, ils sont désormais des travailleurs indépendants, et qui doivent par conséquent vivre de leur plume. Or ils n'ont aucun statut économique et juridique, tout comme les libraires. Il importe donc d'édicter une loi qui permette de sanctionner l'éditeur coupable d'avoir publié davantage d'exemplaires qu'il n'en est prévu par contrat, et de protéger également l'imprimeur dont la confiance a été abusée. Cette réflexion se fonde naturellement sur la haute idée que Balzac se fait de sa mission : l'artiste pour lui est un « souverain » qui change la face des choses, façonne le monde, et dont l'œuvre a une nature spécifique et requiert des règles tout aussi spécifiques. Cette idée aboutira le 11 mars 1957 seulement, à la loi qui régit depuis lors les droit d'auteur et d'exploitation :

articles L. 131-1 et s. du Code de la propriété intellectuelle, ainsi que les contrats d'édition (actuels articles L. 132-1 et s.).

La richesse la plus durable d'une nation pour Balzac est son patrimoine culturel, à la fois artistique, scientifique et créatif. Aussi insiste-t-il sur la nécessité de le défendre. Car c'est lui qui perpétuera les arts et la langue de la nation, lorsque les intérêts économiques auront disparu, outre le fait qu'il rapporte de l'argent à la nation, par les visiteurs qui se ruent pour le contempler, en Italie par exemple, et que bien défendu, il contribuerait à la balance commerciale de la France. L'écrivain a donc une conception très moderne de la propriété intellectuelle comme enjeu économique[25]. Il propose d'ailleurs à la Société un projet de « Code de la Propriété littéraire ».

Le parcourir donne la mesure des nombreux abus dont les écrivains étaient les victimes quotidiennes et souligne leurs droits : l'œuvre est la propriété de son auteur, il en a seul le droit d'exploitation et le droit moral de garder l'anonymat, l'interdiction de faire la biographie d'un auteur vivant sans son consentement, etc. Il est clair que ces clauses ont été inspirés par le procès de Balzac avec Buloz, et par le fait que la *Revue de Paris* l'avait condamné avant même qu'il ait été jugé. On notera au passage que c'est cette même revue qui avait publié la « Lettre aux écrivains français... », un comble ! Si Balzac peut apparaître comme un homme d'affaires distrait, c'est un juriste redoutable et il soutient admirablement la comparaison avec le Code actuel consacré au contrat d'édition.

Avant son mandat, Balzac se démène aussi contre les cabinets de lecture qui préfigurent la question de la location et des supports d'œuvres d'aujourd'hui :

> « C'est à qui n'achètera pas un livre, on s'en défend comme d'un malheur. Les femmes les plus aimables prêtent les exemplaires dont l'auteur fait présent ; les femmes les plus élégantes lisent un ouvrage après que Joseph Prudhomme y a déposé son tabac, que la dame d'un café y a imprimé la marque de ses doigts, et que l'étudiant y a crayonné ses notes drolatiques[26]. »

En 1992, une directive européenne consacrera un droit de location et un droit de prêt public au profit des auteurs. Balzac mène une lutte acharnée pour les droit d'auteur jusque dans ses préfaces comme celle du *Père Goriot* par exemple, *La Femme supérieure*... quand à son mandat, il l'exécute avec beaucoup de zèle, il envisage la création d'un établissement bancaire par la Société et n'hésite pas à aller défendre un auteur dans un procès en diffamation devant le tribunal correctionnel de Rouen en octobre 1839, ou bien se propose comme médiateur dans le différend qui oppose l'éditeur Curmer à Petrus Borel. Suivant en cela Beaumarchais et sa Société des auteurs dramatiques créée en 1777, et refondée en 1829 par Scribe, il croit fermement à l'action collective pour la défense de toutes les professions. Malheureusement il se constitue beaucoup d'ennemis par son activisme, et ses ingrats amis de la Société le poussent à se retirer. Il perd la présidence en octobre 1840 qui passe à Victor Hugo : ce dernier doit même se battre pour imposer Balzac comme vice-président. Pour autant il continue de défendre les intérêts de la Société qui lui doit tant en publiant des *Notes remises à MM les députés composant la commission de la loi sur la propriété littéraire*, en 1841. Son argumentaire s'appuie sur des connaissances juridiques, répétons-le, incontestables.

Après avoir fait l'historique du statut des écrivains, il souligne que la situation a complètement changé parce que les révolutionnaires ont proclamé que la propriété littéraire était du domaine public. Or la pensée est unique, même si elle découle d'auteurs anciens, elle ne saurait par conséquent appartenir à tous. Elle doit être assimilée à la propriété immobilière, et doit être perpétuelle. Il opère d'ailleurs un *distinguo* judicieux entre les brevets et les droits d'auteur : « Il n'y a pas la moindre parité[27]. » Si l'inventeur exploite immédiatement son brevet car il est utile, et en tire par conséquent des bénéfices, il n'en est rien pour le livre que personne n'est obligé d'acheter, et qui peut aussi bien être découvert longtemps après la mort de l'écrivain. Alors pourquoi faire entrer la propriété littéraire dans le domaine public ? Parce que dit-on, il faut que les « livres immortels soient] bien fabriqués et à bon marché ». Or dit Balzac, public ou privé, les éditeurs vendent les livres au même coût « en ne déclarant pas la propriété perpétuelle, vous préférez le libraire à l'auteur, l'industriel au créateur, le vendeur au producteur[28] ».

Point par point l'écrivain réfute donc tous les arguments qui s'opposent à la propriété littéraire perpétuelle, et son analyse reste largement pertinente de nos jours, bien que la perpétuité soit fixée à soixante-dix ans depuis 1997. On notera également que Balzac ne s'en tient pas là qui défend les éditeurs et les imprimeurs qui font souvent faillite à cause des cabinets de lecture ; Il faut savoir qu'à l'époque un livre se vend autour de 6,65 F (23,50 €), qu'un cabinet de lecture de province propose un abonnement mensuel à 2 F (location : 10 et 15 centimes) et que l'écrivain estime le nombre de ces cabinets à environ 1 500 dont 500 à Paris.[29] En 1992, une directive européenne consacrera le droit de location et un droit de prêt public, au profit des auteurs.

Lassé des attaques en tous genres, et des lenteurs du Parlement, Balzac tente de donner sa démission de membre en septembre 1841, mais d'après sa *Correspondance,* elle ne lui est accordée qu'à la condition de renoncer à certaines sommes qui lui étaient dues. Aussi abandonne-t-il. Là encore, peut-être, était-il trop en avance sur son temps. Oubliez le CPS (« chacun pour soi ») et jouez collectif !

Quelle histoire préfère-t-on ? Celle de David Séchard qui, tel l'inventeur Robert, se fait voler son invention dans *Illusions perdues* ou bien celle de Bill Gates ? Car à l'heure d'Internet et de la brevetabilité du vivant, un vaste mouvement intellectuel réclame la suppression de la protection légale des inventions. Le Prix Nobel d'économie 2001, Joseph Stiglitz a ainsi, dans son dernier livre, *Quand le capitalisme perd la tête,* rédigé un plaidoyer virulent contre ce qu'il appelle « une des pires dérives du capitalisme actuel » et il part en croisade contre le « verrouillage du savoir » affirmant qu'« au XIXe siècle, les brevets ont failli tuer l'avion ou l'automobile ». Il devrait lire Balzac et Adam Smith qui déclare que les inventeurs doivent être récompensés, ou relire l'Histoire, car c'est tout le contraire qui s'est produit. C'est bien la rivalité acharnée entre les constructeurs d'avion et les bénéfices mondiaux à la clé qui ont accéléré les découvertes. Si tout peut être pillé, qui investira dans la recherche et l'amélioration des produits ?

L'essentiel

Savoir déléguer

Devant la complexité croissante des activités, déléguer est devenue une nécessité : cela permet d'alléger la charge de travail du dirigeant, tout en mobilisant les compétences des collaborateurs d'une équipe. Pour innover, faites comme Nucingen, sachez vous entourer !

◆ *Déléguer*

Ne pas déléguer, c'est s'exposer à devoir recommencer une tâche incomplète ou mal faite, faute de tous les éléments. Si vous aimez dormir au bureau, libre à vous !

◆ *Déléguer à la bonne personne*

Il s'agit de choisir quelqu'un qui est motivé et compétent comme Rastignac. Éviter de s'adresser à quelqu'un qui est déjà en surcharge de travail, ou qui est lent. Ne la faites pas en parallèle, de peur que… Faites confiance !!!

◆ Motiver

La délégation contribue au transfert des compétences. Se voir, comme Rastignac, chargé d'une mission, et de la responsabilité du manager, est l'occasion pour le délégataire de montrer ses talents. Cela lui permet également de renforcer sa confiance en lui, c'est donc tout bénéfice pour l'ensemble de l'équipe.

◆ *Identifier ce qui peut être délégué*

Il existe des tâches stratégiques et intransmissibles, attention. Commencer par établir la liste des tâches secondaires, en fonction de leur importance et du temps qu'elles demandent. Attention aux tâches-poubelles dont le supérieur se débarrasse : de Marsay est un expert en la matière et utilise Rastignac pour les basses besognes.

◆ Contrôler

Établir une feuille de route pour le délégataire. Définir la mission, c'est-à-dire le cadre général, puis l'objectif, quantifié, mesurable dans le temps.

Fixer des échéances et les moyens mis à la disposition du délégataire. Définir la marge de manœuvre est essentiel pour mener à terme une mission. La fiche de délégation doit être signée par le manager et le délégataire. Expliquer au reste de l'équipe. La délégation d'une tâche doit être annoncée et expliquée au reste de l'équipe. Pourquoi déléguer ? Pourquoi ce choix ? Quelle marge de manœuvre ? On appelle cela la transparence. C'est vital pour éviter les rumeurs, comme celles qui alimentent *La Maison Nucingen*.

Chapitre VIII

COMMENT FAIRE UN BILAN

Dans la société marchande des temps démocratiques, il est désormais nécessaire pour un entrepreneur de savoir faire un bilan, de procéder à des évaluations régulières de ses résultats, et d'autre part, de se comparer à d'autres. Au cours d'une carrière, quelle qu'elle soit, il importe de regarder en arrière pour mesurer le chemin parcouru et éventuellement réajuster ses objectifs. Il faut impérativement faire le point pour mieux avancer.

Les artistes de la période post-révolutionnaire, Chateaubriand, Delacroix, Tocqueville entre autres, n'ont de cesse que de rédiger leurs mémoires, de noter leurs souvenirs, de fixer leurs idées dans des carnets comme si le temps, le monde, la société moderne leur échappaient, coulaient de leurs mains impuissantes à les retenir. Il est malcommode d'analyser ce temps « moitié momie et moitié fœtus » selon l'expression si juste de Musset[1]. Faire un bilan, se retourner vers le passé lointain, ou immédiat, apparaît désormais comme une nécessité pour mieux se situer dans le temps et dans l'espace, dans l'Histoire, et mieux évaluer les changements, les enjeux, les conséquences. Il en est ainsi, à titre personnel, comme à titre collectif. On récapitule sa vie, on juge la période. C'est ce que ne manque pas de faire Rastignac en 1828 avec son ami Bianchon, jetant un regard lucide sur son parcours et ses acquis. On fait ses comptes, à l'exception de Balzac qui, s'il chiffre tout dans son œuvre, ne sait faire que des dettes. Calculer son budget, éviter le surendettement, c'est aussi ce que n'a pas su faire le pionnier de la réclame, César Birotteau dans son remarquable roman éponyme[2], exercice d'innovation magistrale et premier roman d'aventure économique. S'y insèrent pour la première fois deux pages de réclame, et un véritable bilan comptable sans compter qu'il nous apprend, outre bien d'autres richesses, qu'un chef d'entreprise doit tout calculer :

le budget publicitaire, la vitesse de circulation de l'argent, le moment opportun pour lancer un produit, la prise de risque, l'adéquation des fonds propres.

1 – *Bilans de Rastignac-Balzac*

L'homme moderne qui aspire à progresser se doit d'effectuer à plusieurs reprises des bilans de carrière. Ceux-ci lui permettent de réajuster ses objectifs, tout autant que sa stratégie, en fonction des résultats obtenus. Evoluer, optimiser, repenser, adapter, constituent des nécessités pour l'entrepreneur d'aujourd'hui et d'hier. À tel point que le conseil, fort nécessaire dans la conduite de cet exercice, a été élevé à la dignité d'une quasi-science ; le *coaching*. Pour autant, l'exercice de dresser des bilans au delà de la simple situation comptable, demeure une nécessité intemporelle.

En homme moderne, Rastignac ne manque pas de le faire et sa carrière est jalonnée de bilans. On mesurera que le choix qu'il a fait, s'il lui a bien apporté la fortune et la notoriété, n'est guère positif quant à son épanouissement personnel.

C'est en 1828, dans *L'Interdiction*[3], soit huit ans après avoir lancé son défi, et en compagnie de son ami Bianchon que Rastignac se livre à un premier bilan de son existence. Mme d'Espard, une femme à la mode, lui demande de l'aider à empêcher son époux de dilapider la fortune familiale, en le faisant interdire, c'est à dire mettre sous tutelle. Fort heureusement c'est l'intègre juge Popinot qui est chargé de cette affaire par le non moins intègre Bianchon à qui Rastignac a confié la démarche. Or il s'avère que le marquis d'Espard loin d'être fou, s'est fait un devoir de restituer à une famille huguenote ses biens indûment confisqués par sa famille. Il obtiendra finalement gain de cause contre sa femme, grâce à Lucien de Rubempré dans *Splendeurs et misères des courtisanes*. L'intérêt du mince récit de *L'Interdiction* est qu'il relate un fait de société, en forme de bilan, d'une période bouleversée où il n'est pas rare de voir des procès en interdiction dans la *Gazette des tribunaux* comme ceux des deux favorites de Louis XVIII, Mme de Balbi et Mme du Cayla, de rencontrer des femmes séparées de leur mari comme la duchesse de Dino, la princesse de Lieven, Mme de Flahaut, la comtesse de Boigne, Mme de Périgord : elles sont même classées par ordre alphabétique dans la *Biographie des dames de la Cour et du faubourg Saint-Germain* publiée en 1826 par un faux « valet de chambre congédié ». Les journaux s'en repaissent et le lectorat est déjà friand de ces scandales. On rencontre aussi des familles de huguenots ou d'émigrés dépouillés de leurs biens par une politique injuste ou par la convoitise comme celle des Ruvigny rapportée par Saint-Simon. Balzac se tient une fois encore au cœur du réel et de l'actualité. Car si ce récit se présente à la fois comme une causerie sur l'influence politique des salons, comme une chronique de la vie conjugale sous la Restauration, comme plus tard *Le Comte de Monte-Cristo,* il touche à un problème d'actualité, l'origine des fortunes. Il est d'ailleurs à noter que cette soif de transparence est déjà une interrogation récurrente de la société post-révolutionnaire.

Pour ce qui concerne notre héros, c'est en homme désabusé et dessillé que Rastignac fait ses comptes : en huit ans, explique-t-il, à Bianchon, le seul bénéfice qu'il a tiré de sa liaison avec Delphine de Nucingen est d'avoir bien marié ses sœurs, c'est à dire de leur avoir fourni une dot ; l'une d'elles est mariée à Martial de La Roche Hugon, vieille noblesse et une des plus anciennes familles d'Alençon, on ne sait laquelle des deux. Certes, il a vingt mille livres de rentes, mais il a été joué, et par conséquent humilié par Nucingen qui s'est servi de lui pour sa liquidation. Delphine a déjà trente-six ans, et quand on sait qu'une femme de trente ans est quasiment cacochyme pour Balzac, elle ne peut plus lui être bonne à grand-chose. Il y aurait bien la marquise d'Espard, mélange de Mme de Castries (cuisant échec amoureux pour Balzac) et de la duchesse de Dino, (nièce de Talleyrand), mais elle dévore cent mille livres de rente par an d'après le précieux Bianchon. Par ailleurs, elle pourrait se servir de lui, après lui avoir obtenu un ministère. Il serait alors à sa merci comme avec Nucingen. Or, il a déjà donné par deux fois, si l'on compte Vautrin qui l'a également utilisé pour Lucien. C'est pourtant ce que fait Mme d'Espard, puisque elle lui demande de l'aider à faire interdire son mari pour s'emparer de l'héritage de son époux. De là à penser que son sous-secrétariat de 1833 lui est dû, il n'y a qu'un pas. D'autant qu'il est comme par hasard rattaché au ministère des Affaires étrangères dirigé par de Marsay, ancien amant de Delphine. On notera que Rastignac devient ministre de la Justice un peu plus tard, à l'instar de M. de Peyronnet qui selon le *Journal* de Castellane, au 14 décembre 1821, a obtenu cette faveur, par les services qu'il a rendus à Mme du Cayla lors de son procès avec son mari et a été son amant.

Du côté de Balzac, si la fiction se nourrit de la vie, l'inverse est rarement vérifié. Et pendant que Rastignac fait fortune, Balzac s'endette pour la vie. Tandis que Nucingen fait faillite pour doubler ses avoirs en 1828, la même année, l'écrivain en est à sa troisième liquidation. On appréciera le contraste ! Le bilan de Balzac, au début de 1830, après sa troisième liquidation de 1828, n'est guère brillant : il n'a pas richement marié ses sœurs, et après avoir publié *Les Chouans* et *La Physiologie du mariage*, il a reçu à peine 2 800 F (9 000 €), alors qu'il en a dépensé 2 686 rien qu'en 1829, pour vivre. En regard de la dette de 60 000 F (200 000 €) qu'il a contractée, il sait déjà qu'il ne pourra s'en acquitter par sa seule plume. Il gagne assez bien sa vie comme journaliste mais au prix d'un travail intense : Roland Chollet note qu'entre la fin 1829 et le début d'août 1831, il reçoit 5 000 F (18 000 €) de Girardin, patron de *la Mode* et autres. Mais par la suite, il s'emmêle dans ses projets et promet plus qu'il ne peut donner aux journaux, et aux éditeurs. Il tient rarement les délais, même s'il rédige ses ouvrages en un temps record : l'ébauche du *Père Goriot* et de *Séraphîta* se fait en dix jours, *La Fille aux yeux d'or*, en trois semaines, par exemple.

C'est Finot, le publiciste, qui se charge ensuite en 1836, de dresser le deuxième bilan de Rastignac. À ce moment, il a quarante mille livres de rentes et est en passe d'épouser Augusta de Nucingen, la fille de sa maîtresse ; ce qu'avait autrefois envisagé Mme de Berny pour Honoré et ce que fait Adolphe Thiers. Il va également devenir ministre et pair de France. Mais cela exige d'avoir une morale de plus en plus élastique, qui ne croit plus à la vertu et s'arrange des circonstances. C'est seulement en 1839, selon Trailles cette fois, qu'il redore son blason en devenant comte : le défi est définitivement relevé, mais à quel prix ? « Vingt ans de travaux forcés » auprès de Delphine de

Nucingen, selon le même Trailles un brin envieux, dans *Le Député d'Arcis*. Il se pourrait d'ailleurs que la liaison de Balzac et de Mme de Berny, devenue une vieille maîtresse jalouse, et qui ne se termine vraiment qu'un an avant la mort de celle-ci, le 27 juillet 1836, soit devenue tout aussi pesante, malgré une évidente affection. Tout se mêle. D'autant qu'en 1832, il a rencontré une princesse polonaise Ève Hanska et une charmante marquise, Henriette de Castries, « diamant » de Paris, et l'un des modèles de Mme d'Espard et de la duchesse de Langeais. Il est vrai qu'« une femme du monde mène à tout, [qu'] elle est le diamant avec lequel un homme coupe toutes les vitres, quand il n'a pas la clef d'or avec laquelle s'ouvrent toutes les portes[4] ».

Et si Honoré admet en 1833, que le profit vient lentement par rapport aux dettes qui, elles sont inexorables et fixes, Il croit cependant dans la certitude d'une grande fortune qui lui viendra dit-il au bout de trois ans. Malheureusement elle se fait attendre et en 1840 le découragement l'accable. Dans sa lettre bilan du 3 juillet 1840 à Mme Hanska le désespoir est palpable :

> « Je suis au bout de ma résignation. Je crois que je quitterai la France et que j'irai porter mes os au Brésil dans une entreprise folle et que je choisis à cause de sa folie. Je ne veux plus supporter l'existence que je mène. Assez de travaux inutiles. Je vais brûler toutes mes lettres, tous mes papiers, ne laisser que mes meubles, les Jardies, et je partirai [...] Je donnerai ma procuration à quelqu'un, je laisserai mes œuvres à exploiter et j'irai chercher la fortune qui me manque, ou je reviendrai riche ou personne ne pourra savoir ce que je serai devenu [...] Mon travail ne paiera pas ma dette, il faut aviser à autre chose. je n'ai plus que dix années de véritable énergie et si je n'en profite pas, je suis un homme perdu. [...] Ah ! chère, vous ne savez pas ce que c'est après avoir fait quinze volumes en 15 mois, de faire 16 actes de pièces de théâtre [...] et inutilement, car il n'y a plus d'espoir de faire r'ouvrir la Porte St-Martin[5]... »

Le bilan de 1839 que Rastignac effectue avec Maxime de Trailles cette fois, se fait sur fond de crise politique. Il s'agit pour lui de placer ce dernier sur l'échiquier électoral, au moment de la crise de 1839, en le présentant comme député dynastique contre l'opposition, à Arcis sur Aube. Tout en lui expliquant ce qu'on attend de lui, il lui confie ses idées sur la politique : par ses opinions personnelles, il appartient à l'aristocratie mais il est membre du parti orléaniste par fidélité. Or le gouvernement Molé en difficulté a du démissionner le 22 janvier. Le roi malgré les vœux de Barrot, Thiers, Guizot, et de la classe moyenne, veut gouverner. Il a donc dissous la Chambre. Il s'ensuit une longue crise ministérielle qu'évoque Rastignac, avec un ministère provisoire qu'il appelle « bouche-trou » et auquel il appartient, tout en affirmant qu'il est préférable de ne pas gouverner et d'attendre. Le 12 mai, le roi nomme Soult président du Conseil, sans lui adjoindre Thiers, Guizot ou Barrot, c'est-à-dire sans tenir compte des élections. Il ne peut donc se maintenir longtemps et est mis en minorité dès janvier 1840. Il se voit contraint de se retirer. Dans ces conditions, le roi est forcé de faire appel à Thiers de mars à octobre 1840.

Enfin, en 1845, Bixiou effectue le dernier bilan un peu consistant dans *Les Comédiens sans le savoir*. Pour Rastignac, c'est la consécration : riche et célèbre, il fait et défait les ministères. Pair de France et membre du club le plus huppé de Paris, le Jockey-Club, il peut tout, et rit de tout, pratique le clientélisme, mais a finalement peu accompli et s'ennuie beaucoup. Il est devenu passablement amer et doit admettre que pour légitimer le gouvernement constitutionnel, il est nécessaire de mentir, de jouer la comédie. Or il ne lui est pas possible de mentir en permanence et de garder son sérieux. Il ne croit plus au politique. Le détachement méprisant que celui-ci ressent à cet égard, anticipe la désaffection de l'opinion en 1847 envers le président du Conseil, Guizot et le roi, après une crise économique brutale et des troubles politiques. Les députés dont on soupçonne l'honnêteté (d'où l'exclamation de Gazonal : « enfin un honnête homme à Paris ! ») sont souvent déconsidérés, parce que l'opinion pense qu'ils ne songent qu'à défendre leurs propres intérêts. On voit que Balzac suit l'actualité de fort près, où la précède : en 1847, éclatent en effet quelques affaires de corruption.

Il n'en va pas de même pour Balzac qui, privé d'Ève Hanska pendant huit ans, peine de plus en plus à produire, et voit s'éloigner la fortune dont il rêvait. Il est vrai qu'il continue de dépenser sans compter.

EXEMPLES DE DÉPENSES DE BALZAC

– Achète 31 gilets en un mois,
– treize paires de gants jaunes en novembre 1831,
– 13 000 F (2 000 €, une somme énorme pour l'époque) d'habits au premier semestre 1832,
– une canne avec turquoises de Falize de 730 F (prix exorbitant) en 1834,
– doit 14 373,75 F (27 000 €) à son tailleur Buisson en 1845.
– dépense en 46-47 plus de 90 000 F pour la rue Fortunée grâce au trésor Loup-Loup.

Du côté des amours et si l'espoir renaît, rien n'est simple non plus : Ève Hanska met près de deux mois pour lui annoncer la mort de son mari qui survient en novembre 1841, et attend le dernier moment pour l'épouser, puisqu'ils ne se marieront qu'en 1850. Peut-on l'en blâmer quand on sait que pour colmater les dettes après sa mort et éviter la saisie du mobilier, elle verse peu à peu environ 250 000 F[6]. Elle accepte le legs testamentaire d'Honoré et s'engage à verser à madame Balzac 3 000 F de rente comme il l'avait demandé. On appréciera avec quelle « ingénuité » ou cynisme, Balzac lègue « l'universalité de [s] es biens, meubles et immeubles à Ève Hanska », à qui il reconnaît devoir 130 000 F, à charge pour elle de verser une rente viagère à sa mère. Il lui lègue ni plus ni moins son passif et des obligations ! I Il lègue son Christ de Girardon, qui n'était pas de Girardon, avec encadrement de Brustolone qui n'était pas de Brustolone non plus, à sa fille présumée Marie du Fresnay et différents objets au docteur Nacquart à qui il avait emprunté de l'argent à plusieurs reprises, à Alexandre de Berny, et Zulma Carraud. Quant à Ève de Balzac, elle meurt le 10 avril 1882, ruinée de sa propre main et par sa fille.

Les bilans de Rastignac

Actif	Passif
1828	
À bien marié ses sœurs 20 000 livres de rentes A de l'ambition	A perdu 8 ans A été berné par Nucingen
1836	
A richement établi ses deux sœurs 40 000 livres de rente Frère nommé évêque de Limoges A laissé l'usufruit du domaine à sa mère	Cynisme Mariage de convenance
1839	
Splendide hôtel particulier rue de Bourbon Comte Frère évêque Ministre pour la seconde fois Beau-frère ambassadeur	« Vingt ans de travaux forcés »
1845	
Célèbre Membre du Jockey-Club Comte Pair de France Ministre de la Justice 300 000 livres de rente	Ennui Clientélisme Solitude

D'après Rastignac, Finot, de Trailles et Bixiou

2 – *L'argent, nouveau marqueur de la puissance*

Bon nombre d'hommes, aujourd'hui, rêvent de monter leur propre entreprise. Mais il ne suffit pas d'avoir une idée géniale, ou de réaliser une bonne campagne publicitaire, il convient de savoir l'exploiter, d'en assurer le financement et de savoir la rentabiliser. Pourquoi consulter des guides techniques, quand on a sous la main un véritable manuel de l'entrepreneur, comme celui de *César Birotteau* ? Loin du Rastignac policé et affairiste, cette fois, Balzac nous conte l'aventure économique d'un « paysan parvenu » qui souhaite progresser sur l'échelle sociale et rêve dès le début du XIXe siècle de créer sa propre entreprise. Encore faut-il savoir la gérer, et c'est là tout le problème. En parcourant *La Comédie humaine*, force est d'admettre que l'argent devient le marqueur de puissance dans l'univers marchand qui est aussi le nôtre.

L'argent est tout en effet. La finance mène le monde, et Balzac déchante rapidement devant cette monarchie juste-milieu frileuse et mesquine, qui le substitue à la gloire. Mais si le thème de l'argent est obsessionnel à cette période, chez Balzac qui s'étonne que Stendhal, par exemple, n'en parle jamais, il serait plus juste de dire que c'est précisément par son absence qu'il brille de mille feux. Car s'il est comme l'écrivain le souligne l'*ultima ratio*, c'est parce qu'il n'y en a pas, et que le crédit, cause des dettes, facteur de « surendettement » s'y substitue. Et s'il y a chez Balzac quelque chose à porter à son crédit c'est précisément d'avoir montré l'avènement de ce dernier, et les catastrophes qu'il entraîne. Le milieu est dur, et parfois féroce, constate Paul Bouvier, en cette Monarchie de Juillet qui orchestre escroqueries et désespoirs aussi bien que succès faramineux. L'honnêteté n'est pas encore codifiée. Les profiteurs étalent leurs bénéfices illicites et s'emparent de biens nationaux à vil prix ; Les lettres de change font des ravages. Et tandis que la jungle boursière prospère, que l'argent est rare, la circulation fiduciaire insuffisante, les capitaux ne font pas défaut, comme l'a bien montré Balzac, mais leurs détenteurs préfèrent les investir dans le foncier ou bien dans les fonds d'État. Si bien que les billets à ordre, les effets de commerce, les reconnaissances de dettes, les exploits font rage, et les faillites s'enchaînent en cas de crise, comme on le voit dans *César Birotteau*. C'est dans cet ouvrage éclairant que l'on peut le mieux mesurer le marché intérieur à Paris avec ses profits, ses appels, ses pressions, à l'échelle du petit commerce et de l'artisan-parfumeur qui monte en puissance. L'histoire de ce pionnier de la réclame, victime d'une mauvaise gestion et de « surendettement » et de sa faillite inexorable est la plus poignante et la plus visionnaire peut-être de toute *La Comédie humaine*. Car à parcourir sa tragique histoire d'entrepreneur inventif et naïf, trois lignes de force ou plutôt de faiblesse façonnent cette période confuse si semblable à la nôtre : l'argent, l'instabilité et la frustration. Mais, chose encore plus surprenante, on assiste à une véritable aventure économique à laquelle l'auteur n'hésite pas à joindre pour la première fois des « pièces justificatives » telles que des prospectus publicitaires, et tous les éléments d'un bilan. Décidément le roman sert à tout : on y apprend même comment créer son entreprise, lancer ses produits, et équilibrer un budget.

Faute d'avoir su investir avec prudence, César Birotteau, paysan parvenu, « artisan-parfumeur, adjoint au maire du IIème arrondissement de Paris, chevalier de la Légion d'honneur, etc. » sera anéanti par la société mercantile de la Restauration. Rien de plus fascinant que cette intrigue si aisément transposable à notre époque. Car outre le document historique sur le passage de l'artisanat à l'industrie, on découvre avec délices tous les problèmes liés à la création d'entreprise, à la publicité et au crédit dans leur pérennité. De fait, la période est faste pour la petite entreprise qui se développe dans les grandes villes dont la croissance est encouragée par la spéculation immobilière, les lotissements, la prospérité du commerce : c'est très précisément ce que nous donne à voir *César Birotteau* où l'on voit le héros éponyme étendre son commerce, se lancer à la fois dans l'industrie « cosmétique » et dans la spéculation immobilière, et grâce à la patente, impôt propre aux professions économiques, accéder à l'électorat. Pour coordonner et accroître la productivité et la rentabilité, pour maîtriser les mécanismes nouveaux, un pari est nécessaire, et c'est ce saut dans l'inconnu que l'on voit faire précisément à César Birotteau[7].

Souhaitant faire rapidement fortune, par amour pour sa femme, le marchand de parfums, déçu par ses marges, décide de fonder sa propre entreprise et de fabriquer lui-même des cosmétiques. Pour ce faire, il loue un bâtiment et des terrains, et embauche un ouvrier. Mais au bout de six mois, il travaille à perte. Aussi décide-t-il d'avoir recours à un chimiste de renom qui lui fournit la formule d'une pâte à blanchir les mains. Balzac qui écrit ce roman en 1836 saisit immédiatement l'importance de la publicité[8] et son avenir. D'autant qu'il a vu faire le parfumeur Piver, imprimé ses prospectus en 1828, et que la presse commence à publier des encarts publicitaires à cette date. On notera avec amusement que le premier prospectus imprimé par

Balzac et identifié avec certitude, concerne des « pilules antiglaireuses de longue vie » pour un pharmacien. Il a très certainement été ébloui par la réussite exemplaire de Piver. Aussi fait-il de César un industriel d'avant-garde qui décide de lancer ses produits, grâce à une véritable campagne publicitaire et en s'appuyant sur des résultats... scientifiquement prouvés, bien sûr ! Il ne suffit pas en effet de fabriquer de bons produits, encore faut-il « savoir vendre, pouvoir vendre, et vendre », écrit Balzac[9]. Et il est incontestable que l'écrivain s'y entend qui sait tirer parti de ses expériences passées d'imprimeur, et qui brosse en quelque pages publicitaires[10] savoureuses les recettes du succès, jouant sur la crédulité, le désir d'éternelle jeunesse, et de beauté et la vanité de la clientèle.

Comment vendre ? Les temps et les ficelles n'ont guère changé. Il s'agit de susciter l'envie, de trouver des noms évocateurs et qui font rêver, de mettre en avant leurs points forts, de cibler la demande ou l'attente, en résumé, de planifier. Lancer un produit demande qu'on s'interroge sur les clients potentiels, sur leur perception de la valeur, sur ce qu'ils achètent déjà, et sur le plus à apporter. Or César remarque que l'Orient est à la mode à cause de la campagne d'Egypte. Chacun rêve de rareté, de sultans et de sultanes, de lointain, d'impérial, selon Balzac. Pour autant, à l'heure du développement des sciences, il observe aussi qu'une caution scientifique s'impose. Il faut donc miser sur les deux : d'abord sur le merveilleux et le désir et ensuite sur la recherche scientifique. Son héros, empruntant d'ailleurs au catalogue de Piver crée donc une « Pâte des sultanes » et la double pour faire bonne mesure, une « eau carminative », attendue par l'Europe entière, et « AMIE DE LA BEAUTÉ » parce qu'elle éclaircit enfin les teints brouillés. Il suffira ensuite de suggérer que quelques privilégiées ont pu en constater les résultats patents, et s'appuyer sur les avancées de la recherche, obtenir la caution scientifique d'un membre de L'Institut et le tour est joué. Tout est bon pour vendre. Il suffit enfin d'ajouter « approuvées par L'Institut » en tête d'affiche, effet garanti.

On remarquera que l'entrepreneur choisit la cible la plus large, « les deux sexes ». Laissant ensuite entendre que ces produits rares sont déjà connues de quelques *happy few* (il faut en être !), il n'hésite pas à fournir des explications pseudo scientifiques sur ces prétendues découvertes, ce qui impressionne toujours l'acheteur. Enfin il insiste sur le prix qui est « modique ». Il ne reste plus qu'à passer à la promotion et à la distribution. Là encore César innove : on aura recours à des affiches « colorées » parce qu'elles attirent l'œil, à des annonces dans les journaux et à des prospectus envoyés à tous les parfumeurs d'Europe : de ce fait, le produit est doublement visible puisque les affiches s'adressent à tout le monde, même par ceux qui n'achètent pas de cosmétiques, tandis que les prospectus, chez les parfumeurs, attirent ceux qui achètent des produits concurrents. Egalement innovant dans la distribution, il invente sur les suggestions de sa femme, ce qu'on appelle aujourd'hui le *b. to b.* Il s'adresse à un réseau de distributeurs *marketing* et leur propose une remise de 30 %, lié au volume d'achat. Le succès est immédiat : grâce à la « Double pâte des Sultanes » et à l'« Eau carminative », il empoche une coquette somme et décide de s's'agrandir, d'avoir une succursale.

Evidemment Balzac triche un peu[11]. Ainsi Birotteau est déjà un adepte de la réclame par l'affiche et le journal, qui n'apparaît que sous Louis-Philippe. Mais cela pointe d'autant mieux son génie et le décalage existant entre l'invention et le marché en France. Il ne faut pas oublier que Guerlain se lance sur les routes d'Europe en 1818, comme « l'illustre Gaudissart », commis voyageur balzacien, pour placer ses eaux romaines, ses pâtes de miel, ses graisses d'ours et ses pommades à la moelle de bœuf. Étant très intrépide, il grimpe à l'échelle sociale plus vite que Rastignac, crée *L'eau impériale* en 1830 et devient « fournisseur officiel de l'impératrice » Eugénie en 53. Au reste, comme lui, César progresse dans la société, devient Adjoint au maire, et reçoit la Légion d'honneur, seize ans plus tard. Grisé par ses succès, Il récidive et invente cette fois avec son associé et futur gendre une « Huile céphalique » appellation vaguement scientifique dont on lira avec délices le prospectus et qui prévient cette fois la chute des cheveux.

Hélas, il se met à spéculer sur le succès de son huile et sur des terrains, activité assez répandue sous la Monarchie de Juillet. Trop confiant, il accumule les erreurs à ne pas commettre, et c'est la descente aux enfers : car « qui signe paie », comme le lui assène froidement l'un de ses créanciers. Incapable d'honorer ses créances, faute de crédit, il est mis en faillite et dépose son bilan, selon un enchaînement fatal. Tout d'abord il ne prévient pas les malversations d'un de ses employés, en ne faisant pas vérifier ses recettes et contrôler par plusieurs personnes ses livres et sa caisse. Ensuite, quand il découvre le détournement, il préfère fermer les yeux sans le renvoyer ni porter plainte. Encouragé par sa faiblesse et son silence, l'escroc utilise alors l'argent volé pour faire fortune, continue à le gruger par personne interposée (son notaire), et provoque sa ruine. Il est vrai que César, n'exigeant aucune garantie est peu regardant sur la solvabilité du notaire à qui il confie allégrement les bénéfices de l'entreprise, et qui les subtilise sans aucun remords. Il est aussi bien naïf, lorsqu'il signe un contrat d'achat de terrains sans exiger de reçu.

De fait, Birotteau, une fois son affaire lancée, en déposant inconsidérément une partie de sa trésorerie chez cet escroc, a fait preuve de légèreté en oubliant que le risque de crédit peut être mortel, et n'a pas fait les diligences nécessaires. Par ailleurs, alors qu'il croit son argent en sécurité, il s'engage, lui et sa société, dans une spéculation immobilière. Ce faisant, il commet là aussi deux erreurs fatales. La première relèverait aujourd'hui de l'abus de bien social tant il confond le patrimoine de la société avec le sien propre. Non seulement il l'engage dans une opération spéculative, mais qui plus est, cette démarche ne rentre pas du tout dans son champ d'activité. Il a ainsi négligé les règles de base d'une bonne gestion-la gestion du risque de crédit *a minima* au travers d'une sage diversification-le respect de l'objet de la société- le maintien au sein de la société de la trésorerie nécessaire à la poursuite de ses activités et à son développement-la nécessité de séparation des patrimoines personnels et de la société.

Certes, comme le souligne Balzac, la faiblesse des capitaux nécessaires au départ, et le manque de formation de ces nouveaux entrepreneurs peinent à changer rapidement les mentalités à l'égard de l'argent, son maniement, son profit et sa valeur sociale. Et en lisant l'œuvre, on relève, outre les escroqueries en tous genres et la valse des créances, les goulets d'étranglements tels que les douanes, les péages, le manque de liquidités et les transports, ce qui n'existe pas en Angleterre pour cette période.

Mais cette formidable histoire des mentalités débouchant sur l'économique que nous conte l'ouvrage, nous apprend également la nécessité du moment opportun. Il faut, certes, chez tout chef d'entreprise de la hardiesse, de la finesse et de l'habileté mais avant tout, une attitude nouvelle face à l'argent ce qu'incarne le gendre et associé, c'est-à-dire la nouvelle génération. Anselme Popinot qui reprend l'affaire, réussit là où César a échoué, et ce n'est que justice car par dévouement et par amour, il sauvera également Birotteau de la ruine. Nul doute que sa carrière a valeur de symbole, aux yeux de Balzac qui n'hésite pas à en faire un maire, un député, un comte et un pair de France ! Beaucoup plus prudent et fort astucieux, le jeune homme fait en effet preuve de détermination tout autant que de modestie et de discernement et sait s'entourer ; autant de traits caractéristiques d'un bon dirigeant de PME au XXIe siècle. Travaillant sept jours sur sept, ciblant ses clients et ses intermédiaires, il se consacre à son affaire, et sait utiliser les bons spécialistes qu'il intéresse à la vente : un habile commis-voyageur et un journaliste Finot se chargent de sa campagne publicitaire basée sur les encarts dans les journaux et de belles affiches dorées placées chez tous les boutiquiers. Sachant organiser la fabrication « sur une grande échelle », il n'hésite pas à dépenser 20 000 F d'affiches, cadres et impressions ; On le voit même déjà conscient de l'importance du flaconnage, rêvant, à la suite de César, de fioles carrées, triangulaires ou pareilles à des roseaux, parce qu'« elles auraient un air mystérieux et le consommateur aime tout ce qui l'intrigue[12] ». Enfin il sait saisir sa chance car « en commerce, l'occasion est tout[13] ». Il double l'impact publicitaire de César, développe peu à peu son affaire en réinvestissant toujours dans celle-ci, et en désintéressant dès qu'il le peut ses créanciers avec brio. C'est, au reste, grâce à lui, que César redresse son bilan et est *in fine* réhabilité. Quant à l'auteur, pourtant appelé par Baudelaire « l'homme aux faillites mythologiques[14] », il ne nous fait grâce d'aucun détail et à l'aide de chiffres fort précis, nous permet de suivre les étapes du redressement de Birotteau. Et divine surprise, contrairement aux dires de certains exégètes, ce bilan reconstitué par nous, tombe étonnamment juste (voir tableau). Quel formidable homme d'affaires était Balzac dans le monde virtuel ! En saluant ce redressement chiffré au cœur d'un roman, cette histoire signale mieux qu'un long discours que l'essor industriel dépend de la vitesse de circulation de l'argent, de son emploi judicieux au moment efficace, du sens du risque, du moment opportun.

À la loupe

Bilan de la réhabilitation de César Birotteau

Etapes	Bilan de la faillite du 16 janvier 1819		
	ACTIFS		
	Vente des terrains Rue du Faubourg du Temple		70 000
	Cession des intérêts de Birotteau dans la Maison Popinot		48 000
	Produit de la vente du fonds de .*La Reine des roses*		57 000
	Droits de Birotteau dans la liquidation de Roguin		70 000
	Divers		10 000
	Total		255 000
	PASSIF		
	Total du passif		-440 000
	Dette nette		-185 000
	18 mois plus tard		
1	Produit des économies du ménage Birotteau		20 000
2	Dividende de la créance de Pillerault		30 000
	Total		50 000
	Dette nette		-135 000
	Début 1823		
3	Moitié des bénéfices nets de l'Huile Céphalique	121 000	
4	moins part déjà versée à Birotteau	48 000	
	Solde		73 000
5	Cession des 15 ans de bail restant à courir détenus par Popinot		60 000
	Total avancé par Popinot		133 000
6	Produits des économies Birotteau placées par Pillerault		28 000
			161 000
	Actif net		26 000

3 – *Balzac et le rapport à l'argent*

Comme le déclare Balzac, « tout le monde souhaite une fortune *gratis*[15] », mais peu de gens de nos jours savent comment ne pas payer leurs dettes, d'autant qu'en avoir est très mal considéré. À l'époque de Balzac, c'est l'inverse. Dans cette période agitée, et comble d'ironie, il est montré dans *Un Homme d'affaires*, que plus on a de dettes, plus on est un homme important. On voit même, le secrétaire général du ministère des Finances des Lupeaulx, hésiter à avouer à une dame, le montant de ses dettes qui n'est que de 30 000 F, de peur qu'elle le trouve insignifiant ! Les dettes vous posent un homme sous la Monarchie de Juillet, encore davantage lorsqu'on parvient à ne jamais les régler, comme le personnage Maxime de Trailles, ou Balzac lui-même dont la liquidation n'est toujours pas réglée à sa mort.

À la loupe

Évolution de la dette de balzac entre 1834 et 1847

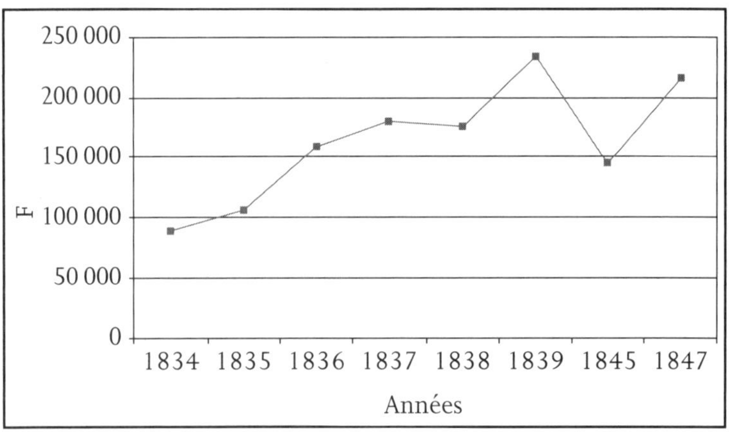

Si on examine de près les comptes précis de Balzac de 1834 à 1847, force est de constater que le montant de ses dettes suit une courbe ascendante qui comporte trois pics, 1837,1839, 1847.

Le premier pic est si étourdissant qu'il mérite qu'on s'y attarde. Il correspond à la très « ténébreuse » et mauvaise affaire de la *Chronique de Paris.* Il investit dans cette obscure revue légitimiste, 45 000 F qu'il n'a pas, à charge pour lui d'en assumer les frais les six premiers mois, tandis que deux escrocs, William Duckett et Jean de Béthune qui en possèdent chacun un huitième, se partagent les profits, s'il y en a. En échange, Balzac recevra des appointements fixes pour la première fois, du jour où il atteindra 2 000 abonnés. Sa prose lui sera, en outre payée 24 F la colonne mais prélevés sur les 45 000 F promis. Le journal paraît en janvier 1836, mais dès mars, la situation est grave : peu d'abonnements, pas de renouvellements. Duckett s'empresse de revendre son huitième à un tiers, et Balzac doit se porter garant du paiement par le tiers acheteur. Malheureusement, il avalise imprudemment les billets de Werdet à Duckett pour le rachat des parts de la revue. L'inquiétant Duckett devient de la sorte son créancier, et sait Werdet en faillite. La revue fait faillite en six mois, et Balzac s'enfuit à Saché. Tandis que les créanciers dont Duckett, le poursuivent. Balzac ayant été « commerçant » au temps de l'imprimerie, l'aigrefin a le droit de le faire arrêter et jeter en prison pour dettes car, telle est la loi. Il n'en rédige pas moins la première partie de *Illusions perdues.* Quel homme ! Condamné à rembourser le 10 janvier 1837, le 26 il y a nouveau jugement, le 6 février commandement et le surlendemain commandement avec prise de corps, saisie, chasse à l'homme de la rue des Batailles, son ancien domicile au nouveau, 22 rue de Provence, une chambre meublée. Balzac vient de s'enfuir en Italie avec une charmante, déguisée en homme, et dûment mandaté par les Guidoboni-Visconti pour régler une succession litigieuse. On croit rêver, d'autant qu'il s'acquitte de sa mission de bonne façon, et rapporte une petite somme avec laquelle il ne songe par ailleurs nullement à désintéresser ses créanciers. En attendant, il s'est enfoncé de 96 735 F, il a à présent 179 024 F de dettes. Comme Duckett veut à tout prix le faire arrêter, il s'installe en secret aux Champs Élysées chez les Guidoboni-Visconti, ce qui ne l'empêche nullement d'achever *les Contes philosophiques* promis par contrat, *La Femme supérieure* qu'attend *La Presse,* et de donner *César Birotteau* au nouveau *Figaro* d'Alphonse Karr qui l'attend depuis dix mois et l'a déjà réglé. On ne peut qu'admirer pareille confiance en soi, l'organisation nécessaire et l'énergie qui lui permet de ne dormir qu'une soixantaine d'heures en un mois, pour parvenir à un tel résultat.

Tant sa misère est grande qu'il doit emprunter, nous l'avons dit, à son domestique quelques sous notés sur son livre de ménage. Pourtant, le 16 septembre 1837, il achète avec le produit de ses champs cérébraux, et bois « intelligentiels[16] », à un nommé Varlet, une maison à Sèvres, les Jardies, et dont il faut remonter le terrain à dos d'homme, motte par motte. Rien n'est trop beau pour ce joli nid et les fournisseurs affluent. Les factures aussi et c'est le deuxième pic. Le 5 octobre 1839, le mobilier est saisi. Le 15 novembre, le marchand de vin ne trouve que quelques habits et des meubles sans valeur. Quant à Balzac, il se terre dans un bosquet, pour que le garde champêtre ne le trouve pas, car il lui a emprunté, à lui aussi, de l'argent. Les Jardies, bien que grevées de vingt-quatre hypothèques, demeurent cependant sa propriété par le tour de passe-passe raconté plus haut.

Le troisième pic a lieu en 1845. Après avoir vendu fort astucieusement à un consortium d'éditeurs ses œuvres complètes, *La Comédie humaine*, le 2 octobre 1841, il se lance dans une grande campagne de réclame pour l'achèvement de l'édition complète Furne et le Furne corrigé. Il multiplie les annonces dans *Le Constitutionnel*, dans le *Feuilleton* de la *Bibliographie de la France* en vain. Marcel Bouteron et Roger Pierrot notent qu'il dépense 120 675,15 F, qu'il en vend seulement pour 54 151 F et que la perte est donc de 67 930,85 F. Ce n'est guère brillant quand on sait que Balzac ne toucha pas de droits en sus des 15 000 F reçus en 1841. Pour autant, cela ne l'empêche nullement de faire une dernière folie et non des moindres, l'hôtel particulier de la rue Fortunée, où il compte installer, dans une débauche de luxe, sa future femme Ève Hanska.

À la lecture de semblables « jongleries » financières, l'honnête homme du XXIe siècle que nous sommes, ne peut qu'être saisi d'effroi, et l'entrepreneur contemporain de sueurs froides, devant les risques encourus. Un tableau s'impose pour ceux qui ne sont pas des génies et pour rassurer les âmes sensibles.

À la loupe

Faire / Ne pas faire

FAIRE	NE PAS FAIRE
– Prendre conscience des risques encourus – Identifier les risques payants – Évaluer la qualité du risque – Relever un défi	– Foncer tête baissée – Se fier à sa chance ou à son génie – Mettre en danger sa réputation – Tomber dans l'excès de confiance

Les bilans de Balzac

ACTIF	PASSIF
1825	
1822 – Début de la liaison avec Mme de Berny Savoir encyclopédique « Premières opérations de *Littérature marchande* » : 8 romans + 2 pièces sous un faux nom(1)	1824 – Devient journaliste pour vivre Sœurs mal mariées 1825 – Mort de sa sœur Laurence
(1) *Le Vicaire des Ardennes – Premiers romans*, Lafont, Coll. Bouquins, t. II, p. 151.	
1828	
1825 – Devient éditeur 1826 – Devient imprimeur 1827 – Devient fondeur de caractères Laisse l'usufruit du domaine familial à sa mère	Abandonne la littérature 1828 – Fait faillitte 60 000 F de dettes
1835	
1829 – Publie *Le Dernier Chouan* sous son nom avec succès – Entrée dans le monde Publie de nombreux textes 1832 – Début de la correspondance avec Mme Hanska 1833 – Publie *Eugénie Grandet*…, etc. Regroupe et négocie le commercialisation de toute son œuvre Amour et gloire sont au rendez-vous Publication des *Études de Mœurs au XIXe siècle* (20 vol.) 1834 – A une fille adultérine, Marie Du Fresnay Notoriété européenne	1829 – Mort de son père 1832 – Ambitions politiques et électorales manquées 2 mariages manqués 1835 – Prend une participation majoritaire dans la *Chronique de Paris* Critiques littéraires peu favorables

1840	
1839 – Président de la Société des Gens de Lettres 1840 – Fin de la publication des *Études philosophiques* (20 vol.)	1836 – Mort de Mme de Berny Faillite de la *Chronique de Paris* : 46 000 F de pertes 1837 – 180 000 F de dettes 1839-1840 – Échec de 2 pièces 1839 – Échoue pour la première fois à l'Académie française Saisie de sa maison, les « Jardies » Déclare n'avoir « plus que dix ans d'énergie »
1850	
1841 – Acte de naissance officiel de La *Comédie humaine* : contrat et vaste campagne de réclame financée par Balzac Mort du comte Hanski 1842-1848 – Publication de *La Comédie humaine* Nombreux voyages 1845 – Décoré de la Légion d'honneur 1850 – Mariage avec Mme Hanska le 14 mars en Ukraine	1839 – 250 000 F de dettes 1841 – Démission de la Société des Gens de Lettres 1845 – Travaille peu 1847 – Plus de 250 000 F de dettes 1850 – Mort de Balzac le 18 août à Paris
Immortalité(2)	
(2) « 1818. Immortalité » : premier document autographe de Balzac conservé à l'Institut, cote A157.	

Fort heureusement, si Balzac est d'une folle inconséquence en matière financière, il en va tout autrement, pour ce qui concerne son entreprise littéraire. Elle demeure exemplaire par la démarche suivie, tout autant que par sa capacité intemporelle à éclairer la motivation humaine.

L'essentiel

Faire le point

À travers ses ouvrages, Balzac prédit l'avènement d'un monde concurrentiel féroce. Une raison de plus pour le lire. Complexité, changement, instabilité, pratiques déloyales, attaques sournoises, comportements malhonnêtes sont plus que jamais pratiques courantes. Comment faire face ? Il s'agira de faire la part entre la naïveté et la défiance.

◆ *Tout le monde n'est pas gentil*

Ne rêvez pas. Les conflits en entreprise se règlent rarement de façon claire (cf. la vengeance de du Tillet). Pesez toutes vos décisions. N'attendez pas un soutien systématique de vos pairs et de vos collaborateurs surtout s'ils sont en cause. La mauvaise foi, hélas, fait partie des méthodes de management. Ne négligez jamais la capacité de nuisance de votre entourage professionnel. Gare aux clans (écoles) et aux rivalités entre services ! Les commerciaux contre les techniciens, les comptables contre les opérationnels, etc. Attention à la concurrence entre collaborateurs qui pousse à démolir la carrière des autres (services et clans contre Rabourdin).

◆ *« On se tire d'une mauvaise affaire comme on peut »**

Mais soyez vigilant pour mettre toutes les chances de votre côté. Évitez d'aller comme Birotteau et Balzac au sacrifice, c'est-à-dire en première ligne. Avant d'accepter une mission ou un projet, interrogez-vous sur les capacités de réussite (liste des pour et des contre). Informez systématiquement votre hiérarchie des situations ambiguës.

◆ *Pratiquez le calepinage*

Version moderne et modeste des Mémoires. Notez sur un carnet comme Balzac ou sur *Outlook*, par exemple, vos idées, toutes les actions menées, les décisions prises pour pouvoir vous justifier, si besoin est. Un manager doit également sauvegarder des informations importantes sur l'activité de ses pairs, collaborateurs, supérieurs.

◆ *Faites systématiquement des bilans*

Vous gagnerez ainsi du temps et de l'argent. Dressez des listes d'objectifs prioritaires, et tâches subalternes que vous pouvez déléguer. Planifiez votre travail : faites une liste des tâches à faire seul, à faire faire par votre équipe, à confier à d'autres. Enfin regardez en arrière. Cela permet de positiver, de mesurer le chemin parcouru, d'apprécier les acquis, et de modifier si besoin est l'objectif.

◆ *Faites appel à des experts*

Ne suivez pas ce bien mauvais conseil de Vautrin à Rastignac : « Méprisez donc les hommes et voyez les mailles par où on peut passer à travers le réseau du code**. » Quand on veut créer son entreprise, il convient de connaître la législation, de consulter des cabinets conseils, voire des logiciels de gestion, et de s'entourer de toutes les garanties.

---

* *MN*, Pl. VI, p. 377.
** *PG.*, Pl. III, p. 145.

Chapitre IX

L'ENTREPRISE BALZAC

« Il faut toujours bien faire ce que l'on fait, même une folie[1]. »

« Mon livre est donc conçu dans cet esprit, un livre que la portière et la grande dame puissent lire. J'ai pris l'Évangile et le Catéchisme pour modèles, deux livres d'excellent débit, et j'ai fait le mien[2]. »

Les principales forces économiques dans la nouvelle société comme dans la nôtre viennent incontestablement des entrepreneurs-innovateurs dans le groupe desquels on l'aura compris, nous mettons délibérément Balzac. Attentif aux changements du temps, et devant l'avènement de l'imprimerie industrielle, il pense d'abord réussir comme entrepreneur, c'est à dire éditeur, imprimeur et fondeur de caractères. Mais il manque de crédit comme de rigueur, et est en avance sur son temps. Ce prélude est un échec. Génial inventeur, il ne renonce pas pour autant et se lance dans une bien plus vaste entreprise, celle de son œuvre. Homme de son temps, il étudie d'abord le marché littéraire, cherche à répondre à ses attentes avec un nouvel outil et des idées neuves. S'il tente avec plus ou moins de résultats de gérer sa production comme une entreprise, sa démarche proprement littéraire et dont le succès ne se dément pas, est d'un apport précieux pour tout manager efficace.

L'entreprise Balzac de 1833 à 1840

– *Le Médecin de campagne, Eugénie Grandet*, fin 1833.
– *La Recherche de l'absolu*, 1834.
– *Le Père Goriot, la Fleur des pois (Le contrat de mariage), Séraphîta*, 1835.
– *Histoire des Treize : Ferragus, la Fille aux yeux d'or, la Duchesse de Langeais*, 1833-35.

– *Le Lys dans la vallée, Le Cabinet des Antiques* (début), *La Vieille fille* (début), 1836.

– *La Vieille fille, Illusions perdues* (début), *César Birotteau, La Maison Nucingen, Le chef d'œuvre inconnu*, 1837.

– *La Femme supérieure (les Employés), La Torpille* (début de *Splendeurs et misères des courtisanes*) 1838.

– *Le Cabinet des Antiques, Une Fille d'Ève, Illusions perdues* (IIe partie), *Béatrix* (début), 1839.

– *Une princesse parisienne (Les Secrets de la princesse de Cadignan), Pierre Grassou, Pierrette*, 1840.

1 – *Les entrepreneurs au temps de Balzac*

Un mouvement profond se fait jour à la suite de la Révolution. Il change les liens entre les individus. Les relations avec les institutions et la conception de la vie sont désormais à la charge de l'individu lui-même, dans une société sécularisée. L'homme économique moderne naît. À cet égard, Rastignac en est représentatif, car il a une certaine démarche économique, comptable, calculatrice de penser le rapport humain. Les Lumières puis Hegel incluent d'ailleurs l'économie du monde bourgeois moderne dans les progrès de la Raison.

Comprenant très vite qu'avec l'avènement de la démocratie, chaque individu est invité à façonner son destin d'*homme social*, Balzac commence même à gérer sa vie comme un entreprise qui intègre tous les paramètres de la condition humaine : le temps de travail, l'utilisation de ses compétences, mais aussi les désirs, les valeurs, la morale. Il a ensuite le grand mérite de donner à voir, dans son œuvre, la France des petites entreprises qui, bien que minoritaires (17 % par rapport aux 40 % du monde agricole), sont confrontées à des mutations économiques, On l'a vu avec Birotteau, on pourra lire l'histoire de l'imprimeur David Séchard dans *Illusions perdues*, entre autres.

Balzac n'a pas choisi le bon moment pour ses premières entreprises. Au premier XIXe siècle, rares sont les entrepreneurs qui sont des hommes seuls. Ils réussissent parce qu'ils sont un maillon familial ou de notabilité. Et si l'on voit émerger bon nombre de fondateurs d'entreprise, il n'est pas sûr que ceux-ci viennent de toutes les classes sociales et de toutes les parties du pays comme peuvent le faire croire les petits bourgeois de *La Comédie humaine*. Par ailleurs, même durant la première phase d'industrialisation, où il suffit de sommes limitées pour démarrer une affaire, rares sont les cas d'entrepreneurs issus du bas de l'échelle sociale, comme César Birotteau, ou du réel Julien Lagache, ouvrier filateur qui fonde sa maison à Roubaix en 1830. D'abord la conjoncture n'est pas bonne, ce qui aurait du faire hésiter Honoré. « Depuis bientôt deux années », déclare *le Commerçant* du 21 juin 1828, « l'industrie et le commerce français se trouvent dans un état de crise qui paraît s'aggraver chaque jour, et dont rien n'annonce du moins en ce moment, qu'on cherche le remède ». S'il suffit, dans la fiction, à Rastignac de paraître en compagnie du Tout-Paris pour être connu, il n'en est pas de même dans le réel et dans une mauvaise conjoncture, Balzac, en 1828, n'est qu'un petit bourgeois aux abois, harcelé par les créanciers et par les ouvriers impayés.

L'ascension sociale par l'entreprise se fait plutôt en deux temps à cette période, c'est-à-dire en deux générations, comme celle de Pouyer-Quertier, le grand filateur normand, petit-fils de paysan tisserand du pays de Caux ainsi que le montre fort bien *César Birotteau*. En revanche, les fondateurs d'entreprise donnent naissance à des dynasties familiales qui sont présentes chez Zola naturellement. Dans ces entreprises familiales telles que celles des Rougon-Maquart, les fils sont destinés à y travailler. Les gendres sont choisis en fonction des besoins de l'entreprise, dont ils sont souvent les futurs patrons. À Paris, fleurit une petite industrie mécanique, composée de petits ateliers employant de petits effectifs, mais très performante, et dont les promoteurs sont bien souvent de simples ouvriers formés par l'apprentissage direct, d'après Maurice Dumas, et dont le meilleur exemple est constitué par Onésiphore Pecqueur. Fils de cultivateur, il devient apprenti horloger puis chef d'atelier, et dépose un brevet où est décrit le différentiel. En 1830, Pecqueur finit par fonder son propre atelier pour fabriquer des moulins métalliques oléagineux et du matériel de sucrerie. Mais c'est au sein du secteur technique que les progrès sont les plus spectaculaires.

Ils s'accomplissent grâce aux ingénieurs qui sortent des écoles des arts et métiers : entre 1825 et 1871, 361 des 800 diplômés issus de ces écoles deviennent des dirigeants ou des propriétaires d'usines. Quant aux ingénieurs qui sortent de Centrale et de Polytechnique comme le beau-frère de Balzac, Eugène Surville, ils sont à l'origine d'entreprises dynamiques, ainsi celle de Guimet qui en 1820 crée la fabrication du bleu outremer ou bien la Société Ernest Gouin qui devient après 1846 la seconde plus grosse entreprise parisienne de construction mécanique de Paris. Mais comme on le voit dans *Illusions perdues*, après 1840, les inventeurs et chercheurs se font plus rares et la fonction publique détourne déjà les étudiants vers les activités de fonctionnaires et de gestionnaires, plus rémunératrices et plus prestigieuses.

C'est de cette combinatoire ou « synergie », mot qui n'existe pas encore à cette dans période, que peut naître, d'après l'auteur, le succès. Autre exemple d'entrepreneuriat, s'il est le plus souvent en avance sur la chance, Honoré ne manque cependant pas de ressource qui part pour la Sardaigne après la déconfiture de *La Chronique de Paris*, et s'étant souvenu qu'un Génois lui avait parlé d'exploitations argentifères. Grâce à quelques subsides réunis par sa mère, et après avoir porté des bijoux au Mont-de-Piété, et cinq nuits et quatre jours en diligence, il passe, quelques jours, dans un hôtel miteux de Marseille. Parvenant à traverser jusqu'en Corse, comme voyageur de pont, pour 15 F (52 €), il séjourne près d'un mois à Ajaccio, où en proie à un terrible cafard, il lit *Clarisse Harlowe*. Enfin, pareil à un pirate des Caraïbes, il débarque d'une frêle chaloupe à Alghiero, puis au nord-ouest de l'île, et commence à prospecter à cheval la région. Malheureusement il est seul et ne soupçonne pas, sans crible ni marteau, que l'argent est bien sous ses pieds. C'est un certain Serpieri qui trouve les fameuses mines et fait ainsi fortune vers 1860.

Ce n'est pas que Balzac manque d'idées. Il en a une à la minute ! « Je suis un galérien de plume et d'encre, un vrai marchand d'idées[3] », déclare-t-il d'ailleurs, un peu plus tard à Mme Hanska. C'est la mise en œuvre qui fait défaut chez lui. Dans son imprimerie, il projette même de fabriquer du papier comme son David Séchard d'*Illusions perdues*. Et pourquoi ne pas tirer les feuilles en continu plutôt qu'à la cuve, comme le préconisent Berte et Robert en 1798 qui vient de mettre la machine au point et dont le destin ressemble un peu à celui de Séchard-Palissy ? Où commence la vraie vie où finit la fiction ? On remarquera également que l'auteur donne des moyens de rendre le papier étanche dans le récit, et qu'il cherche une façon de fabriquer du papier avec des fibres végétales comme les Chinois. Il songe au roseau et à la paille dès 1842, alors que Montgolfier et Wright font breveter, en 1847 seulement, le premier procédé d'utilisation de la paille en papeterie. Ce n'est qu'en 1854 que Mellier le met définitivement au point ! S'il est vrai que Balzac n'invente pas ici à proprement parler, comme le souligne Roland Chollet qui le voit davantage comme un auteur de science-fiction rétroactif, il apparaît bien plutôt comme un prophète du lendemain. Précurseur aux intuitions géniales, il se préoccupe de trouver un produit qui puisse attaquer les nouvelles fibres, même s'il ne mentionne ni la soude ni le bisulfite. Et on demeure assez fasciné par la manière dont il déduit, après un bref séjour chez Marie d'Agoult, et quelques discussions avec le docteur Rome, les ressources efficaces qui permettraient de mettre en valeur un village du massif de la Grande Chartreuse dans le Dauphiné : chapeaux, chaussures de Romans, terre réfractaire de Saint-Egrève, taillanderie sur la Fure et des scieries un peu partout[4].

C'est dans les compagnies de chemin de fer, vers 1847, qu'apparaît, pour la première fois, une dissociation entre la propriété de l'entreprise et la fonction de directeur. Les conseils d'administration sont dominés par les banquiers. Les directeurs sont des salariés, des ingénieurs, souvent d'anciens polytechniciens en France. Les « cadres » n'existent guère avant la fin du XIXe siècle où ils apparaissent aux États-Unis. Les gestionnaires sont souvent des ingénieurs, plutôt que des professionnels de la gestion. C'est pourquoi la réflexion sur l'organisation du travail est menée, tout au cours du siècle, par ces mêmes ingénieurs. Les entreprises qui se créent, en ce début de siècle, sont en général familiales et plutôt de petite taille, afin de maintenir le contrôle dans la famille. Le capitalisme est naissant, et si on spécule déjà, c'est sur les grands travaux. On se livre surtout à l'agiotage.

Il n'empêche que Balzac cherche à gérer son œuvre à la manière d'un écrivain moderne. Dès la fin de 1832, il tente d'organiser sur une grande échelle, à la fois la composition et la commercialisation de son œuvre. On le voit continûment développer sa capacité à attirer le lectorat et à le fidéliser : il signe un contrat pour la publication des *Études de mœurs au* XIXe *siècle*, qui doivent rassembler aussi bien les rééditions que les ouvrages nouveaux répartis en quatre volumes de *Scènes de la vie privée*, quatre de *Scènes de la vie de province* et quatre de *Scènes de la vie parisienne*. Les douze volumes paraissent en ordre dispersé de 1833 à 1837 et sont précédés d'une « Introduction » rédigée par Félix Davin, porte-plume de Balzac.

2 – *Balzac et le marché*

Avant d'innover, tout entrepreneur se doit d'explorer le marché et la demande : l'idée suit le manque et le besoin, et non l'inverse, comme l'auteur l'a expérimenté à ses dépens à propos des éditions compactes. De fait, Balzac s'intéresse au marché et le marché pour lui, c'est bien entendu le lectorat. Il doit le définir, s'y adapter tout en restant lui-même, et innover pour réussir. Il l'a déjà testé sous des pseudonymes divers, nous l'avons vu. En l'occurrence, et il l'indique très bien dans la « Préface[5] » fondatrice de *La Peau de chagrin*, si la demande du lectorat est au « récit sanguinolent », à l'infirmerie littéraire » et au fantastique à la Mathurin ou à la Radcliffe, pour autant, le public a soif de nouveaux héros, de personnages que l'on côtoie chaque jour.

Si bien qu'il est confronté en 1830 à un dilemme : il s'agit à la fois, à l'exemple de son modèle Rabelais, de trouver une pédagogie fascinante qui intéresse un lectorat grandissant, de dénoncer la petitesse des temps démocratiques en la mesurant à l'aune des passions héroïques des temps passés, mais également de faire du neuf, c'est-à-dire de coloriser la nouvelle société marchande et ses travers, de valoriser les souffrances muettes, les chagrins domestiques de l'humanité post-révolutionnaire. Il faut rendre intéressants les nouveaux groupes sociaux, les boutiquiers, les rabouilleuses, les portières, les employés aussi bien que les duchesses. Tous ces *diis ignotis*, « dieux ignorés » dont on ne parle jamais, lui apparaissent à la fois comme un défi esthétique, un devoir de dessillement, une entreprise de consolation pour le genre humain, et naturellement un moyen de laisser sa marque sur le siècle. Or quel est le lien qui unit ce monde hétérogène ? C'est assurément les passions sociales, au double sens de désir et de souffrance, du haut au bas de l'échelle.

Profondément marqué par l'ouvrage de Saint-Martin, *l'Homme de désir*, Balzac a très tôt compris que le principal ressort humain est précisément le désir. En l'homme cohabitent le désir paradoxal de s'intégrer et de se distinguer. Or cette force est décuplée par l'avènement des temps démocratiques. Tout devient désormais possible au pays de l'égalité, tout est dangereusement permis dès lors que Dieu disparaît du paysage moral. Apporter au public ce qu'il ressent confusément, donner forme à ses désirs, à ses souffrances et à ses craintes, telle est donc la visée balzacienne.

Ces craintes, quelles sont-elles ? Elles ressortissent essentiellement aux changements, aux séismes et à la peur de l'inconnu, mais aussi à la donne démocratique, avec l'exacerbation de ces passions que sont l'envie, la vanité, l'argent et la jalousie. Or, mettre en œuvre une image à la fois grandiose et dérisoire de l'homme des temps démocratiques gagnés par la banalité esthétique, le manque de passions vraies et la médiocrité morale, n'est pas chose aisée. D'autant que Balzac perçoit les à-coups d'une société en pleine mutation. D'abord persuadé que l'économie produit des valeurs de toutes sortes et qu'elle est liée à l'intelligence, Balzac s'aperçoit assez vite que les progrès ne sont que matériels et qu'ils entraînent de nombreux désordres sociaux. Le monde de l'argent se substituant aux valeurs spirituelles, être le plus imposé de son arrondissement, est le seul titre de noblesse de la société moderne et son seul Dieu est Mammon.

Il voit ce que traduit plus tard Rémusat en 1850, dans ses *Critiques et études littéraires* : l'homme moderne est désormais un membre d'un ensemble qui le dépasse, et appartient à des groupes sociaux, des espèces sociales où tout se brouille. Par ailleurs, il juge la société mesquine, égoïste, matérialiste, mercantile et la qualifie dans une ébauche d'« immense fabrique de petites choses, d'efflorescences capricieuses à bon marché[6] » dont Paris n'est que le précipité. Inaugurer une image fascinante impose d'abandonner ce qu'il appelle les « titans ensevelis »[7] pour leur substituer des représentants de groupes sociaux propres à imager une période où tous les habits sont noirs, où plus rien ne distingue l'homme d'exception, la passion vraie. D'autant que le bouleversement de la société révolutionnée s'accompagne d'une modification non moins considérable des mœurs, c'est-à-dire des mentalités, ce qui ne laisse pas d'inquiéter. Aussi, Balzac imagine-t-il des figures engendrées en quelque sorte par le nivellement de la société, des « passions de moyen ordre, non moins dramatiques[8] et surtout plus neuves, des passions sociales qui se substituent aux passions nobles. À la question de la société inédite de la Monarchie de Juillet, « qui suis-je ? » Balzac a un trait de génie et répond en façonnant un personnage surdimensionné, un *homo socialis* transfiguré. Sorte d'*eurêka* littéraire qu'il définit plus tard à propos de César Birotteau de cette manière : « dans un jour de bonheur, je me suis dit : il faut le transfigurer »... Ainsi tend-il à la société non seulement un miroir éclairant mais fascinant d'elle-même. À preuve, Delacroix que le critique s'accorde à voir dans le peintre provincial et besogneux, Joseph Brideau de *La Rabouilleuse*, se préfère en Rastignac, et note soigneusement les extraits qui le concernent dans son carnet. Être un Rastignac confronté à un Vautrin, Napoléon du crime et à un Napoléon de la finance, Nucingen, cela vous a assurément meilleure allure ! Grand et dérisoire, mais assurément touchant du haut en bas de l'échelle sociale, l'homme social avec Balzac, et c'est là son génie, prend forme.

3 – *Un créneau porteur : « l'homme social »*

Comment trouver un créneau porteur ? il s'agit bien souvent d'observer la nature humaine, les techniques antérieures, et de s'informer sur ce que font les autres. Se démarquer des productions existantes et trouver un produit utile au plus grand nombre, requiert un peu d'imagination et beaucoup de travail en amont.

Balzac observe tout d'abord ce qu'Aristote appelle « la cause finale ». La société bouleversée par le cataclysme révolutionnaire, disparate et en mal de repères, se cherche à la fois une identité, un sentiment d'appartenance et un « nouvel ordre moral[9] » selon Auguste Comte. Par ailleurs, le moment 1830 apporte la démonstration d'un malaise social : la France refait révolution. Diminuer la vie particulière au profit de « la vie générale et commune, c'est le problème de la sociabilité humaine » écrit Michelet en 1833 dans son *Tableau de la France*. Construire un sentiment national devient urgent. Il faut rappeler que les sciences naturelles à l'époque balzacienne considèrent la société comme un phénomène de la nature, et l'étudient comme tel. Par ailleurs, Helvétius[10] au XVIIIe siècle, pointe le basculement de la morale en tant qu'expression sociale et souligne que le « principe d'intérêt » est le principe normatif suprême, et souligne que « regarder la nécessité du travail comme une suite du péché originel et comme une punition de Dieu, c'est une absurdité. Cette nécessité au contraire est une bénédiction du Ciel », affirme – t-il. Dès sa jeunesse, Balzac a des ambitions philosophiques. Il dévore les philosophes grecs, latins chinois, saint Augustin, Descartes, Vico, Voltaire, Rousseau les idéologues, Maine de Biran, Hume et traduit *L'Éthique* de Spinoza. À l'ère des masses, Il comprend très vite que l'homme est à la fois un animal symbolique et un *homo socialis* en pleine mutation, changement qui reste à définir. Considérant la société de la Monarchie de Juillet comme un bouillon de culture qu'il convient de placer sous une lentille grossissante pour en étudier la nature, les modes et l'habitat, il décide d'étudier « *l'homme social* sous des aspects plus multipliés que partout ailleurs[11] ».

Convaincu, à l'égal de Bonald que la littérature est l'expression des sociétés et plus précisément qu'elle est chargée de mettre en forme ce que les sociétés ressentent sans pouvoir l'exprimer, il est persuadé que l'appartenance à un groupe social ou professionnel conditionne désormais les individus dans la société inédite. Aussi s'intéresse-t-il tout particulièrement aux nouvelles catégories qui émergent de la période post-révolutionnaire et dont on tire des physiologies, des caricatures plus ou moins représentatives.

Mais sa démarche est double : il souhaite également rapprocher les hommes, leur donner des repères et fonder un nouveau lien sociétal qui s'appuierait sur une anthropologie. En fils romantique des Lumières, le moraliste Balzac veut ni plus ni moins prouver comme les savants. Il est attiré par le scientisme naissant, la statistique, l'enquête sociale. Faire le tri entre les hommes, mettre de l'ordre dans la société, constitue une tache exaltante. Voilà qui donnerait du sérieux à ses récits, qui étaierait sa philosophie, et qui pourrait constituer une somme, une véritable histoire des mœurs contemporaines fort utile pour l'Histoire française et européenne, tout en lui assurant la gloire tant espérée.

C'est pourquoi à la suite de Linné, de Buffon, il se prend à rêver de classer la société en « espèces sociales », comme Michelet qui déclare en 1833, vouloir « classer les nations comme les animaux[12] ». S'agissant de la révolution technique, de nouvelles formes d'activité apparaissent qui engendrent de nouveaux types sociaux ; un patronat moins négociant- entrepreneur et plus lié au crédit et à la banque, nous l'avons vu, surgit, constituant une des composantes de la nouvelle société capitaliste que Balzac veut peindre. En donner une image moderne et juste, une classification, serait faire œuvre d'historien. Peindre l'homme en société, tout en dévoilant les causes de son comportement, en une sorte d'« Histoire naturelle des espèces sociales », à l'instar de celle de Cuvier et Saint Hilaire serait assurément utile et innovant. D'autant qu'on assiste aussi à l'émergence de nouveaux acteurs sociaux, comme le rentier, la lorette, le commerçant, l'artisan-inventeur enrichi et failli à la César Birotteau, le journaliste, de nouveaux criminels comme Vautrin, les affairistes, les agioteurs, les banquiers scrupuleux ou malhonnêtes comme Nucingen, les employés honnêtes ou véreux, les politiciens corrompus comme de Marsay ou sincères comme Michel Chrestien. Devant la perte du sens des mots, et la difficulté de se comprendre, apparaît la nécessité d'établir des lois de comportement. Il s'agit pour l'« écrivain qui veut être utile » de ne plus s'adresser aux princes mais de faire entendre « aux peuples quelle pourrait être leur conduite[13] » affirme au reste Augustin Thierry.

Attentif aux changements, mais aussi au contre-progrès, Balzac déplore de fait une société matérialiste, remplie de mensonge et d'hypocrisie et dont le medium est désormais l'argent et non le talent. Des romans distrayants qui souligneraient la nécessité de spiritualité, l'apprentissage de la vie en commun par l'éducation, et donneraient aux lecteurs l'expérience du conflit, lui apparaissent comme des œuvres de salubrité publique. Critique à l'égard de la société inédite, et des nouveaux comportements, il pressent très tôt, comme Tocqueville, que l'homme post-révolutionnaire se crée, de fait, de nouvelles servitudes et aura le plus grand mal à peser sur les destinées collectives. Vue sous cet angle, toute *La Comédie humaine* apparaît comme une véritable culture d'entreprise, comme « l'inventaire » de nouveaux types et la solution à de nouvelles pratiques sociales, à des problématiques toujours en cours dans nos entreprises d'aujourd'hui, sortes de microcosmes sociétaux.

C'est dans le jeu de ces passions effervescentes, qu'il tente de trouver les constantes anthropologiques permettant un lien sociétal possible. « Pourquoi le coeur humain changerait-il parce que vous changez d'habit ? À toutes les époques les passions sont les mêmes[14]. » Aussi, combinant la généralité et les particularités liées à l'Histoire, à la suite de Vico et de Ballanche, il invente une ethnosociologie fondée sur une anthropologie, qui pourrait se résumer ainsi : rien ne change mais tout bouge.

Que retenir pour le monde de l'entreprise ici ? Qu'assurément l'homme social est un tout qui conjugue raison et sentiment, qu'il s'agit de mobiliser, et dont il faut canaliser ce que nous appelons aujourd'hui les affects. C'est ce liant qu'il convient d'activer afin de rendre fécondes les énergies. C'est là encore un des traits de génie de l'écrivain : avoir montré que c'est seulement en les combinant que l'on parvient au succès, ce que bon nombre de réflexions hyper rationnelles sur la société, le monde de l'entreprise aujourd'hui, ont tendance à oublier ou à sous-estimer. Le monde de l'entreprise n'est pas que rationnel. C'est une aventure humaine, de telle sorte qu'il ressortit à la vie entière de l'individu.

L'image d'un Lucien de Rubempré et de ses amis journalistes désillusionnés, perdus dans la masse et qui ne peuvent plus maîtriser leur vie, celle d'un Rastignac désabusé, ou d'un Rabourdin démotivé, peuvent certes décourager le lecteur distrait. Mais ne suggèrent-t-elles pas *a contrario*, la nécessité de façonner un homme engagé, heureux professionnellement, qui rend le meilleur service, qui prend le plus d'initiatives, qui souffre moins du *spleen* négatif, et qui finalement est le plus créatif tant pour lui-même que pour la société qui l'emploie ?

4 – *Un outil performant : l'empathie*

Pour faire une bonne entreprise, il faut l'interaction réciproque de la raison et de la passion. Il est urgent, dirait Balzac, de savoir penser d'une autre manière et qui soit en congruence avec le monde moderne. Or l'empathie change la donne, permet à l'homme social, employé ou dirigeant, non seulement de comprendre les différences mais de pouvoir les changer.

Créer, c'est observer certes, mais c'est aussi écouter, pour bien agir, pour prévoir ou prévenir. Et l'empathie ou écoute active s'avère un outil qui permet de mieux comprendre pour mieux avancer. Partager les sentiments, la sensibilité, les représentations mentales de l'autre (du lecteur, de l'interlocuteur), permet en effet de s'entendre, d'échanger pour aller vers le mieux, le changement, le nouveau, l'inconnu. Ecouter les clients, les fournisseurs, les collaborateurs, les supérieurs, s'avère sans conteste un facteur de cohésion, une pratique fructueuse et indispensable.

Psychologue avant l'heure, empathe sans le savoir, Balzac est un précurseur qui sait sonder les reins et les cœurs. Sa bienveillante curiosité, sa culture de l'écoute, de la compréhension et de l'échange, sont assurément à la source de ses innovations. Voici d 'ailleurs l'un des plus beaux portraits moraux de l'écrivain :

> « Balzac était debout devant la cheminée de marbre... Beaucoup de l'ampleur d'un Mirabeau, mais nulle lourdeur ; [...] Cette parlante figure, dont on ne pouvait détacher ses regards, vous charmait et vous fascinait tout entier. Mais le trait dominant du visage, plus même

que l'intelligence, était la bonté communicative [...] ce n'était pas une bonté d'indifférence ou d'insouciance, [...] c'était une bonté aimante, intelligente d'elle-même et des autres [...] Tel était exactement Balzac. Je l'aimais déjà quand nous nous mimes à table[15]. »

Debout devant la cheminée de marbre, dit Lamartine, Balzac observe, Balzac ausculte la société, mais toujours avec bienveillance. Comprendre sans excuser, comprendre pour avancer, pour remédier, est la clé de voûte de l'entreprise balzacienne. Celle-ci est, de fait, sous-tendue par une démarche qui fera fortune et qui n'est pas encore définie, celle de l'empathie. Mme de Staël parle bien de sympathie, Diderot, Chateaubriand et Hugo de sensibilité, et Balzac de charité, mais ces notions en diffèrent, par bien des points, sans que notre écrivain en soit par ailleurs toujours conscient. Il faut dire que la sensibilité est à l'ordre du jour dans la nouvelle société, à causes des violences et des souffrances révolutionnaires. Il n'est pas indifférent que Napoléon s'inquiète de la vie de ses hommes jusqu'à vouloir partager leur « ordinaire ». C'est un dirigeant des plus attentifs à son entourage. D'après Goguelat-Balzac : « Chaque soldat avait son estime, et il en faisait son enfant, s'inquiétait si vous aviez des souliers, du linge, des capotes, du pain, des cartouches ; [...] Et il répondait aux raisons qu'on lui faisait, couchait dans la neige comme nous autres[16]. »

C'est précisément ce « *cogito* sensitif » que Balzac sollicite, en faisant éprouver, ressentir les douleurs et les frayeurs de ses personnages à son lectorat. Éprouver, c'est comprendre mais c'est surtout s'approprier l'histoire, la souffrance, une identité commune, un lien social, c'est partager et réconcilier les français avec un passé douloureux. L'auteur a très vite compris que seule l'émotion imprime la mémoire, et que la partager, permettait de surmonter des clivages pour communiquer et construire. C'est précisément son pouvoir d'« empathie », qui lui permet de se mettre comme il le fait, dans la peau d'un autre. et d'imaginer aussi la suite.

Que détecte Balzac, grâce à cet instrument de mesure ? D'abord les dérives des passions sociales comme l'individualisme, mot inventé dans les années 1820 et qu'il appelle la

« personnalité », la vanité, la jalousie, l'envie. Il constate ensuite que la chose du monde la mieux partagée, nous l'avons vu, et donc la plus répandue, celle qui pose problème, est la souffrance. Or, Honoré voit là une occasion d'apporter un éclairage neuf sur cette douleur anonyme, de la fédérer en une coopération littéraire entre auteur, lecteur, personnage, autour de récits-témoignages. La démarche balzacienne, sorte de thérapie de groupe, exige en effet du lecteur qu'il regarde l'autre, comme son semblable et que face au malheur d'autrui, il se mette à sa place, tout en se réjouissant secrètement de ne pas y être. Issue de l'idéal démocratique d'égalité, visant à établir l'autre dans son droit d'égalité, l'empathie ainsi suscitée est porteuse de cohésion sociale, de solidarité, de concorde, toutes choses qui paraissent urgentes d'instaurer au médecin de campagne Benassis, comme au « médecin en campagne » qu'est Balzac lui-même.

Il n'est pas plus à l'écoute de son temps, ni *homme de son siècle*, que Balzac. Ses écrits de publiciste en témoignent assez, qui constatent inlassablement les changements survenus avec les temps démocratiques, les souffrances dues à l'appréhension des changements, la peur de l'inconnu. Il sait mieux que personne, comme une chambre d'échos, leur donner forme, les comprendre, les faire valoir. C'est qu'il s'interroge continûment sur la nouvelle donne distribuée par la Révolution, et la société toute neuve qu'elle a engendrée. Ce monde inédit aiguise sa réflexion philosophique sur les motivations humaines, et sur le lien social brisé qu'il convient de restaurer à tout prix, comme un dirigeant qui doit redonner un esprit de corps à une entreprise, sans communauté d'idées, sans objectif commun. D'autant qu'il est persuadé, dès 1830, qu'il peut contribuer à un changement de perspective morale par ses écrits. Parce qu'il est un témoin lucide de son temps, mais pas seulement, il se considère le mieux à même de soigner[17] et de prévenir les maux de l'ère des « masses », comme il les appelle.

Lamartine est d'emblée séduit et fasciné par la forte personnalité de l'écrivain. Certes, celle-ci est magnétique, mais le plus important est ailleurs. Ce qui le frappe surtout c'est la « bonté communicative » qui émane de l'homme. Cette bonté, si elle est désintéressée n'en demeure pas moins attentive et « intelligente » d'elle-même et des autres. Elle est d'un genre spécial, et s'exerce à double sens. Ne serait-ce pas alors, au moyen de cette force incroyablement efficace, que l'écrivain pourrait faire bouger les choses dans son oeuvre ? Se mettre à la place de l'autre pour le comprendre, en gardant toutefois ses distances ? Il ne s'agirait donc pas de sympathie, sentiment qui consiste à comprendre et à ressentir les affections d'une autre personne, mais bien de ce qu'on appelle aujourd'hui l'empathie, et qui repose plutôt sur la capacité imaginative que sur la proximité affective. De fait, précurseur une fois de plus, Balzac pratique l'empathie sans le savoir, lorsqu'il livre les émotions et les souffrances de ses personnages au lecteur. Car même s'il se prend d'affection pour ses héros, il s'agit bien plutôt d'une empathie « cognitive », c'est-à-dire d'une technique à visée savante, sans lien avec la relation qu'on entretient avec la personne qui en est l'objet. Loin du mimétisme sympathique, il attend du lecteur un retour qui relève moins de la contagion que de la réflexion intellectuelle. C'est évident dans *Le Père Goriot* où, s'il ne juge jamais ses personnages, il fait en sorte que le lecteur comprenne comment Goriot et les autres « en sont arrivés là ».

Cette méthode ne s'exerce pas sur la souffrance elle-même mais sur celui qui souffre. Ce qui est autrement plus utile en ces temps troublés, où il s'agit de changer les mentalités et de trouver une pratique normée. C'est à l'évidence une démarche essentiellement pragmatique qui ne se gargarise pas, à l'exception de quelques discours édifiants, d'un moralisme général, mais s'emploie à repérer des situations concrètes, ancrées dans le réel du quotidien, et où de nouvelles formes de générosité comme les petits gestes discrets de Rastignac, et de nouvelles attitudes de solidarité, comme celles de Benassis ou de Véronique Graslin peuvent s'exprimer.

Qui n'a rêvé d'être écouté et compris, surtout dans le monde de l'entreprise ! À l'image de l'empathie balzacienne, il est urgent de pratiquer continûment l'écoute active, d'avoir de petits gestes (fêtes, anniversaires etc.). Pourquoi ? Tout d'abord pour favoriser un climat de confiance et de cohésion sociale. L'échange ne peut qu'être plus productif : on est entraîné à approfondir la communication, à avoir toujours un coup d'avance. S'informer est une technique qui s'apprend, et qui permet de multiplier les apports et les points de vue. Il s'agit ensuite de trier, de traiter la matière première, de l'analyser et de dire ce qui va et ce qui ne va pas, de sanctionner (la mort du héros) et de féliciter (rare, chez Balzac). Toutes choses qui sont indispensables au sein d'un organisme, d'une entreprise quelle qu'elle soit.

5 – *Un modèle innovant : le type*

Après avoir fait une étude de marché, pratiqué une écoute active, et constaté ce qui manque au consommateur, et ce qui pourrait servir à améliorer les choses, un entrepreneur doit élaborer un produit innovant, convaincant et qui réponde à une niche, c'est-à-dire à une demande non formulée clairement. Ce produit, souvent prototype, permet par la suite de fabriquer un modèle usuel, plus rentable et qui peut se décliner sous différentes formes, à long terme. Le créateur doit cependant intégrer dans sa réflexion, l'usage et les limites de son innovation, pour avancer. On ne peut pas tout rationaliser. La quête d'une communauté bien réglée, assise sur des valeurs partagées est d'après le sociologue Nisbet « le phénomène le plus caractéristique de la pensée sociale du XIXe siècle[18] ». C'est aussi l'une des préoccupations de l'entreprise d'aujourd'hui. Doit-elle s'appuyer pour autant sur des recettes ?

Les pensionnaires de la pension Vauquer n'ont pas su distinguer un bagnard d'un honnête rentier, parce qu'à l'inverse de Rastignac, ce sont des « crânes vides », ignorants, indifférents et crédules. Pour apprendre à déchiffrer les signes, il faut en posséder les clés, pouvoir se référer à une méthode et à une sorte de portrait-robot. C'est pourquoi l'auteur met au point un modèle facilement identifiable pour chaque espèce sociale. À cette fin, il observe et commence par relever les traits communs, physiques et moraux à une même espèce sociale, « le petit commerçant », le créancier, par exemple, à partir d'éléments pris dans le réel. À l'aide des phénomènes récurrents les plus saillants, il fabrique un type. Il en donne d'abord une définition dans *Une ténébreuse affaire*, le considérant comme un résumé « des traits caractéristiques de tous ceux qui lui ressemblent plus ou moins[19] ». Il en fournit même la recette dans *Modeste Mignon* : « on ne compose un type qu'en employant les singularités de plusieurs caractères similaires[20]. » Il s'agit donc, comme il le souligne lui-même, « puisque *l'amant parfait* n'existe pas », de fabriquer un personnage idéal, une illustration caractéristique, ce qu'il appelle le « modèle du genre »[21], sorte de résumé comparatif composé à partir d'éléments réels significatifs. *Ecce* Rastignac, l'ambitieux social !

Quoi de plus utile et de plus fascinant qu'une méthode qui vous aide à repérer à coup sûr les filous, les arrivistes, les fats, à déchiffrer les comportements et les codes, à vous orienter, à vous intégrer dans une société opaque ? Il y a en première lecture, dans cette approche scientifique, « psychologique » de l'espèce sociale une avancée essentielle : le pouvoir d'acquérir une meilleure connaissance de l'humain et ainsi d'en comprendre les ressorts pour mieux diriger sa vie et fonder une éthique neuve de communauté. En classant les nouvelles espèces sociales, Honoré nous rend un fier service : il tend, de fait, un miroir aux lecteurs qui se reconnaissent dans une littérature enfin adaptée à leurs besoins, à leurs préoccupations. Il y a là une immense promesse d'harmonie et de sens.

Malheureusement, la matière humaine n'est pas une science exacte. Et il s'aperçoit très vite que le type *individualisé* ou bien l'*individu typisé* peinent à entrer dans les cases comme les animaux. La science de l'humain ne saurait parfaitement se superposer aux sciences de la nature car l'homme pense et crée et il faut se garder des clichés. Rationaliser tout est une impasse.

Que penser de *La Duchesse de Langeais* dont Balzac pendant trente pages nous décrit le type, celui d'une aristocrate du Faubourg Saint-Germain, frivole, égoïste et sans cœur, pour la peindre ensuite comme étant tout le contraire ? Que dire de Rastignac dont Bixiou déclare en 1820, qu'il ne croit en aucune vertu, alors qu'il souffre de vivre aux crochets des Nucingen ; qu'il a résolu de jouer tout le monde « armé de pied en cap par l'Égoïsme » alors qu'il n'est pas plus altruiste qu'Eugène, lequel passe la moitié du temps à essayer de sauver ses amis et à enrichir sa famille et sa maîtresse ? Pourquoi en faire un héros épique, puisque Balzac ne voit dans la société qui l'entoure, que grisaille, médiocrité, mesquinerie ? Ce n'est pas le moindre des paradoxes donnés à voir dans l'œuvre !

C'est que la littérature « d'utilité publique » selon l'expression de Françoise Mélonio à propos de l'art[22] doit précisément tenir compte de l'irrationnel et récuser un certain nombre d'idées reçues pour être efficace. Si Balzac établit avec succès dans la fiction l'interaction, individu-société-espèce, il souligne dans le même temps que la quête d'un communauté bien réglée, si elle est nécessaire, est parfois réductrice. Toute communauté, toute entreprise est soumise à l'irrationnel, au facteur humain. Elle est mue par la compétitivité, et des valeurs comme l'innovation et le dépassement de soi. C'est par amour pour sa femme que le petit artisan César Birotteau se fait brillant inventeur, et non les yeux braqués sur le chiffre d'affaires. Bien souvent, le cliché s'applique à un groupe entier dans l'œuvre, comme les banquiers, les journalistes, les politiques mais c'est pour mieux le subvertir, pour mieux donner à voir que l'homme économique est de fait transversal dans ses comportements, universel dans ses propriétés et que si on peut l'étudier comme un fait social, il n'en demeure pas moins un sujet unique, capable d'imprévu et de surhumanité : l'homme d'affaires retors tombe amoureux comme un enfant, la courtisane vénale est une Marie-Madeleine, le colonel Chabert dont la société, forme extrême du préjugé s'il en est, préfère nier l'existence, plutôt que de reconnaître ses droits et ses devoirs envers lui, est, de fait, un martyr ignoré. La parade balzacienne à la caricature, au préjugé, s'avère donc être une empathie profonde, réponse sociale adéquate et qui permet de dépasser les clivages, comme son héros Rastignac qui se glisse dans divers groupes sans aucun problème, seule réponse possible aux préjugés de classe.

Il arrive trop souvent que l'entreprise ne tienne pas compte des ressources humaines et soit beaucoup trop normée. L'homme n'est pas qu'une fonction sociale productive, il est capable de créer, de s'engager, de se dépasser, pour peu qu'on lui en laisse la liberté, et qu'on ne l'enferme pas dans une case.

À la loupe

Classification

Classification	César Birotteau	Eugène de Rastignac
Embranchement des	HUMAINS	HUMAINS
Classe des	SOUFFRANTS	« GAGNANTS »
Ordre des	SOCIAUX	SOCIAUX
Famille des	INSTINCTIFS	ABSTRACTIFS
Genre des	PROBES	AMBITIEUX
Espèce des	NÉGOCIANTS	POLITIQUES
Variété des	PARISIENS	PARISIENS

D'après Max Andréoli, pour ce qui concerne Birotteau.

6 – *Une vision : la fabrique mythique*

Il ne faut pas sous-estimer l'apport de l'imaginaire, aussi bien en littérature que dans le monde de l'entreprise. Réfléchir à la finalité de ses activités, au pouvoir de la pensée collective, est plus que jamais indispensable. On l'aura compris, un entrepreneur peut trouver un outil, une technique, un concept. Mais il doit également s'inspirer de ce qui sous-tend les rapports professionnels : l'ambition, l'envie, l'aspiration à la grandeur, à l'élévation, le dévouement, le désir d'éthique. Le bon dirigeant n'est pas seulement un pragmatique, il a une vision.

La société post révolutionnaire s'ennuie à périr dans le monde désacralisé qui est le sien. L'héroïsme, les grandes épopées napoléoniennes, le sacré sont révolus, au profit de l'argent et des biens matériels. « Quand on connaît Paris, on ne croit rien de ce qui s'y dit, et l'on ne dit rien de ce qui s'y fait ![23] » Or avant Baudelaire, Balzac est convaincu que le merveilleux nous enveloppe mais que nous ne le voyons pas[24]. Il estime par ailleurs que le manque de croyances, de certitudes, le manque de valeurs, engendrent malaises et antagonismes sociaux. Par ailleurs, il découvre que la société moderne s'appuie, dans sa façon de concevoir les rapports sociaux, sur un univers mythique. Enfin, il constate que les nouvelles générations aspirent au panache de leurs aînés. Les réinscrire dans une humanité apaisée d'où ils pensent être sortis par le traumatisme révolutionnaire, lui paraît une première mission d'utilité publique. Leur attribuer la grandeur dont manque singulièrement la société révolutionnée et qu'elle réclame confusément, est sa visée seconde et elle est proprement géniale.

Il ne s'agit pas seulement de faire une étude de cas. Il s'agit de créer un cas de figure significatif qui combine observation et imagination et qui donne à penser. Certes, Balzac s'appuie largement sur le réel. La réalité de fait, dans pareille période de mutation, dépasse souvent la fiction et les « fait-Paris » (faits divers) abondent de situations rocambolesques. S'il peut paraître invraisemblable qu'un bagnard comme Vautrin devienne chef de la police, c'est pourtant le destin de Vidocq dont l'auteur s'inspire d'ailleurs, très largement. Nul ne peut nier par ailleurs qu'à cause de l'exode rural, bon nombre de jeunes gens venus de la province, comme Rastignac, courent les rues de Paris, à la recherche d'une position. Que dire de Nucingen qui emprunte à la famille Fould, à l'accent de Rothschild, de Goriot qui tient d'un ami appelé Dablin et est probablement un cas rencontré chez l'avoué Merville ou, de Madame de Beauséant, et de Mme de Nucingen doubles de Laure de Berny. On pourrait multiplier les exemples dans une période bouleversée où il suffit de parcourir les *Mémoires* de Canler, chef de la Sûreté de 1815 à 1830, pour s'en persuader. Incontestablement, Balzac s'appuie sur ce qu'Auguste Comte nomme « le pays réel ». *All is true*, affirme-t-il dans l'*incipit* du *Père Goriot*, reprenant à son compte l'héritage shakespearien. C'est sous ce titre, « tout est vrai », qu'était en effet annoncé en 1831 le drame de Shakespeare *Henri VIII* et Balzac avait mis ces mots en épigraphe de la première édition du *Père Goriot*.

Exagérés, diront les uns, inventés diront les autres, l'auteur se défend comme un beau diable. Il n'empêche qu'il joue sur l'exceptionnel, sur le dramatique pour attirer le lecteur. Faire d'un bagnard un « Satan social » qui pétrifie par son « regard magnétique », d'un marchand de nouilles comme Goriot, un « Christ de la paternité », d'Eugénie Grandet, provinciale, laide et abandonnée, une des « martyrs ignorés », d'un fabriquant de cosmétiques, César Birotteau, un « Lazare revenu d'entre les morts », pour ne donner que ces exemples, est bigrement osé. C'est cependant réinscrire ses contemporains dans une continuité mise à mal par la rupture révolutionnaire, dans une généalogie sacrée, un univers mythique qui se nourrit des passions de l'Ancien régime : grandeur, dévouement, noblesse de coeur, élévation. C'est fidéliser pour longtemps un lectorat qui ronronne dans la banalité, et astucieusement donner ses lettres de noblesse à une société brouillée et en mal de légitimation. Mais c'est surtout découvrir l'incroyable pouvoir des structures anthropologiques de la pensée : passions, fantasmes, peurs, désir d'infini etc. Les personnages de *La Comédie humaine* s'imposent au lecteur comme autant de clefs à même de lui faire appréhender le passé, de mieux comprendre le présent, et qui l'amènent, pour peu qu'il le souhaite à une certaine maîtrise de l'avenir. *La Comédie humaine*, formidable apprentissage de la vie en société, restauration du lien social, comble un déficit d'identité, en recadrant l'homme dans une filiation historique et au sein de la chaîne humaine et surhumaine depuis Adam, à l'aide de marqueurs mythologiques, et au sein d'analogies significatives. Ainsi les héros des temps anciens viennent se glisser à l'intérieur des héros des *Études de mœurs* : Eugénie Grandet est une Junon, Lucien de Rubempré est un « Achille entre le vice et la vertu », Pons ressemble à don Quichotte, etc. Balzac, praticien et penseur de la société, dresse des physiologies savoureuses de journalistes, d'épiciers, de femmes « comme il faut et comme il en faut », et les assimile à une mythologie feutrée et d'une grande variété dans l'expression : pamphlétaire, caricaturale, journalistique, scientifique, elle joue de fait, sur tous les registres.

Ce qui fait en réalité, l'attrait incomparable des personnages balzaciens, c'est qu'ils possèdent un pied dans le réel et l'autre dans l'imaginaire fondateur. Souvent surdimensionnés, comparés à des Narcisse, des Protée, des Marie-Madeleine, leurs aventures catastrophiques sont contées à la manière d'une épopée. Mythophores, ils endossent allègrement leurs costumes de Satan, de nouveau Faust comme Claës, de courtisanes bibliques comme Esther. Cela permet de régaler le lectorat, d'ambitieux hors normes, de duchesses criminelles, de clochards qui n'en sont pas, de dandies politiques et sataniques, d'un Napoléon de la finance, d'un Napoléon du peuple etc. Cette question n'est pas sans objet, dans la mesure même où le mythe littéraire se situe précisément à la frontière du réel et du symbolique, et participe, de ce fait, de l'imaginaire.

À l'évidence, le regard que pose Balzac sur ces personnages, s'il fascine par sa sagacité et par sa densité, leur donne aussi un pouvoir cathartique indéniable. Balzac nous dit qu'il existe des dévouements inconnus et sacrés, des Napoléon ignorés dans la société qui nous entoure, des passions exaspérées, des crimes secrets et terribles, seulement comparables à ceux du monde ancien, voire tout aussi nobles ou affreux que ceux de l'Ancien Régime. Force est de constater qu'avec un telle puissance du symbole, de telles analogies, l'auteur fournit au lecteur une vision plus large du monde qui l'entoure et le valorise. Rastignac devient un mythe auquel nombre de jeunes gens s'identifient et rêvent de ressembler. L'interdit prend des dimensions cosmiques, souffrance et amour se sacralisent : tromper et séduire une courtisane comme Esther par exemple, relève moins du sordide que de la lutte ancestrale du bien et du mal. La grande force de Balzac est d'avoir compris les pouvoirs et les exigences de la pensée. Son coup de génie est d'avoir perçu qu'il fallait compter avec les mentalités, les fantasmes, pour comprendre et changer la société. Au reste, ce que Balzac fabrique, n'est ni une fiction, ni une invention de la Restauration, ni une réalité intangible. Incontestablement, les personnages surdimensionnés balzaciens qui fascinent, participent à la fois d'une réalité sociale et répondent à la préoccupation de la période. De sorte que les types, incarnations de nouvelles catégories sociales, sont plus qu'une représentation de la société réelle : ils sont une réponse à ses angoisses, l'expression parfois complaisante de ses hantises. Aussi, plutôt que de parler de type, il convient d'évoquer davantage le mythe social.

L'avantage du mythe, est qu'il navigue à la fois dans l'imaginaire et dans le réel. La fabrique mythique répond de ce fait à un besoin. Rastignac, Vautrin, Goriot, Chabert sont des images visibles et lisibles du psychisme et du vécu. D'autant qu'à l'époque, la curiosité statistique développée par des sociétés ou des publications sur la consommation, sur la mortalité ou sur la prostitution que nous avons mentionné plus haut, frappe les esprits, et donne à penser que tout cela est alarmant et d'un niveau élevé. Révélant les problèmes, ainsi que le souligne Dominique Barjot[26], les chiffres communiqués, créent l'illusion de leur aggravation, comme lorsqu'on donne les chiffres sur les climats qui n'existaient pas avant 1900. Aussi le mythe balzacien témoigne-t-il à la fois des désirs, d'une hantise et des craintes issues des émeutes à répétition, au début de la Monarchie de Juillet, puis d'ouvrages déjà mentionnés comme *Des classes dangereuses de la population des grandes villes* (1840) de Frégier, *Tableaux de l'état physique et moral des salariés en France* (1840) de Villermé. Le génie de Tocqueville et de Balzac résident dans le fait de les avoir pressentis. Il répond également à un désir profond de rêve et de fantaisie. Inquiète et déçue, la société post-révolutionnaire aspire non seulement à une légitimation, à une reconnaissance, mais il s'agit de donner ses lettres de noblesse à l'homme démocratique. À l'opposé de l'uniformisation qui rabote tout, y compris les consciences, Balzac comprend qu'elle cherche à s'approprier une identité et aussi sa place dans la chaîne de l'humanité et qu'il est urgent de réenchanter un monde sans Dieu. Le réenchantement lui paraît alors une sorte d'emballage propice à restaurer le lien social et à faire passer une morale et une philosophie quelque peu indigestes[27].

De nos jours, le monde de l'entreprise a, lui aussi, une fâcheuse tendance à sous-estimer les enjeux centraux de l'homme qui travaille, et qui sont la fierté d'appartenance, l'épanouissement social et la réalisation de soi. Sans aller jusqu'à « réenchanter » l'entreprise, ne pourrait-on faire exister une vraie culture d'entreprise à laquelle pourraient s'identifier les salariés, par une sorte de charte managériale proposée dans de trop rares sociétés. Cela permettrait de valoriser ce qui s'y passe, en soulignant que l'employé, tout comme le cadre et le patron, sont des sujets et non des rouages qui agissent, se structurent, donnent le meilleur d'eux-mêmes et qui de ce fait transforment le monde, œuvrant ensemble pour faire bouger les choses. Faire exister une vraie culture d'entreprise à laquelle les salariés puissent s'identifier est devenu une nécessité. Et à l'image de l'entreprise balzacienne, toute entreprise est un bouillon de culture et d'innovation. Lieu de soumission mais aussi d'autonomie, elle a besoin de compétences en analyses comportementales et sociétales, mais elle doit aussi se nourrir d'une réflexion critique et stimulante sur le travail. Il serait bon qu'à la dimension d'émancipation et d'autonomie que prônait Adam Smith, à propos du travail, vienne s'ajouter l'essence même de l'homme mise au jour par Balzac : sa capacité à se façonner, à se dépasser et à modifier le monde grâce à lui. Comme les penseurs grecs et comme Balzac, le monde de l'entreprise doit voir dans l'homme, une construction sociale en perpétuel jaillissement, et considérer le travail moins comme un salaire que comme un moyen d'exister pleinement.

L'essentiel

Créer son entreprise

◆ *Pratiquer l'écoute active*

L'empathie balzacienne s'apparente à une étude du marché pour trouver un nouveau segment. Cela lui permet de récupérer des informations utiles pour son entreprise. Il peut ainsi refléter les sentiments de ses interlocuteurs, en prenant part, par exemple, aux malheurs et aux confidences de son entourage. De même écouter son personnel, demander à son interlocuteur de raconter ses problèmes, en commentant : « cela a dû être drôle » ou bien « ça a l'air de vous toucher » ; renvoyer du positif : « je suis content que vous me disiez cela » ou bien « cela me touche » le motive d'autant mieux.

◆ *Analyser ce que font les concurrents*

Pour répondre aux besoins exprimés et les copier en apportant les améliorations nécessaires pour se lancer et les copier en apportant de petites améliorations : se demander quels besoins on veut satisfaire, et que veut-on améliorer. Ce n'est pas Balzac qui a inventé le type, mais il lui a donné une stature mythique.

◆ *Innover*

Capitaliser ses idées dans un carnet ou autre permet de formaliser ses projets et d'en analyser la faisabilité. La bonne idée répond-elle bien au problème posé ? Comment le savoir ? La partager avec d'autres responsables. Elle sera clarifiée et enrichie.

◆ *Tester ses projets à une petite échelle ou une maquette : développement*

Le contact du concret permet de faire émerger les vrais problèmes. Évaluer les avantages de ses projets après test, par rapport aux solutions déjà connues.

◆ *Être visionnaire*

Un entrepreneur doit être capable d'anticiper les évolutions et de prévoir. Balzac déclare écrire pour les générations à venir dans la « Préface » d'*Une fille d'Ève** et dans *Les Aventures administratives d'une idée heureuse.*

◆ *Exploiter le marché*

Balzac teste d'abord le marché en publiant les bonnes feuilles de *La Peau de chagrin* dans les deux plus grandes revues littéraires, la *Revue des deux Mondes* et la *Revue de Paris*. Il assure ensuite le service après-vente lui-même, en rédigeant un article à sa louange dans *La Caricature*, sous un pseudonyme. Succès immédiat malgré un prix élevé : 50 € les deux volumes.

* FE, Pl. II, p. 264.

CHAPITRE X

LE BON GOUVERNANT

Pour gérer les crises, rebondir sur un échec, réussir et durer, il ne suffit pas d'être un homme de pouvoir, il convient de savoir diriger, administrer et contrôler, en bref, faire preuve de bonne gouvernance. Cette affaire de gouvernance qui occupe le monde de l'entreprise aujourd'hui, ne date pas d'hier, si j'ose dire, même si le mot n'existe pas du temps de Balzac. Pour lui, ce qui s'en rapproche le plus, est de l'ordre du politique et « on est ministre pour avoir de la décision, connaître les affaires, et les faire marcher[1] ».

Cependant rapprocher le gouvernant de la problématique de l'homme de pouvoir balzacien, permet là encore un comparaison tout à fait fructueuse. Pour autant, Rastignac ne suffit pas à éclairer la bonne gouvernance, tant s'en faut. Il faut faire appel à d'autres « entrepreneurs » balzaciens, dont un entrepreneur social, le docteur Benassis, héros du *Médecin de campagne*, et un réformateur malheureux, l'ingénieux Rabourdin des *Employés*.

1 – Rastignac, stratège et diplomate

Etre un homme de pouvoir, est ce à quoi aspirent les jeunes gens ambitieux de la période, qu'ils s'appellent Balzac, Hugo, Lamartine Tocqueville et… Rastignac. Eugène ne déroge pas à cette règle et est d'ailleurs vite qualifié d'homme « en passe de devenir ministre » d'après Finot, dans *La Maison Nucingen*[2]. Cela signifie qu'il est « ministériel » et qu'il appartient au parti orléaniste, c'est à dire à la majorité. Par surcroît, selon les dires de l'auteur, Rastignac est un homme que l'on retrouve dans tous les ministères, ce qui n'est pas rien dans une période aussi fluctuante. Si pour les entreprises actuelles, la tyrannie du court terme passe par les marchés, pour les politiques post-révolutionnaires, elle passe par les temps démocratiques. Pas moins de dix-sept gouvernements se succèdent pour la période de 1831 à 1848. dont trois pour la seule année 1834. Il est probable que la souplesse « d'anguille » de Rastignac, alliée à son grand savoir-faire y sont pour beaucoup. La stratégie utilisée dans son apprentissage et au cours des années dans la Maison Nucingen a par conséquent réussi. Serait-ce que le bon gouvernant est avant tout un diplomate et un stratège ?

Cela montre en tout cas combien la Révolution de Juillet a compté pour les ambitieux de la période dont Balzac d'ailleurs. Il convient de rappeler qu'en 1832, l'écrivain songe fort sérieusement à se faire élire député, grâce à Madame de Castries et aux légitimistes, tout en affirmant à son amie Zulma Carraud qu'ils ne lui servent que de tremplin. Au reste, ses idées comme celles du temps sont un peu floues, à la fois libérales et pour une monarchie constitutionnelle à l'anglaise. Mais après plusieurs crises économiques et sociales dont la révolte des Canuts, une épidémie de choléra qui fait 100 000 morts et dont Balzac ne souffle mot, le roi reprend la main et l'auteur ne peut ou ne veut se présenter. Il est probable que sa qualité d'électeur-éligible ne lui fut pas reconnue. Ce fut en tout cas une déception cruelle, car il se voyait bien Ministre des Affaires extérieures ou de la Guerre.

Être « ministériel » signifie ensuite que Rastignac peut prétendre aux plus hautes fonctions de l'état par ses mérites : à l'évidence il le mérite non seulement par son savoir-faire, mais parce qu'on l'estime digne de commander. La légitimité de cette vertu éminemment démocratique qui, sous l'Ancien Régime, s'acquérait par la naissance, doit être à présent reconnue, accordée par ses pairs. Il faut par conséquent s'interroger sur ce qui lui vaut cet adoubement.

En tout cas, Rastignac demeure discret sur le politique. Dans le sillage de De Marsay jusqu'à la mort de ce dernier, il est bien difficile de situer ses opinions. À comparer les dates, on peut postuler que de Marsay représente Casimir Périer, alors Premier Ministre et dont l'écrivain dit qu'il était un véritable homme d'État et qu'il a fait de grandes choses dans la « Préface » de Pier-

rette. Figure de la banque, Périer, libéral convaincu, est un homme habile et décidé, et qui présente l'avantage de posséder une doctrine politique. Celle-ci repose en effet sur la mise en place de la monarchie orléaniste. Il s'agit d'une monarchie parlementaire dans laquelle le roi incarne seulement la permanence du pouvoir et l'ordre public, tandis que le chef du gouvernement appuyé sur une majorité parlementaire exerce le pouvoir réel. Son programme se résume en ces termes : « Au-dedans l'ordre, sans sacrifice pour la liberté ; au-dehors la paix, sans qu'il en coûte rien à l'honneur[3]. » Malheureusement pour Balzac, Périer, comme de Marsay, meurt du choléra en 1832. Commence alors le ministère Soult : l'essentiel du pouvoir revient au roi et à ses trois principaux ministres, Thiers, à l'Intérieur, Broglie aux Affaires étrangères et Guizot à l'Instruction publique.

Pour en revenir à ce cher Rastignac, la préface de *Pierrette*, donne à voir en 1840 un Rastignac « doctrinaire » à la Guizot, et qui est même « assez pédant, la politique l'a rendu suffisant[4] ». De fait, Guizot et ses amis « doctrinaires » dont est apparemment Rastignac, aux dires de l'auteur, gagnent leur pari en 1840 : faire gouverner la France par les notables de la fortune et du savoir, que Guizot appelle *juste-milieu*, et dans laquelle on a voulu voir une bourgeoisie, sans statut juridique, mais à laquelle tout citoyen pouvait aspirer accéder. Cependant la période aboutit à une nouvelle Révolution, en grande partie par manque d'élargissement du droit de vote, et du fait du manque de légitimité d'un roi qui n'est plus de droit divin, et du peuple qui n'a pas de souveraineté. Ainsi, la synthèse que l'auteur appelle plus volontiers la transaction entre la tradition monarchique et les idées révolutionnaires échoue, alors qu'il tient pour évident en 1832 que « l'intérêt bien entendu de la classe moyenne et de la classe aristocratique amène entre elles un contrat naturel[5] » et que la classe pauvre doit accéder le plus vite possible à la propriété. Cela se mesure d'ailleurs à l'attitude tout à fait désabusée de Rastignac dans *Les Comédiens sans le savoir* cette fois : le lecteur croise un héros revenu de tout, et qui ayant perdu ses illusions, s'amuse de la pantomime du pouvoir.

On a vu précédemment que c'est précisément parce qu'il est empathe et pédagogue, que Rastignac a toutes les chances de réussir là où beaucoup échouent, ou s'empêtrent dans des négociations vouées à l'échec. Pour autant, si cette empathie est nécessaire, elle n'est guère suffisante. Compétence, fidélité, discrétion président aussi au succès de Rastignac, tandis que l'« éloquence ministérielle[6] », lui assure une stratégie évolutive et diversifiée. Alors qu'il applique dans sa jeunesse une stratégie de fonceur, dans l'âge mûr, il recourt à celle du diplomate qu'il devient d'ailleurs dans le cabinet de De Marsay. Et cela se traduit assez comiquement dans les faits les plus insignifiants.

On notera tout d'abord que désormais, Rastignac médite avant de se lever le matin, car « plus le corps est lourd plus l'esprit est agile[7] ». Stimulant son esprit en buvant du thé (plus chic !) immodérément, et contrairement à l'auteur qui, on le sait, s'imbibe de café, il n'agit qu'à bon escient et sait concentrer son énergie. C'est précisément ce qui distingue l'homme fort, aux yeux de Balzac. Persuadé que la pensée, la volonté, comme la lumière sont des forces et ressortissent à une même énergie pour chaque individu, l'auteur considère que l'homme fort, à l'instar de Napoléon, ne doit pas disperser l'énergie du pouvoir mais doit la concentrer entre ses mains.

Avec les années, on constate ensuite que sa stratégie a évolué. S'Il s'agit toujours d'agir avec éloquence et courage, la prise de risque s'accompagne désormais de la ruse et de changements de pied pour le moins opportuns. Adepte de Richelieu, de Machiavel mais aussi de Mazarin dont il a lu le *Bréviaire des politiciens*[8], Balzac, privilégie l'acharnement à s'imposer, conjugué à la capacité à anticiper. C'est ainsi que réunissant tous les critères de la confrontation efficace, Eugène pratique l'approche directe et l'approche indirecte, sans pour autant tomber, pour chaque stratégie, dans le risque de domination excessive (Vautrin l'autocrate, allant à l'épreuve de force) ou bien de manipulation excessive (Nucingen le cynique, allant jusqu'au leurre et au piège). Le meilleur exemple de cette stratégie efficace, se trouve dans *Le Député d'Arcis*, où l'on voit Rastignac persuader un de ses « collaborateurs » d'accepter une mission secrète en province.

La stratégie de Rastignac est complètement ciblée en fonction de son interlocuteur, l'enjeu étant d'aboutir, en tenant compte de ce dernier. Ici, elle est à double entrée. Il s'agit d'éloigner un « collaborateur » peu scrupuleux, Maxime de Trailles, tout en utilisant ses services, alors qu'il vient solliciter un moyen d'échapper à des poursuites. D'autant que ce dernier fait valoir ses services passés, et n'hésite pas à faire chanter le ministère. Un stratège efficace doit identifier rapidement l'objectif de l'entretien. S'agit-il d'avoir un avis, comprendre un problème, construire une solution, prendre une décision, convaincre ? Rastignac laisse venir le solliciteur : Trailles souhaite monnayer ses services comme ambassadeur contre une riche alliance qui lui permettrait d'apurer ses dettes. En bon stratège, Rastignac répond en minimisant l'étendue de ses pouvoirs, ce qui lui permet de diminuer les prétentions de Maxime. N'étant là que pour six mois, il ne peut rien promettre. Une voix utile pour le parti, à « la cause dynastique[9] », serait en revanche fort utile. Dès lors, pourquoi ne pas briguer tout à la fois un poste de député dans l'Aude, et la main d'une jeune héritière à « désenbonnetdecotonner », écrit drôlement Balzac ? En trois mois, le tour est joué et réussi par Rastignac qui fédère l'appui des notables locaux incapables de s'entendre auparavant, et trouve une épouse fortunée pour Maxime de Trailles. On pourra voir là le comble de la manipulation. Il n'empêche que cette stratégie de contrôle qui tout à la fois, réagit positivement aux difficultés, intègre la dimension personnelle, tempère les ambitions, capitalise les différences et rassemble pour réussir, est efficace et donne matière à réflexion.

2 – *Benassis, entrepreneur social*

« *Qui travaille mange, et qui mange pense*[10]. »

La mauvaise foi, la vénalité, la stratégie du « chacun pour soi », sont trop souvent considérées comme des modes de management. Or ils enferment l'individu dans un sentiment d'impuissance et de fatalité. Il est cependant possible de changer les choses, par l'altruisme, en créant ensemble : la « coopération solidaire » peut alors l'emporter sur la « compétition solidaire[11] ». En effet, peu avant que le jeune Rastignac défie, en 1834, la société parisienne et un lectorat friand de drames domestiques, un autre héros balzacien, le docteur Benassis, éphémère celui-là, s'avance sur le devant de la scène et part à l'assaut des campagnes et de l'Académie. Serait-ce lui, notre bon gouvernant ? Pour trouver un début de réponse, revenons à la fameuse théorie du mandarin évoquée par Rastignac et Bianchon. On se souvient, qu'au cours de cette conversation, les limites de l'ambition sont abordées. Peut-on la satisfaire dans « le petit cercle », c'est-à-dire au cours d'une existence discrète et retirée, voire provinciale, ou bien au sein d'« une immense circonférence » à la Bonaparte ? Si Rastignac opte pour la renommée nationale, le médecin de Balzac choisit l'humble rénovation d'un bourg ignoré.

Restaurer est par définition une impasse pour Balzac : il est impossible de revenir en arrière. Aller de l'avant avec les acquis du passé, lui paraît être une démarche entrepreneuriale fondamentale. Depuis Bonaparte, et à l'exception de Casimir Périer et de Thiers, Balzac n'est guère séduit par les nombreux gouvernants politiques qui se succèdent au pouvoir et se contentent de colmater les brèches, sans appliquer une politique de rénovation à l'échelle nationale. Leurs héritiers lui paraissent de moins en moins crédibles et susceptibles d'équilibrer individualisme créatif et justice sociale, dans la mesure où il font passer leurs intérêts personnels avant ceux de l'intérêt général, et se livrent à la tyrannie du court-terme et du clientélisme. Or, et Balzac le met au jour dès 1832, si l'on ne se soucie pas de l'avenir, on se condamne à rendre impossible une gestion au quotidien, et de ce fait à l'échec. C'est pourquoi, il n'hésite pas à soumettre à l'Académie un projet ambitieux qui s'intitule *Le Médecin de campagne*, et où il est question de la rénovation d'un bourg (de la France ?). Attentif au goût du public, et sensible aux récompenses financières, il décide, en 1833, de rédiger cet ouvrage, avec l'idée de remporter enfin le prix Montyon[12]. Doté de 8 000 F (25 000 €), récompense décernée chaque année par l'Académie, à un ouvrage de haute portée morale. Naturellement Il ne l'eut pas, ayant cru bon d'y introduire un grand éloge de Napoléon, et les souvenirs du passé sans doute jugé trop sulfureux du héros.

Il n'empêche que cet ouvrage exhibe les principes balzaciens essentiels à la bonne marche d'une société : explication, coopération, et animation. Toutes choses que s'emploie à faire le héros et médecin Benassis dans un village reculé des Alpes, après avoir constaté le dépeuplement des campagnes et l'accroissement du nombre de déracinés aigris. Dans cet ouvrage, comme pour une entreprise à relever et à développer, il préconise les moyens les plus efficaces dans les moindres détails, procédés qui feraient l'admiration de bien des technocrates, commente Le Roy Ladurie dans une préface. C'est à un visiteur Genestas, que le héros fait les honneurs du village qu'il a décidé de sauver, à la suite de plusieurs problèmes sentimentaux. Au lieu de s'être retiré à la Grande Chartreuse, comme il l'avait choisi dans un premier mouvement, il a préféré faire œuvre utile. Devenu maire, il entreprend, en révolutionnaire constructif, d'inculquer aux habitants l'esprit communautaire, c'est-à-dire la coopération, l'économie rurale, le remembrement, les travaux forestiers mais aussi l'hygiène, la politique et la morale. Vaste programme !

Animé par une bonté efficace et conquérante, Benassis consacre les dernières années de sa vie et son génie entrepreneurial, au bonheur d'un bourg défavorisé du Dauphiné, comparable seulement, de nos jours, à un village déshérité de Centre Afrique. Patriarche bienfaiteur, sorte de saint laïque, il fait renaître à la vie tout le village : non seulement son agriculture, son commerce, et ses industries locales, mais ses « producteurs » et ses « consommateurs »[13], dit Balzac. Contrairement à Eugène, il n'a pas de prénom, mais il bénéficie des surnoms les plus éloquents. Balzac ne l'assimile-t-il pas au « Napoléon du peuple » tandis que ses concitoyens le surnomment le « bon monsieur Benassis », écho en quelque sorte de la « bonne dame de Nohant », chère au Berry ? À mi-chemin entre « médecin sans frontière » et Mère Teresa, on aurait tort cependant de voir là un beau projet « humanitaire » avant la lettre. Car Balzac se méfie des philanthropes laïques et n'a pas de mots assez durs pour fustiger l'humanitarisme ostensible qu'il oppose au dévouement discret de la vraie charité dans toute son œuvre, et plus particulièrement dans *Les Employés* et dans *l'Envers de l'histoire contemporaine*.

Faire œuvre utile, telle est l'ambition qui l'habite. C'est dire si la tâche est rude. Au reste, Balzac soumet au public et à l'Académie, un véritable manuel d'économie moderne incarné, et qui se fonde sur des exemples réels et précis, ce qui est pour le moins astucieux et original[14]. Aussi cet administrateur de génie requiert-il toute notre attention, dans la mesure où il amorce une réflexion toujours pertinente sur le rôle du dirigeant. D'autant que ce « Napoléon de la vallée » rivalise avec le vrai, au même titre que Rastignac qui s'en réclame ensuite, lui aussi. Analogies et contrastes sont ainsi mis en place afin de dresser un tableau de la France[15] telle qu'elle devrait être, si elle était bien administrée. Il est vrai que nous sommes en 1832 et qu'à cette date, Balzac envisage très sérieusement de se présenter à la députation. S'incarner dans cet homme qui lui ressemble au physique, et qui est d'une abnégation quasi christique, rien de mieux comme manifeste électoral !

Il ne s'agira pas tant ici de la pensée de Balzac considérée en elle-même et pour elle-même (il y aurait trop à dire !) que de son *actualité*. Disons seulement qu'Honoré connaît les thèses d'Helvétius, de Hume, de Bentham, sans compter Montesquieu et La Rochefoucauld ; et qu'il s'est également intéressé au mouvement saint-simonien qui encourage un « catéchisme industriel ». Aussi, nous donne-t-il à voir dans ce livre, une économie d'intérêt public qui n'a rien à envier à une ONG de développement économique et social d'aujourd'hui, et qui se fonde sur une vérité : gouverner c'est joindre l'intérêt public et l'intérêt privé[16].

« Je ne veux ni gloire ni fortune… ni louanges ni reconnaissance »[17], déclare d'emblée, le modeste Benassis. Quelle sorte d'administrateur nous est donc donné à voir dans cette œuvre ? On ne s'étonnera pas de retrouver les qualités qui font, aux yeux de Balzac, le bon dirigeant. Volonté, travail, dévouement président, bien entendu, à son portrait, tout comme action, organisation, production éclairent ses motivations. On sera plus surpris en revanche, de découvrir dans ce roman, un hymne à la concurrence, au crédit, à la productivité, au libre échange, bref à l'économie libérale. Créant un marché autour des besoins pour réduire la pauvreté tout en développant l'économie, le héros a vraiment tout de l'entrepreneur social d'aujourd'hui.

On remarque tout d'abord qu'en tant que médecin, Benassis gagne la confiance de la communauté, en pratiquant une écoute active et en soignant gratuitement les plus pauvres. Choisi autant qu'il choisit, il se fait nommer, par l'administration centrale, maire du canton. Raisonnablement optimiste, ce travailleur acharné n'hésite pas ensuite à mettre ses compétences « encyclopédiques », au service exclusif de ses concitoyens : tour à tour agronome, urbaniste et architecte, c'est au travers du développement et de la gestion d'une économie locale, qu'il prétend apporter le bien-être à ses administrés. Enfin, organisation, pragmatisme, et responsabilisation sont les maîtres mots de l'art de bien mener les hommes, au sein de l'espace d'utilité mutuelle ainsi créé. Après s'être inquiété de l'état de santé déficient de ses administrés, et constaté l'insalubrité de leurs masures, il se lance rapidement dans un programme de logements sociaux. Comment les financer ? À la manière d'un Yunus[18] et sa « banque des pauvres », il invente une sorte de « social business » avant l'heure, un prêt sans intérêt qu'il se fait rembourser plus tard par la commune. Exerçant à la fois mansuétude et fermeté, il n'hésite pas à pratiquer le micro-crédit, en avançant de l'argent à un fabriquant d'osier, le temps que celui-ci pousse. Mais il y a mieux : adepte des bienfaits de la concurrence, il lui fait « produire » ses paniers moins cher qu'à Grenoble, pour les vendre au village. Compétitivité aidant, le vannier réussit dans son entreprise et est de fait la première industrie dont s'enorgueillit Benassis tout « joyeux » dit-il « de la joie de ces gens »[19]. Dès lors l'innovation des techniques agricoles modernes, introduite dans des fermes modèles, entraîne une augmentation du pouvoir d'achat, de la santé et du confort, ce qui permet au maire d'ouvrir une école et de réparer l'église et la cure. À l'instar de la politique que Guizot met en place à cette période, Balzac est convaincu que l'ignorance et la corruption reculent face à la prospérité des habitants et le démontre clairement dans ce manifeste. Bien éloigné du court termisme donc, voici précisément quel en est le développement qui se déroule en trois phases distinctes :

– Durant la première phase, il prend des mesures d'assainissement, d'administration et d'appropriation des biens communaux, de création de champs cultivables, de construction d'une route. Puis création d'artisanat, instauration de prêts sans intérêt qui mènent à la construction de fermes modèles d'où une petite économie de marché parce que « qui travaille mange, et qui mange pense[20] ».

– Deuxième phase : il améliore les résultats. Création de tanneries et de commerce, construction d'une mairie, d'une école, d'un bureau de tabac et d'un bureau de poste. Dans le même temps, il responsabilise le village par un travail pédagogique (réunions, débats), ce qui lui permet de l'associer financièrement aux bons résultats obtenus : intéressement et participation aux bénéfices. « Cet argent nous fut amplement rendu par les revenus que créent les consommateurs[21]. »

– Troisième phase : il cherche des débouchés. La nécessité de produire entraîne la création de deux industries de chapeaux et de chaussures. Il attire des travailleurs. Création d'une foire annuelle pour la diffusion. Il attire de nouveaux commerces, ce qui accroît la population. « La circulation de l'argent faisait naître chez tout le monde le désir d'en gagner[22]. »

Quelle leçon en tirer ? D'abord il convient de ne voir ici aucun paternalisme. Non seulement le mot n'existe pas encore, mais l'auteur voit dans le programme exposé, une œuvre de salubrité publique, et qui doit être entreprise par l'élite possédante. Car il part d'un constat : le pays court à sa perte s'il ne comble pas l'écart entre *les masses*, les pauvres et les riches. Ensuite, le dirigeant qu'il nous donne à voir n'est pas un pur pragmatique. Il a un objectif et une vision, et s'emploie à convaincre plutôt par l'optimisme que par l'agressivité. Enfin on sera surpris de constater que l'auteur voit dans le capitalisme[23] naissant, la possibilité historique de combler le fossé entre les riches et les pauvres, et qu'il ne sépare nullement la sphère économique de la sphère sociale.

Certes, la méthode a des faiblesses : certains pauvres, rédimés par le travail, restent pauvres et ne sont qu'associés au pouvoir décisionnaire du maire qui refuse d'ailleurs le suffrage universel. Mais, ce qui frappe surtout chez Balzac, et ce qui paraît le plus important dans cet ouvrage romanesque, c'est cette intuition fulgurante que la vraie réussite mobilise à la fois l'intérêt et les sentiments altruistes, et que le gouvernant efficace n'est pas seulement celui qui assure la maximisation du profit matériel, mais aussi celui qui est à la recherche de satisfactions morales, celui qui mutualise la solidarité du corps social. Avec cette prime à l'efficacité, il est clair que Balzac voulait montrer, par ce roman, que chaque maire pouvait suivre cet exemple dans sa commune, chaque magistrat dans sa ville, « le sous-préfet pour l'arrondissement, le préfet pour le département, le ministre pour la France, chacun dans la sphère d'intérêt où il agit[24] ». Hélas, Balzac ne remporta pas le prix Montyon, l'ouvrage fut jugé trop utopique et les amours passées de Benassis peu édifiantes. Pour autant, tout en tenant bel et bien compte des réalités de 1830, comme l'a souligné Emmanuel Le Roy Ladurie, qui voit dans l'œuvre un « manuel utile aujourd'hui encore pour les spécialistes de la croissance… et pour déniaiser les technocrates, à supposer qu'ils le lisent[25] », ce roman propose au lecteur, des solutions plus que valables pour notre temps.

Pour le dire autrement, Balzac, malgré quelques invraisemblances, se fonde sur une intuition géniale, en transportant son village sur les hauteurs afin que tous bénéficient de la lumière et du soleil. Sorte de campus à l'américaine, le centre du village offre des pelouses impeccablement taillées à ses habitants qui participent eux-mêmes aux divers travaux d'entretien. Les horaires de travail sont flexibles, les augmentations se font au mérite. Les soins de santé sont gratuits, on y exploite les ressources locales et les maisons de retraite sont financées par les travailleurs. Chacun participe aux décisions en donnant son avis, même si, en dernier ressort, Benassis décide, optant toujours sur le long terme et sur la satisfaction profonde des habitants Ainsi, le Benassis d'aujourd'hui pourrait bien être le chef d'entreprise soucieux de ceux qui l'entourent (voir les entreprises Google et SAS Institute), et plus particulièrement de mettre en place des structures d'accueil comme des crèches pour les mères de famille, des salles de gym, d'offrir des horaires aménagés et négociés, de proposer pour les plus démunis, un programme d'aide sociale etc.

À la loupe

Plan de Benassis

Phase I	Phase II	Phase III
5 ans	2 ans	1 an
Mesures d'hygiène	Amélioration de la race bovine	Industrialisation
Amélioration de l'environnement : constructions de logements	Création de tanneries : apport étranger	Création d'une foire annuelle
Appropriation de terres communales : amélioration de l'agriculture	Commerces + Équipements collectifs	Spécialisation dans le chapeau et la chaussure
Création de prairies artificielles	Reconnaissance de la liberté contractuelle	Marché hebdomadaire. Libre-échange et innovation
Développement de la voirie	Mobilisation des sentiments altruistes	
Micro-crédit	Responsabilisation	
Premier artisanat	Intéressement et mutualisation de l'utilité	
Création de six fermes modèles = économie de marché (lait, volailles, paniers, etc.) = prospérité	Affirmation des droits de propriété	Logique de marché régulée par la solidarité

Si certains critiques du temps reprochèrent à l'auteur de parler économie, et non de faire un roman, de fabriquer un « cadre imaginé pour le développement des théories de l'auteur sur l'administration, sur la morale, sur toutes les branches d'économie domestique, agricole et industrielle[26] », ou pire, de contrefaire les contes d'une certaine Miss Martineau dont l'ouvrage, *Contes d'économie politique*, venait de paraître et se vendait fort bien, ils s'entendirent presque tous, pour dire qu'il s'agissait d'une utopie assez indigeste. Il y avait là beaucoup d'injustice, car si l'auteur s'appuyait en effet sur les règles de l'utopie classique, il lui donnait une dimension historique à l'inverse de l'ouvrage de Cabet *Voyage en Icarie*, et conciliait salut du héros et projet social, intérêts privés et cause solidaire. Au reste, l'auteur reconnaissait dans l'ouvrage, qu'il est difficile de réaliser pareil équilibre entre ville et campagne, entre religion et politique, entre modernité technocratique et tradition patriarcale, entre individus et collectivité. Et si l'on fait abstraction du dévouement comme expiation d'un crime chez Benassis, cette tentative inédite, pour illustrer le bon usage de l'énergie et des passions, dans le développement d'un bourg, s'avère aujourd'hui assurément stimulante pour l'administration d'une entreprise.

3 – *Un réformateur : le plan Rabourdin*

Stratège, diplomate, rénovateur, telles sont les qualités inhérentes à la fonction de gouvernant, selon Balzac jusque vers 1835, à condition toutefois qu'il ne succombe pas à la paperasserie et au centralisme mis en place par une administration galopante ; sans compter la valse des ministères, déjà évoquée. Qui dirige ? Qui administre ? Qui contrôle ? Les bureaucrates ? Les Ministres ? Les éminences grises ? C'est déjà toute la question au premier XIXe siècle. Et c'est ce sur quoi s'interroge Balzac en 1838, dans *Les Employés*. Comme le dit rondement Bixiou, l'un des personnages, fonctionnaire et caricaturiste, la Chambre, comme le gouvernement, aime à administrer, et l'administration à gouverner. De plus les administrateurs se plaisent à être des législateurs : aussi multiplie-t-on les lois, les ordonnances et les règlements. Et bien sûr, rien ne se passe. Aussi, l'affirmation d'un personnage du *Cabinet des Antiques*, « le moyen de ne rien obtenir était de demander quelque chose[27] », s'applique-t-elle à merveille à l'administration d'alors qui par ailleurs « excelle à empêcher » selon Tocqueville. Il n'est donc guère étonnant que Balzac s'empare du problème et propose un plan de réforme de l'Administration. D'autant qu'il est petit-fils, fils, frère et beau-frère de fonctionnaires, Par ailleurs, son grand-père maternel, Joseph Sallambier, était Directeur de la Régie des hospices de Paris ; il était plus jeune que le père de Balzac, fonctionnaire lui aussi ! Il n'est donc nullement étonnant qu'il considère que « la bureaucratie, pouvoir gigantesque dirigé par des nains[28] », semble déjà tout diriger à la fin des années trente, années où Balzac situe *Les Employés*, et étouffe l'initiative individuelle et l'État.

Dans *Les Employés*, le chef de division La Billardière est mort. « A qui la place ?[29] » se demande le Ministre ? « A qui la place ? » chantent en chœur les ronds de cuir du roman ? « A qui la place ? » reprend l'évêché. « A qui la place ? » susurre l'éminence grise et secrétaire général, des Lupeaulx, en se frottant les mains. Et tout ce joli monde d'intriguer et de manipuler à tout va ! À parcourir les portraits des divers employés, c'est à désespérer d'arriver sans intriguer, et même en intriguant par l'intermédiaire d'une femme « supérieure » comme Laure-Célestine Rabourdin, il arrive qu'on se casse le cou, comme Rabourdin-Surville. En effet, Balzac avait pu juger de près les ravages de l'administration chez son beau-frère Surville et chez sa sœur Laure dont les rêves de réussite étaient tombés à l'eau, beaucoup à cause des lenteurs de l'administration.

Conçu en 1837, écrit en un mois, publié en 1838, complété en 1844, ce roman est peut-être l'ouvrage le plus original, le plus éloquent et le plus vrai de *La Comédie humaine*. Écrit des plus innovants, il comporte à la fois, dans trois parties de trois chapitres, une intrigue, un essai sur la médiocratie, un pamphlet sur la bureaucratie, un plan de réformes de l'administration, une chronique, une analyse de la Restauration, et des sketches cocasses de ronds de cuir dans un ministère. Jusqu'à très récemment, on n'osait pas pareil sujet. Or, on s'aperçoit qu'en 1824, on discutait déjà décentralisation, justice de l'impôt à la consommation, bien-fondé des nationalisations, super ministères et service public !

La scène se passe en 1834 : M. Rabourdin, brillant chef de bureau au Ministère des Finances, a élaboré un plan de réforme pour contenir la bureaucratie, et réduire les dépenses de l'État, car, erreur fatale, il veut monter en grade par la seule force de son mérite. Il le garde cependant secret, jusqu'au jour où un misérable espion, Dutocq, qui travaille pour le compte de son rival, Baudoyer, autre nullité dont la femme parvient à pousser la candidature en manipulant l'évêché, s'en empare et le donne à son supérieur hiérarchique, le Secrétaire général des Lupeaulx. Ce dernier conclue alors un marché avec le Ministre qui lui règle ses dettes, au détriment de Rabourdin qu'il fait passer pour un homme dangereux : Baudoyer est promu, Rabourdin démissionne et décide de se lancer dans l'industrie.

Est-il besoin de dire que cet ouvrage n'a rien perdu de son actualité et que les dix dernières pages sont un véritable morceau d'anthologie. Audacieux à plus d'un titre, l'ouvrage se joue de la censure omniprésente qui ne permet guère d'oser des comparaisons avec des ministres en exercice, sauf en décalant les dates. Et si les employés décrits dans l'œuvre éponyme, sont ceux du ministère des Finances, Balzac se garde bien d'en faire état dans l'ouvrage. Le lecteur ne le comprend que dans une suite qui s'intitule *Les Petits bourgeois.* L'auteur donne pourtant une peinture assez précise de l'administration de la période, et du fonctionnement d'un ministère, à commencer par le ministre lui-même, Villèle, dont il n'hésite pas à donner les émoluments et les indemnités : 156 000 F de traitement annuel (500 000 €) et 25 000 F d'indemnités de déplacement sous la Restauration (un peu moins de 6 000 €) contre, indique Rémusat dans son *Journal*[30], 80 000 F et 10 000 d'indemnités sous la Monarchie de Juillet. Quant aux fonctionnaires dans les ministères parisiens, il y en a, à la fin de la Restauration, 5 000 dont 88 aux Affaires étrangères, 87 à la Justice et plus de 3 000 aux Finances, ce qui explique le choix de Balzac pour cet important ministère.

Il est vrai que le sujet passionne déjà. Car si les fonctionnaires sont une invention de l'Empire, le premier XIXe siècle ne se prive guère de lancer une véritable armée bureaucratique à l'assaut de l'État. Si bien que cela entraîne, dès les années 1820, des projets de réformes pour juguler la paperasserie et réguler la centralisation excessive. *Nihil novi sub sole* ! On se reportera aux *Recherches statistiques pour la ville de Paris et le département de la Seine* de 1824, sous la direction du comte de Chabrol, préfet du département, pour donner un chiffre sur les traités à la Rabourdin : dans le « Tableau systématique des ouvrages qui ont été imprimés pendant l'année 1824 » — l'année de l'action — dans la Section « Sciences et Arts », le pourcentage des traités d'« Économie politique, pour l'administration politique » était de 22, 4 pour la Médecine, 2 pour les Mathématiques. En 1825, Ymbert, dans l'*Encyclopédie moderne*, précise dans son article, « Bureaucratie », que celle-ci, c'est-à-dire la puissance de l'administration, naît immanquablement de l'énormité de l'impôt : « Le gouvernement constitutionnel qui réduit ses impôts réduit nécessairement sa *Bureaucratie*[31]. » Balzac, qui a probablement lu l'article, ou en a entendu parler, est du même avis : « autrefois, sous la monarchie, les armées bureaucratiques n'existaient point », écrit-il dans *Le plan Rabourdin*, publié dans *La Presse*, le 2 juillet 1837.

Employer peu de monde, supprimer les pensions, pour augmenter les traitements sans augmenter les dépenses, tel est le plan Rabourdin qui voit dans « le problème à résoudre, un meilleur emploi des mêmes forces[32] » afin d'équilibrer le budget. Le fonctionnement des bureaux devient de ce fait, plus efficace et les décisions à l'évidence plus rapides, précise Balzac. Il s'agit ensuite de prendre des employés jeunes, de les former et de les garder longtemps avec des honneurs et des emplois intéressants. « Entièrement composée de petits esprits, la Bureaucratie mettait un obstacle à la prospérité du pays... s'épouvantait de tout, perpétuait les lenteurs, éternisait les abus qui la perpétuaient et l'éternisaient elle-même[33]. » On se croirait vraiment dans un roman d'anticipation ! D'autant que la méthode de Balzac est déjà partagée par le publiciste Girardin (impossible de savoir qui en a l'antériorité). Enfin, outre la réduction du nombre des fonctionnaires, tous deux insistent sur le fait qu'il faut ramener le nombre de ministères à trois !

Mais Balzac va plus loin et, pour faire bon poids accompagne sa réforme de l'administration, d'une réforme financière et d'une réforme de la fiscalité. Car tout se tient, déclare-t-il. Pour ce qui concerne la réforme financière, il est probable qu'il s'est largement inspiré d'Ouvrard, le conseiller financier du duc de Richelieu, et spécialiste du *crédit*. Comme celui-ci en effet, il propose de supprimer la contribution foncière et de la remplacer par des impôts à la consommation, « car selon lui, la consommation était l'unique matière imposable en temps de paix[34] ». Comme lui également, Honoré suggère à plusieurs reprises que l'argent doit circuler. Et Rabourdin-Balzac, qui a l'imagination fertile, en fait un « arrosoir : plus il puise et répand l'eau, plus un pays prospère[35] ». Enfin, fondamentalement hostile, à nouveau comme Ouvrard dans son *Mémoire adressé au gouvernement* en 1819, aux « nationalisations », Balzac suggère que, l'administration soit gérée comme une entreprise, avec bénéfices d'exploitation et fidélité de paiements... Déjà ! Pour compenser, il faut recourir à l'Emprunt, car, il pense (Ouvrard et Girardin aussi) que l'Emprunt est un bon moyen d'avoir le fonds de roulement nécessaire, et que l'impôt unique est le moins inique lorsqu'il est proportionnel aux revenus[36].

La dernière réforme concerne précisément les impôts. À présent, dit Rabourdin, les employés émargent au budget alimenté par les impôts, de sorte qu'en retour, ils sont nécessaires, pour faire rentrer les impôts. Réformer la fiscalité, c'est donc réduire la machine administrative. Cette question est assurément d'actualité puisque, dans les *Mémoires d'un touriste* parues en 1838, Stendhal, lui aussi se plaint de la bureaucratie et, tout comme Balzac, propose la réduction du personnel et l'augmentation des traitements. Mais Balzac va plus loin, déclarant que non seulement les effectifs de la bureaucratie sont pléthoriques, mais qu'il faut aussi réformer l'administration. Ce qui s'inscrit dans la ligne que le comte de Chabrol avait indiqué en mars 1830, dans son *Rapport au Roi sur l'administration des finances* : après les suppressions de postes, et des caisses spéciales, « la concentration sur un même point des diverses parties de l'administration des finances, précédemment établies dans plusieurs hôtels, a permis d'exercer un contrôle non moins sévère sur les dépenses de matériel, et de réduire les frais de loyers, de réparations de bâtiments, de chauffage et d'éclairage, d'entretien du mobilier, d'impressions et de fournitures de bureaux, d'une somme annuelle qui ne s'élève pas à moins de sept cent mille francs[37] ». Or pour Balzac, « Economiser, c'est simplifier. Simplifier, c'est supprimer un rouage inutile[38]. »

On pourrait multiplier les exemples, mais force est de constater, à l'issue de cette lecture délectable autant que déprimante, que les problèmes de société au premier XIXe siècle ne sont guère éloignés des nôtres, et qu'il serait plus que temps de les résoudre. Résumons-les : décentralisation nécessaire (argument légitimiste)- justice ou non de l'impôt sur la consommation- bien-fondé des nationalisations ou des super ministères- extension du service public- croissance de la paperasserie- dilution des responsabilités- blocage de l'action par ce que Balzac appelle avec saveur les « parlottes ».

4 – *Place de l'éminence grise*

Comment progresser dans sa carrière sans intriguer ? Comment évoluer, sans susciter la peur de ses collègues ou de la hiérarchie ? Faire preuve de compétence suffit-il ? Dans le monde de l'entreprise contemporaine, et plus particulièrement dans le pôle de gouvernance, on ne manque pas de pointer le rôle parfois prépondérant des éminences grises dans les prises de décision. Elles sont déjà fort nombreuses dans l'œuvre balzacienne, autant que les « OPA hostiles ». La convoitise, avatar de l'ambition négative, en est la principale instigatrice. Balzac, qui a la manie du complot, dresse plusieurs portraits d'hommes de l'ombre, en particulier dans *Histoire des treize* dont on aperçoit, après coup d'ailleurs, la faible efficacité, même regroupés en société secrète : Montriveau échoue à s'emparer de la duchesse de Langeais, de Marsay ne capture nullement « la fille aux yeux d'or » et Clémence Desmarets meure. S'il attribue, au final peu de crédit aux agissements de ces criminels au petit pied, il n'en va pas de même pour la cuisine secrète de la banque, de la justice ou de la politique : Nucingen s'empare de l'argent qui lui a été confié, des Lupeaulx tire les ficelles et dirige en secret le ministère dans *Les Employés,* tandis que dans *Illusions perdues,* il est celui qui abuse et perd Rubempré. Ajoutons comme autre exemple entre cent, que la présidente Camusot qui a fait sauter le procureur général Granville, a jeté son dévolu sur les biens de Pons et ne recule devant rien pour s'en saisir. De fait, comme dans la société réelle, les « éminences femelles » ne manquent guère dans l'œuvre. Ce qui frappe surtout dans les romans balzaciens, c'est la complexité des compromissions, des machinations, des intrigues menées par les personnages de l'ombre, qu'elles soient d'ordre public ou privé. En général, tout se mêle. Mais on note le rôle prépondérant des éminences grises, que ce soient des femmes d'influence, comme la marquise d'Espard, Mme de la Chanterie, ou bien les ronds de cuir que l'auteur compare à des « tarets », ces mollusques vermiformes qui rongent le bois immergé et qui s'unissent avec succès pour agir sur « l'envers de l'Histoire contemporaine ».

Dans *Les Employés*, deux puissances s'affrontent : le groupe (les tarets) et l'individu (Rabourdin), et incontestablement, c'est la coalition qui triomphe. Apparemment cependant, c'est l'éminence grise des Lupeaulx qui dirige et contrôle le ministère, pour une première raison : les ministres passent et les secrétaires généraux restent, surtout quand ils sont en possession de secrets et dirigent la presse en sous-main. Mais, comment est-il parvenu ? « Égoïste et vain, souple et fier[39] », des Lupeaulx est non seulement flatteur et écouteur mais discret. En se chargeant de missions délicates et compromettantes, il est la femme de ménage du pouvoir, et s'occupe des transactions entre les hommes, entre les choses, et entre les faits accomplis, dit Balzac. Aussi est-il non seulement l'homme indispensable, mais le véritable gouvernant de cette machine. Ayant pour mission de trier les conseils et les idées, comme le prince de Wagram pour Napoléon, il connaît tous les secrets de la cuisine parlementaire : il raccroche les tièdes, porte, rapporte ou enterre les propositions, et formule admirable, dit « les non » ou les « oui » que le ministre n'ose prononcer. C'est dire que l'éminence grise se substitue entièrement au pouvoir en place. Pareil à Crevel, qui se plaît à humilier la vertueuse Adeline Hulot, il se délecte à l'idée de rouler la fière Rabourdin. Mais à y regarder de plus près, il est lui-même manipulé par un groupe de pression orchestré par la vraie femme supérieure, Élisabeth Baudoyer qui n'hésite pas à acheter la promotion de son mari, en offrant un ostensoir à la paroisse. De fait, qui manipule qui ? Les usuriers de des Lupeaulx qui lui proposent de lâcher Rabourdin en échange d'un mandat électoral ? Le ministre qui lui offre d'apurer ses dettes contre sa candidature ? Ou bien l'administration qui, dès lors, secrète la médiocratie ? À en croire la fin, c'est bien elle, puisque le médiocre Baudoyer devient percepteur à Paris, ainsi que Colleville et que des Lupeaulx est fait comte. Grâce aux vertus de l'immobilisme, elle instaure la tyrannie douce d'une majorité qui bénéficie de prébendes : il ne suffit plus de réussir, il faut encore que les autres échouent :

> « Que voulez-vous ? la machine est montée ainsi, il faudrait la briser et la refaire ; mais qui donc aura le courage en présence de la Tribune, sous le feu des sottes déclamations de l'Opposition, ou de terribles articles de La Presse ?[40] »

constate le ministre qui, seul, reconnaît son erreur mais trop tard. Le groupe de pression a remporté la bataille, lié par des intérêts personnels convergents que sait factoriser l'administration, instrument de « haut coulage légal », et qui craint les changements mettant en danger ses acquis. De fait, le groupe se compose des profiteurs du système, primitivement serviteurs de l'État et qui, par un effet pervers, mettent celui-ci en coupe réglée. Et si Balzac fustige le bourgeois dans son œuvre, c'est qu'il a compris que ce *deus ex machina* sait instrumentaliser l'argent, que ce soit Élisabeth Baudoyer pour faire plier l'église, le ministre pour faire céder des Lupeaulx, des Lupeaulx pour obliger le ministre à rembourser ses dettes, etc. Le bourgeois balzacien rejoint alors celui de Molière qui croit pouvoir tout acheter avec son or, ou plus exactement qui croit que tout se vend, mais dans la France romantique, il est devenu fonctionnaire !

Des Lupeaulx, roué politique, est un homme d'esprit intrigant, qui s'inspire d'un personnage réel, Joseph Lingay, secrétaire de la Présidence du conseil de 1831 à 1839, que Balzac et Stendhal ont bien connu. Pensionnaire de tous les fonds secrets, ce dernier avait un dossier fort épais au Ministère de l'Intérieur concernant ses reconnaissances de dettes, ses activités officielles et occultes. Sa candidature de centre gauche à Joigny, curieusement, semble dissiper ses dettes. Des Lupeaulx, comme Lingay[41], parvient à diriger le Ministère à la place du ministre lui-même :

« petit prince de Wagram, de ce Napoléon ministériel[42] », il finit comte, député, et secrétaire général le la Présidence du Conseil. L'un et l'autre, mieux utilisés peut-être, auraient pu servir la prospérité de la nation, de leur journal ou de leur ministère. Honoré impute ce gâchis de compétences, aux dirigeants qui ne savent point faire éclore les méritants. C'est de fait, au bon gouvernant d'insuffler cette dynamique, de l'imposer s'il le faut, par une autorité naturelle et un sens de la responsabilité : le journal de Lousteau est une feuille à chantages et à ragots sans loyauté, et le ministre de Des Lupeaulx, étant éphémère, se contrefiche de son ministère, et préfère intriguer au gouvernement plutôt que de le gérer. Au reste, et au fur et à mesure que le temps passe, Les qualités intrinsèques de Rastignac décelées dans *Le Père Goriot et dans la Maison Nucingen*, savoir-faire, autorité naturelle, sens de la loyauté, sens de la responsabilité, sont de moins en moins sollicitées. Il se sert surtout de son entregent pour placer des pions sur un échiquier truqué.

Confidents, conseillers secrets, lieutenants, taupes, sont des gens dangereux pour qui ne sait pas les liens spéciaux qu'ils ont bâti, et qui se confierait dans un élan de naïveté à cette éminence. Dans les allées du pouvoir quel qu'il soit, plus le niveau est élevé dans l'organigramme, plus la politique compte : s'entourer de gens de toute confiance devient vital pour survivre. C'est précisément ce qui manque à ce pauvre Rabourdin : non seulement il est dépourvu de soutien, hormis celui de sa femme, mais de réseau, et apparaît très isolé au sein du ministère. D'autant qu'il s'est déjà fait souffler la place une fois. Le principe démontré par Balzac est qu'il faut savoir bien décrypter les relations de pouvoir, au sein du monde professionnel. Qui fait bouger les choses ? Qui est promu ? Qui prend les décisions ? Quelles sont les stratégies gagnantes ? Si Rabourdin a raison de préparer un plan de réforme, il a tort de ne pas demander la promotion désirée auparavant, en donnant plus de visibilité à ses états de service.

L'essentiel

De la stratégie d'engagement à la stratégie de contrôle

◆ *Initiative*

Il n'est pas interdit d'en avoir, mais votre position n'est plus la même. Désormais c'est vous qu'on sollicite. Filtrez donc les importuns mais sachez aussi tirer parti d'un entretien. N'en donnez jamais au cours d'un dîner, mais tendez plutôt votre carte professionnelle. Sachez cependant repérer la rencontre fortuite, en faisant savoir que vous recrutez : le liftier est peut-être un étudiant, docteur en gestion qui finance ses études : « le hasard est le plus grand romancier du monde »*, selon Balzac.

◆ *Offensive-attente*

Il ne s'agit plus de s'imposer. Vous y êtes ! Il faut maintenant anticiper. Soyez plutôt dans l'attente de propositions de vos collaborateurs. Ce sont eux qui doivent faire avancer les mémo-innovations. À vous d'en assurer le suivi et de les relancer régulièrement. En revanche, anticipez les mouvements de vos concurrents en les devançant dans leurs initiatives. Il faut toujours avoir un coup d'avance. Rastignac place un pion comme de Trailles pour contrer l'offensive de l'opposition, etc.

◆ *Affrontement-recrutement*

Celui que Rastignac a connu dans ses débuts avec Vautrin et Nucingen est loin derrière. Il s'agit à présent d'utiliser son ascendant, ses convictions pour recruter. Ne parlez pas trop : Rastignac observe plus qu'il ne parle et prépare ses entretiens.
Contrôle : déléguer. Plus qu'à votre ascendant, à votre transparence, c'est grâce à votre enthousiasme, à l'émulation, à votre incitation au dépassement, qu'une mission confiée à un tiers réussira. Jouez sur le phénomène d'induction et sur la provocation comme Rastignac. Mais contrôlez les résultats.
Contournement : autorité, charisme, bonne argumentation, combativité qui étaient les vertus du jeune Rastignac sont toujours là mais elles se doublent à présent d'un esprit de méthode qui planifie avec minutie comme Benassis et Rabourdin. Quant au contournement : « les ambitieux

* « Avant-propos », Pl. I, p. 11.

doivent aller en ligne courbe, le chemin le plus court en politique »*. Une des règles fondamentales, en gouvernance, est de dissimuler sa combativité. Négociez par le contournement.

◆ *L'art du compromis*

On a vu avec « le boulet de canon », qu'en réalité il convenait d'attendre le bon moment pour frapper vite et fort. Voici quelques conseils fondés sur la méthode Rastignac : demeurez sur la réserve, laissez venir, Pratiquez l'écoute calculée, l'appui sur l'autre, et faites levier. Progressez par contournement : progression par détours, approche par suggestions, travail par dévoilements successifs, habileté, tact, ruse, patience, opportunisme. Créez les conditions de non-antagonisme : coopération, jeux d'alliance, gestion du flou, suspense, souplesse, finesse, nuance, esquive. Exploitez les failles pour contre-attaquer. N'hésitez surtout pas à utiliser toutes les recettes.

* De Marsay, dans FE, Pl. II, p. 306.

CHAPITRE XI

PROSPECTIVE BALZACIENNE

Un chef d'entreprise ne se contente pas de gérer ce qu'il produit, il en explore tous les possibles et innove sans cesse. Il doit par ailleurs, à l'aide de marqueurs spécifiques, anticiper, prévoir et conduire le changement plutôt que de le subir.

Lieu d'information, de fabrication, mais aussi de recherche, l'œuvre balzacienne est l'espace privilégié de l'expérimentation de la société et de son harmonie. Elle inaugure en effet un nouveau type de pensée du langage comme liberté : liberté de faire une expérience imaginaire, liberté de délibérer moralement du pour et du contre incarnés par des personnages ambivalents qui s'affrontent, liberté de choisir. Car ce qui fait le succès de l'œuvre, réside dans l'exploration des possibles : ses romans sont, pour la plupart, des romans expérimentaux, bien avant Zola. C'est ainsi qu'ils soulignent l'exaspération de certaines passions comme l'envie, l'individualisme, la vanité, stigmatisent l'indifférence et l'hypocrisie, et annoncent la société matérialiste.

En cette période de mutation que constitue le premier XIXe siècle, par cette démarche novatrice et entrepreneuriale, Balzac travaille de fait sur plusieurs chantiers : celui qui instruit les hommes, comme il l'indique dans son « Avant-propos », celui qui les réconcilie en construisant un lien social, celui qui les prévient contre un conformisme collectif médiocre, et fondé sur le matérialisme qui pointe, celui qui les fait réfléchir à une éthique adaptée et nécessaire à la société révolutionnée, celui qui prévoit. Car comme il le souligne dans la « Préface » des *Employés*, « indiquer les désastres produits par les changements de mœurs est la seule mission des livres[1] ».

1 – La Comédie humaine *et l'aventure économique*

Pour qu'une entreprise soit efficace, elle doit être au fait des nouvelles techniques, à l'aide de veilles technologiques et concurrentielles. S'informer en permanence est devenu une nécessité.

Balzac naît peu après la plus formidable révolution que l'homme ait connue depuis le néolithique, bien plus bouleversante que celle de la France : la révolution industrielle. Les spécialistes ne sont guère d'accord entre eux sur le décollage de cette affaire pas plus que sur les causes. Jean-Pierre Rioux déclare que le « *take off* » n'intervient pas en France. L'industrialisation est prudente, par étape, par conquête du marché rural, puis du marché urbain, avec une utilisation systématique de la main d'œuvre artisanale et domestique, car le marché potentiel est difficile à trouver, à l'image en quelque sorte du petit bourg développé en Dauphiné par le médecin Benassis, sorte de manuel de base. Il y a bien quelques bourgeonnements capitalistes du côté de Saint-Étienne, d'Alès ou de Decazeville, mais c'est surtout à partir de petits foyers mi-agricoles, mi-artisanaux, que se greffe la manufacture moderne.

Il n'empêche qu'en admirable témoin de son temps, Balzac nous renseigne de façon bien plus plaisante que les exposés arides des experts, sur la révolution industrielle. Rien n'est plus amusant que de déceler dans les descriptions balzaciennes apparemment digressives, son souci d'informer sur son époque et les problèmes d'actualité. L'œuvre fourmille d'idées et Balzac s'intéresse à tout. Rappelons qu'il dissèque un ouvrage qui paraît en 1827, sur les *Forces productives et commerciales de la France*, publié par le baron Charles Dupin et qu'il cite à plusieurs reprises ; il s'intéresse également au saint-simonisme qui voit dans le développement de la production, le progrès pour l'humanité et lit avec passion *L'Industrie* et la *Parabole* publiés en 1819 par Saint-Simon. L'idée que l'organisation sociale doit être revue, et que les savants, les artistes, les inventeurs les industriels sont plus utiles que les puissants, les militaires, les propriétaires et les rentiers se retrouve d'ailleurs dans la définition du « Gouvernement moderne » et dans le deuxième chapitre de *la Duchesse de Langeais*, entre autres. L'idée de lutte des classes apparaît également en plusieurs ouvrages balzaciens, et s'inspire très probablement de la *Doctrine de Saint-Simon*[2] de 1829. Aussi bien utilise-t-il d'autres ouvrages savants, les *Annales agricoles* de Dombasle sur les systèmes d'irrigation pour *Le Médecin de campagne*. Benassis utilise la loi Thiers qui vient d'être votée sur les chemins vicinaux et départementaux, parle d'industriels, de producteurs, de consommateurs. Tandis que *Le Curé de village* exhibe en quelque sorte les « travaux d'intérêt général », dans l'expiation utile de Véronique Graslin, et la nécessité des barrages. Balzac n'hésite pas non plus à se servir d'un rapport sur les manufactures de Rouen et sur l'industrie lainière française de Sedan. En parcourant *le Médecin de campagne* rédigé en 1834, on peut vérifier en quelque sorte que la dynamique économique française, contrairement à l'Angleterre, s'appuie sur des micro-entreprises diversifiées par exemple, et sur l'économie de colportage.

Ainsi renseigne-t-il sur les pratiques agricoles, sur les nouvelles machines, les moyens de production, les innovations techniques ou l'industrie textile comme dans cette longue phrase mentionnée par Charles Dantzig et qui voit derrière le velours le système de production en France :

> « dans un des plus beaux hôtels de la rue Neuve-des-Mathurins, à onze heures et demie du soir, deux femmes étaient assises devant la cheminée d'un boudoir tendu de ce velours bleu à reflets tendres et chatoyants que l'industrie française n'a su fabriquer que dans ces dernières années[3]. »

2 – *Faire de la prospective*

À l'aide de cette sorte d'embryon sociétal que constitue le type, voire le mythe social, est anticipé par Balzac et mis en œuvre romanesque l'homme social de demain, le tableau prophétique que Tocqueville brosse un peu plus tard mais avec autant d'ampleur et de finesse dans *la Démocratie en Amérique*. Le romancier donne à voir comment les temps démocratiques vont recomposer toutes les relations humaines, y compris la relation que chacun entretient avec soi-même. Mais il va bien au-delà.

Pour le dire autrement, les romans balzaciens en partant du réel sont des romans-laboratoires qui donnent à voir les conséquences des données réelles par une modélisation négative. Et c'est souvent une pointe sèche à la Monnier qui donne à voir les causes de la situation actuelle, les échecs et les dangers à venir d'une société matérialiste. Un exemple parmi d'autres : les dangers de la spéculation. On voit bien dans *César Birotteau,* et *La Maison Nucingen* l'habileté balzacienne qui consiste à la fois à dénoncer à rebours, les dangers de la spéculation dès « 1830 » et à annoncer dès 1836 les désastres qu'elle va effectivement provoquer en 1847, avec la spéculation boursière sur les chemins de fer. « Il n'y a rien de fantastique. Nous n'imaginons que ce qui est, ce qui sera ou a été », note Balzac dans son carnet[4]. *La Comédie humaine,* « culture d'entreprise » ? Assurément en ce qu'elle interroge le lien sociétal, les bonnes pratiques individuelles et collectives, les conséquences de tel ou tel comportement.

C'est donc bien plutôt en prophète du lendemain comme l'indique Desnoyers dans son oraison funèbre de 1850, qu'il s'interroge sur une classe moyenne (« intermédiaire ») à laquelle rêve Guizot, nous l'avons dit, pour soutenir sa politique juste-milieu. Cette approche, si elle a le mérite de rencontrer l'adhésion du public, ressortit à une anticipation qui tient, nous l'avons montré, de l'imaginaire social même s'il est ancré dans les faits. Soucieux de classifier d'une part, et d'autre part, ressentant des sentiments contradictoires à l'égard de la commercialisation de la littérature, comme le souligne Sarah Maza[5], il adhère au fantasme romantique sur une possible dégradation de l'art et des mœurs, à cause de l'égalité niveleuse. Cette crainte du marché s'incarne à maintes reprises dans des personnages comme Louis Lambert qui refuse de prostituer sa pensée en la publiant, dans *Les Martyrs ignorés*, ou bien Pierre Grassou dont le nom évocateur indique le mépris que ressent l'auteur à l'égard de la peinture industrielle. Elle culmine avec le commerce-roi de *Splendeurs et Misères des Courtisanes* rédigé de 1835 à 1847 ! Dans cet ouvrage fondamental pour qui veut comprendre l'impact de l'idée d'égalité sur la société balzacienne, on voit Lucien de Rubempré négocier sa maîtresse et prostituée Esther, sa femme, ses faveurs ; on assiste aux acquisitions frénétiques des richesses et à la récurrence des sommes mentionnées pour acquérir femmes et jeunes filles comme des pouliches de concours. Et c'est peut-être dans ce récit où la vulgarité triomphe, que le cri universel de l'argent s'entend le mieux, même chez les duchesses qui se comportent comme des courtisanes et inversement. Aussi ne doit-on pas s'étonner si l'écrivain qui partage d'ailleurs cette peur de l'inconnu et du marché avec les autres artistes de la période, personnifie cette crainte et lui donne corps en façonnant un mythe social, le bourgeois littéraire. Pour autant il ne l'invente pas. Cependant, le personnage du parvenu ne semble guère attirer l'attention du critique ou du lecteur en 1835, par exemple. Parce que très probablement il ne fait guère question à ce moment là. Il faut attendre 1843 pour que *le Charivari* insinue que Rastignac est de fait Balzac. Aussi peut-on s'interroger sur la réalité de pareille création. Faut-il y voir alors un roman d'anticipation ? C'est que la période est minée par le flou et la disparité des conditions sociales, ce qui alimente l'imaginaire et suscite toute une contestation. Si certains parlent de « classes sociales », il n'est pas sûr que l'expression soit forcément adéquate comme l'a bien montré Mona Ozouf. Que recouvre en fait ce vocable ? Rien n'est plus imprécis, même s'il est mis à la mode par Augustin Thiérry et Guizot. Autre exemple, la bourgeoisie précisément qui est présentée tout à tour comme une « classe », comme une caste, voire comme un territoire privilégié, une zone urbaine comme dans *La Duchesse de Langeais*, mais que l'écrivain peine à distinguer de l'aristocratie et des classes moyennes. C'est tout un imaginaire social qui s'alimente aux visions caricaturales d'un Daumier, d'un Monnier, et aux *physiologies* pseudo scientifiques d'un Cabanis et d'un Lavater, qui se donne à voir dans les œuvres de Balzac. Comment ignorer ses clichés lorsqu'il s'agit de rendre compte de l'homme en société ? Aussi se gardera-t-on de voir les types comme des catégories socioprofessionnelles. A trop vouloir faire entrer l'*homo socialis* ou l'homme au travail dans des cadres prédéfinis, on court à l'erreur car Balzac le montre bien, il les dépasse presque toujours *in excellentia*. C'est sa gloire et sa misère. Typique, archétypique et atypique, telle pourrait être à vrai dire la meilleure définition du mythe social balzacien. C'est vrai de Vautrin, criminel séduisant et manipulateur, *Satan social* et « père exemplaire », pour Lucien le poète, qu'il aime vraiment, de Rastignac, ambitieux et « gouvernemental », profondément altruiste, de Birotteau, commerçant parvenu, probe et juste, d'Esther, courtisane au grand cœur et à la pureté « virginale » d'une Marie-Madeleine, etc. Ils échappent presque tous à Balzac qui refuse de se résoudre à la recette pseudo scientifique à laquelle il avait à première lecture sembler vouloir céder. Si l'écrivain semble donner raison au goût du public pour le type dans un premier temps c'est dans une seconde lecture pour mieux le subvertir, et lui conférer la dimension mythique que l'écrivain continue de voir en tout être humain, dans la société du temps, et qui échappe sans cesse à sa condition. Mieux vaut alors considérer le mythe social comme l'incarnation dans le temps des dangers que contient en germe la démocratie. Pendant du modèle théorique que Tocqueville brosse en 1840 de la démocratie dans le second volume *De la Démocratie en Amérique*, *La Comédie humaine* est largement prémonitoire, même si la lutte des classes prédite par Balzac et par Marx se déroulent *in fine*, ailleurs.

3 – *Un pionnier en passions démocratiques*

Qui, parmi les hommes, qu'ils soit décideur, entrepreneur, employé, artisan, commerçant et créateur n'a besoin d'en savoir plus sur l'homme, pour réussir, progresser, s'épanouir ? En particulier sur ce qui le motive, le freine, sur ses passions. Manager, c'est, entre autres, connaître les ressorts de la nature humaine mais aussi reconnaître les mauvaises pratiques, et leurs causes, pour les prévenir ou les changer. C'est déchiffrer, comme Balzac, inspiré de l'*homo duplex* de Buffon, l'homme complet, ses motivations, son réel et son imaginaire tel qu'il les vit en société. D'autant que comme Rabelais, prêtre et médecin, il se veut « Docteur en médecine sociale », ainsi qu'il l'écrit dans l'envoi des *Parents pauvres*. Précurseur du docteur en médecine[5] du travail, il écoute et ausculte l'homme en société. Mais en poète, et en créateur, il en cherche le principe, ce qui l'anime et en moraliste, il en pointe les tendances. Chez un visionnaire comme lui, l'intuition est même capitale, car elle double l'observation. Or Baudelaire le souligne, Honoré le raconte, il est une sorte de voyant. Si bien que le roman balzacien est un espace observable certes, mais aussi un espace des possibles ou, en condensant des éléments disparates, il discerne l'avenir. Si l'auteur fait éprouver l'Histoire, il fait en sorte que son œuvre contienne aussi des choses qui germeront longtemps après lui. En somme il écrit pour être lu plus tard, en 2010 ou 2100.

Nul mieux que Balzac n'a mis en œuvre les dangers de la démocratie niveleuse que sont l'individualisme, l'indifférence, la cupidité, et l'envie. Ses romans sont de ce fait d'un apport inégalé pour l'entreprise, car ils décrivent et annoncent les passions démocratiques exacerbées par l'égalité, leurs effets pervers et suggèrent en creux comment les prévenir.

On peut par exemple s'amuser à appliquer une grille de lecture strictement économique à la pension Vauquer, cet établissement de dernier ordre du *Père Goriot*. Cette sorte de petite entreprise médiocre « où suinte la spéculation » dit Balzac, végète, gérée plutôt mal que bien par Mme Vauquer, personne sans cœur, à l'intelligence modeste, et qui modèle son attitude sur les apparences sans chercher à les approfondir. C'est ainsi qu'elle s'attache aux valeurs « vitrine » démagogiques et incantatoires d'un manipulateur, Vautrin. Il faut dire que ce » fameux gaillard » propose ses services à chacun et n'est pas en reste pour déclarer « ça me connaît », quand il s'agit de régler les problèmes. Les pensionnaires séduits eux aussi par ces pratiques pourtant douteuses, se laissent tromper par ses flatteries par son argent facile et par les fausses valeurs qu'il propage. Tout ce petit monde s'installe dans un *statu quo* fondé sur le mensonge et l'opacité sans trop chercher à en savoir davantage. Survient Rastignac. C'est alors qu'en moins d'un an, et au lieu de se conformer à la fausse harmonie qui y règne et à ses valeurs frelatés, il provoque un changement si radical dans cet établissement qu'il le fait imploser. La pension doit fermer faute de pensionnaires, c'est-à-dire de clients. Rastignac bouscule si rapidement les habitudes et les comportements, en mettant au jour les déviances et les scandales et en faisant éclater la vérité sur Goriot et sur la véritable personnalité de Vautrin, la brutalité de la transformation est telle qu'elle mène droit à la destruction et non à une « restructuration » devenue impossible. Voilà le résultat du « court-termisme » selon Balzac : faillites et fermeture !

Dans « les beaux ouvrages dus à quelques cerveaux [...] les idées vivaces régissent deux ou trois siècles[6] » remarque l'écrivain. Et peut-être faut-il voir là une explication du succès jamais démenti du *Père Goriot*, véritable condensé de toutes les passions négatives exacerbées par la société moderne. On notera par exemple que les pensionnaires de la pension Vauquer, représentatifs de la « société complète » selon l'auteur, résument ces dérives : ce ne sont, dit-il, que « cœurs desséchés, dents avides, faces froides et dures ». Le « chacun pour soi » et une « indifférence mêlée de défiance », y sévissent en maître. Aucun ne se donne la peine, par exemple, de s'interroger sur les malheurs réels ou supposés du voisin. La cupidité et l'hypocrisie régissent l'essentiel de leurs actions : la Mère Vauquer fait des grâces à Goriot pour l'épouser et ainsi s'emparer de sa pension, Victorine Taillefer n'a d'intérêt que parce qu'elle représente un juteux héritage, quant à mademoiselle Michonneau, si elle consent à démasquer un dangereux criminel, ce n'est pas par civisme mais par appât du gain (3 000 F). Tout n'est que jalousie du voisin et convoitise de ce qu'il possède. Du haut en bas de l'échelle sociale, « la soif d'envie » règne sans partage. Et c'est précisément ce désir que Balzac souhaite dénoncer derrière le mouvement d'égalisation de la société des temps démocratiques. Ayant la conviction que la soif d'égalité cache en réalité un désir d'envie, car « le Français gémit toujours de voir tant d'heureux au-dessus de lui[7] », il tente d'en dénoncer les effets, dans ses articles et dans toute l'œuvre. Balzac et Tocqueville ne sont certes pas les seuls à s'interroger sur cette passion. Sans être un cliché, il s'agit d'un leitmotiv : Delphine de Girardin elle-même s'inquiète du danger de « ce besoin d'égalité qui dévore tous les orgueils et dont la susceptibilité ridicule commence à dégénérer en monomanie » dans *La Presse*, du 13 septembre 1839[8].

Ne voit-on pas la « soif d'envie », s'exacerber dans *Les Parents pauvres* « être comme » saisit la cousine Bette, Crevel, Steinbock, Valérie Marneffe, aussi bien qu'Hortense Hulot, qui rêve de prendre la place de Bette. L'égalitarisme devient alors une attitude négative qui engage l'individu et même le groupe par contagion, dans des stratégies stériles comme Pons qui collectionne au lieu de créer, répétitives et mauvaises, à l'image de la Cibot, Fraisier, Vivet, Rémonencq. Empêcher l'autre de réussir est la manifestation la plus extrême de l'égalitarisme. On en a une démonstration éloquente avec Rabourdin, en voici une autre dans *Une Fille d'Ève* où Blondet, Finot, Lousteau, Vernou et Massol se liguent avec Rastignac et du Tillet contre l'écrivain Nathan, éprouvant « des jouissances infinies à contempler l'agonie de l'un de leurs égaux, coupable d'avoir tenté d'être leur maître[9]. » Pour Balzac et Tocqueville, il est clair qu'empêcher l'autre de réussir est l'exaspération ultime de l'envie et d'un égalitarisme mal compris[10].

Le désir d'envie ou de se comparer et l'excessive vanité sociale qui en découlent, abondent dans l'œuvre balzacienne. Lucien de Rubempré est un personnage très significatif de la période, dès lors qu'il est le revers de Rastignac et la victime consentante la plus prégnante des dérives démocratiques. Lucien Chardon-de Rubempré, produit des temps démocratiques, et héros malheureux des deux volumes *Illusions perdues* et *Splendeurs et misères des courtisanes*, en donne à voir les défauts essentiels. Ces manques, quels sont-ils pour l'auteur ? Orphelin comme bon nombre de ses frères balzaciens, il apparaît d'abord comme un homme bancal, parce que sans filiation, sans exemple. Un pied dans chaque monde, hybride, mi-aristocrate, mi-bourgeois, un peu poète, il ne sait où se situer sur l'échelle sociale et sur l'axe du temps. Déclassé, déraciné, il ne s'intègre nulle part et présente tous les stigmates de la période pour l'écrivain. Ajoutons, par parenthèse, qu'il annonce de surcroît les personnages de Barrès et « L'homme sans qualités » de Musil qui déclare : « Je ne peux plus participer à cette vie et je ne peux plus me révolter contre elle[11]. » Lucien, habité de désirs vagues, d'une mémoire intermittente, vit « à la ramasse », sans volonté véritable, faute majeure chez Balzac, nous le savons bien. Incapable de donner un sens à ce qu'il a lu parce que « l'Histoire enseignée dans les collèges est une collection de dates et de faits, excessivement douteuse et sans la moindre portée[12] », Rubempré est également veule. Dès lors, comment faire preuve de discernement lorsqu'on est dépourvu tout à la fois de colonne vertébrale, d'énergie et des clefs du savoir véritable ?

On remarque que, dès le début de son aventure avec Vautrin-Herrera, il se compare de façon caractéristique à Rastignac et déclare à Herrera lui montrant sa maison : « voici d'où est parti le jeune Rastignac qui ne me vaut certes pas, et qui a eu plus de bonheur que moi[13] ». Envieux lui-même, il se voit[14] dans ses rares moments de lucidité, « le jouet d'hommes envieux, avides et perfides » comme « un enfant qui court après les plaisirs et les jouissances de vanité, leur sacrifiant tout ; un poète sans réflexion profonde, allant de lumière en lumière comme un papillon, sans plan fixe, l'esclave des circonstances, pensant bien et agissant mal[15] ». On se reportera également à *La Cousine Bette*, ouvrage dans lequel, l'exacerbation des phénomènes mimétiques est à son comble et où la contagion de l'envie fait merveille, puisque chacun convoite ce que possède l'autre en une sombre spirale sans fin. Nulle part mieux que dans *La Comédie humaine*, n'aperçoit-on les dangers auxquels s'expose déjà une jeunesse sans racines, bercée par les rêves chimériques d'une période où tout paraît possible mais où rien n'est stable. Mal armé pour la vie, travaillé par les intérêts égoïstes d'une société concurrentielle, l'*homo socialis* balzacien ne peut que sombrer dans les passions démocratiques de l'arrivisme, de la vanité, de l'envie, sans pour autant avoir les capacités de forger son destin. Car, selon Balzac, les temps démocratiques sont loin d'être confortables. Ils exigent de l'homme une volonté et une énergie décuplées pour sortir du rang, et être un *primus inter pares*, et cela d'autant plus qu'il maîtrise de moins en moins les conséquences de ses actes.

Avec les années, et constatant une aggravation de la banalisation du mal et l'escamotage de la liberté au profit des intérêts matériels, Balzac le scientifique, affine encore sa réflexion, attribuant les causes non plus tant à l'exaspération des rivalités mais au fait que l'homme du XIXe siècle est perdu dans la multitude : ne pouvant *de facto*, jamais évaluer l'influence qu'il exerce, il ne peut apercevoir qu'après coup le mal qu'il fait, ce qui paraît bien pire. Cette perte de réalité, que l'on observe déjà chez le Raphaël de *La Peau de chagrin*, vient très probablement chez Lucien d'un désir de s'intégrer à la collectivité coûte que coûte, et lui fait méconnaître, oublier les actes sacrificiels qu'il a obtenus de sa famille, de Vautrin et surtout d'Esther. Du voyageur sans bagages, du Pygmalion sans idéal de 1830, on passe en dix années à un Narcisse, uniquement soucieux de son propre intérêt, et qui n'a pas la conscience de tisser un lien social, marque s'il en est d'une dégradation de la société. À la fois radicalement incomplète, puisque ignorante, et en état de manque permanent, ayant constamment besoin des autres pour exister, cette « jolie » figure a assurément de quoi inquiéter, et apparaît comme le frère-sœur romanesque de l'individu tocquevillien à la mauvaise mémoire, en proie au repentir périodique mais de courte durée : ce que d'Arthez, autre porte-parole de Balzac, voit « comme une grande absolution : une prime donnée aux mauvaises actions ». Aussi Rubempré, « voyageur sans bagages », devient-il une proie facile pour les prédateurs en tous genres comme Vautrin et les plaisirs faciles et interdits, et ne peut-il mener qu'un parcours erratique, conduisant au désastre final. Attiré d'abord par le milieu inédit du journalisme, lieu de la mémoire éphémère et du règne de l'instant, il ne tente même plus d'écrire et devient le medium mou du bagnard au sein de milieux ultra, figés dans le passé et d'où il est rejeté *in fine*.

Lucien finit d'ailleurs par se suicider à la suite de malversations, faute d'avoir su reconnaître les valeurs fondamentales de l'honnêteté, du travail, de l'amitié et de l'amour vrais, valeurs que Balzac ne cesse de promouvoir tout au long de l'œuvre comme les véritables antidotes d'une société corrompue et égoïste. La muse démocratique n'aurait-t-elle après tout qu'une « peau de chagrin », une socialité conduisant à un exil intérieur ?

4 – *Le mythe balzacien façonne la société*

L'avantage du modèle, c'est qu'il est une aide à penser, l'inconvénient, c'est qu'il est un piège à penser. Pour le dire autrement, la société nous modèle, selon la forme que nous lui donnons, et fréquemment à partir d'excès et d'exceptions. Efficace, parce que synthétique et fondé sur les faits, symbolique et prégnant, le mythe social balzacien exprime à la fois une réalité et un imaginaire ; concentrant en lui tous les symptômes de l'espèce, chaque lecteur y reconnaît de la sorte le sien. Miroir concentrique, certes, mais aussi miroir déformant, *La Comédie humaine* est un outil à la disposition de l'individu mais aussi de la collectivité. De ce fait, elle reflète ses angoisses ses craintes, elle les confirme aussi.

S'agit-il pour autant d'une cohérence clés en mains ? Ces approches croisées ne sont pas sans contradiction : car d'une part, Balzac classe et affirme que l'homme n'est pas assujetti à sa classe, mais à sa condition de mortel qui s'inscrit dans une filiation ; d'autre part son matériau est vivant et indéfini dans la mesure où l'homme pense et, par conséquent, est tout aussi fluctuant que la société, elle-même toujours en recomposition. En témoigne, à la période balzacienne, l'absence de remarque dans les journaux sur le personnage de Rastignac au moment de la publication du *Père Goriot* : tout se concentre sur Goriot et ses filles. Le personnage du parvenu ne semble guère attirer l'attention du critique ou du lecteur. Parce que très probablement il ne fait guère question à ce moment là. Et Il faut attendre 1843 pour que *le Charivari* insinue que Rastignac est de fait Balzac.

Dans la mesure où la vie expliquée et magnifiée est plus esthétique que l'original, il y a là un réel danger auquel sont confrontés les moralistes, et qui est souligné continûment par les critiques des romans depuis don Quichotte, et que reprend d'ailleurs Rousseau à son compte dans la « Préface » de La Nouvelle Héloïse : « L'on se plaint que les Romans tournent les têtes ; je le crois bien. En montrant sans cesse à ceux qui les lisent, les prétendus charmes d'un état qui n'est pas le leur, ils les séduisent, ils leur font prendre en dédain, et en faire un échange imaginaire contre celui qu'on leur fait aimer. Voulant être ce qu'on n'est pas, on parvient à se croire autre chose que ce qu'on est et voilà comment on devient fou ». Au reste, en 1824, triomphe au théâtre du Gymnase-Dramatique, une comédie-vaudeville qui s'appelle *Les Femmes romantiques ou Lord* et dans laquelle trois précieuses ridicules du XIXe siècle sont “atteintes de romantisme” et ne veulent épouser qu'un génie ». On mesure par ces exemples, la puissance d'assertion des mythes, à la fois bien réels et imaginaires, et qui parviennent à faire croire au lectorat que tous les ambitieux sont des Rastignac, tous les banquiers des Nucingen rapaces, tous les criminels, des Vautrin sataniques (Flaubert s'en souviendra, avec Emma Bovary). Le 28 juin 1887, dans *Le Voltaire*, Maurice Barrès va même jusqu'à écrire un article intitulé « La contagion des Rastignac », où il dénonce l'influence néfaste du personnage qui « a surexcité les nerfs et le cerveau de tous les jeunes ambitieux ». Or, s'ils attestent de forces à l'œuvre dans la société de la période, les mythes balzaciens mettent également en garde contre les clichés. Il existe un Bonaparte pour des millions d'individus, et Balzac a assurément rencontré plus de Rubempré que de Rastignac au cours de son existence, ne serait-ce que par le nombre de ses émules dans l'œuvre. Quant aux criminels, ce sont souvent des minables sans imagination.

Alors quoi ? Sommes nous trompés par un illusionniste ? Oui et non. Il s'agit en premier lieu de retenir l'attention par des drames, des larmes, des rires ; de faire rêver, de fasciner. En second lieu, il faut frapper le lectorat, en l'amenant à s'interroger sur les excès engendrés par la démocratisation. Pourquoi Rastignac est-il attachant ? Parce qu'il réussit ? Parce qu'il est séduisant ? Parce qu'il a du panache ? Parce qu'il représente un résumé identifiable de la période ? Lucien de Rubempré est pourtant, lui aussi, ce jeune homme du XIXe siècle que Balzac souhaite peindre dans son entier. Pour autant, il se pourrait tout simplement que le désir, la volonté qui habitent Rastignac, son esprit d'entreprise, soient plus stimulantes et fassent précisément la différence pour le lecteur. Qui voudrait s'identifier à un Joseph Brideau besogneux ? Certainement pas Delacroix répétons-le, qui feint d'ignorer la comparaison établie par Balzac dans *La Rabouilleuse*, et qui choisit bien plutôt un Rastignac chevaleresque et entreprenant, et dont il note avec ferveur les motivations. À la lecture de *La Maison Nucingen*, comment ne pas voir en Nucingen qui emprunte à Laffitte, Fould et Rothschild, l'ancêtre du « patron-voyou », expression qui refleurit chaque fois qu'une malversation de quelque ordre que ce soit, se produit parmi les dirigeants d'entreprise ? De là, à pratiquer des généralisations hâtives, il n'y a qu'un pas aisément franchi : le type est tellement prégnant qu'il devient le modèle obligé. Modèle dissuasif, à l'origine tant pour les spéculateurs en herbe, que pour ceux qui rêvent de gagner de l'argent en profitant des petits épargnants, il répond tellement bien aux craintes suscitées par l'émergence de ces nouveaux métiers qu'il en devient un mythe. Tout patron est forcément un homme, roulant à plaisir ses employés comme ses clients, pour l'appât du gain. De même que la nouveauté de l'imprimerie industrielle, engendre chez tous les artistes de la période, une grande peur : celle, selon César Grana[16] d'être à la merci d'une « littérature industrielle » trop préoccupée par le profit, et d'un lecteur capricieux et anonyme. On la trouve d'ailleurs incarnée dans une nouvelle de 1837, au titre éloquent de *Pierre Grassou*.

Dans le registre de la fabrication des groupes de tendance, Balzac n'a pas peu contribué également à la mythification du dandy, en inventant le dandy satanique Henri de Marsay, successeur de don Juan, et héros de *La Fille aux yeux d'or*. D'une beauté parfaite, mais cariée jusqu'à l'os, il excelle en tout et séduit le monde entier, à l'instar du don Juan Belvidero de *L'Élixir de longue vie*, nouvelle balzacienne de 1829. C'est un concentré de Byron, du prince Belgiojoso, de M. de Candia, du comte d'Orsay. Ce dernier, élégant, insolent, joueur impénitent, peintre de renom, homme à femmes et à chevaux qui lançait la mode à Londres, (Il suffisait qu'il portât un collier de barbe pour que tout le monde en fit autant.) jongle avec ses amantes et le cœur de ses amis. Balzac rencontre Orsay lorsqu'il revient ruiné à Paris et qu'il lance la mode des ateliers d'artistes. Il reçoit dans le sien le Tout Paris, sculpte les bustes des gens célèbres, ce qui naturellement éblouit l'auteur. D'où la fabrication du mythe en 1832 : Henry est le roi des dandys, possède quatorze chevaux et fait le traditionnel voyage en Orient. Il rencontre Rastignac, aborde la politique en 1827, du côté de l'opposition libérale et épouse une anglaise, Dinah Stevens qui lui apporte un million de dot. Il est finalement Premier ministre en 1831, mais malade, l'écrivain le fait mourir en 1834 alors qu'Orsay meurt après Balzac. Si Marsay n'est pas Orsay, il est assurément un précipité de ce type d'hommes que la société du temps secrète, à savoir un aristocrate, artiste élégant et à la mode, complètement immoral.

Pour autant, si aucun des politiques du temps, à part Thiers un moment, n'atteint au souci d'apparence de De Marsay, l'écrivain pointe, par ce biais, l'excessif attrait pour l'excentricité qui saisit les temps démocratiques, et permet de se démarquer de la masse, conduisant paradoxalement au conformisme, à l'artifice et au superficiel, et qui, dans le même temps, en montre les limites pour qui sait lire et relire l'œuvre. Certes l'écrivain ne le fabrique pas, mais il le fantasme, lui confère un bel avenir en en donnant une image mythique qui joue sur le goût de l'humain pour l'apparence et la singularité, la séduction et le factice. La prouesse, à la relecture, consiste précisément à moduler le mythe, en lui conférant, soit une dimension inhumaine pour de Marsay, surhumaine comme avec César Birotteau, soit une dimension trop humaine au Nucingen amoureux d'Esther et roulé à son tour, où avec un Vautrin, sorte de Satan déchu, atteint dans son amour par la mort de Lucien et rêvant d'une Amérique où il pourrait posséder des esclaves. Il est de fait que l'œuvre balzacienne reflète les comportements sociaux et exerce incontestablement une influence sur l'évolution des mentalités. La prise de conscience ne va pas sans exagération, à cette période, soit que l'on colle hâtivement des étiquettes à des choses ou des gens qui n'y correspondent pas, soit que l'on procède par amalgame, comme train = monotonie, photographie = disparition de la peinture, littérature industrielle = mauvais livres, patron = malhonnête ou voyou, bourgeois = cupide et sot, artiste = fauché, fonctionnaire = paresseux, etc. Cette complaisance à l'égard d'une « bourgeoisie » imaginaire est assurément un fantasme très répandu tout comme les bas-fonds urbains (voir Hugo, Dumas et Sue) et le goût morbide pour le crime. On comparera avec profit le mythe de la bourgeoisie avec celui de « l'entreprise kafkaïenne » et celui du « patron voyou », clichés qui auront toujours de beaux jours mais qui reposent en réalité sur le passé, et sur le souci de la performance qui anime les entreprises. La culture du résultat qui secrète stress et pression, est forcément à l'œuvre dans toute entreprise humaine et elle est parfois pesante. Pour l'éviter, il faut voir l'entreprise autrement, c'est-à-dire, autant que possible comme un lieu de projets et non plus comme un espace de conflits. Sachez qu'il y a là autant de cyniques, de lâches et de manipulateurs que dans n'importe quelle communauté en général. À cet égard, on relira avec profit l'ascension et la chute de César Birotteau, qui fournit bien des clés sur les pièges à éviter, quand on est à la fois un commerçant, un inventeur et le manager d'une PME familiale.

On le voit le mythe social balzacien est un outil subtil dont il convient de savoir se servir avec précaution en ces temps incertains. Balzac va-t-il alors jusqu'à façonner une société fictive qui finit par ressembler à ce qu'on attend d'elle, comme les enfants à qui l'on répète qu'ils sont méchants et qui le deviennent par suggestion ? Invente-t-il la bourgeoisie comme le suggère Sarah Maza ?

5 – *Balzac prédit la société matérialiste*

Le patron et l'entreprise souffrent d'un fort déficit d'image aujourd'hui dans l'opinion française. L'entreprise doit faire preuve d'esprit critique, retrouver des valeurs, se faire plus humaniste, se démarquer de sa connotation matérialiste, même si le but majeur est de gagner de l'argent et d'engranger des bénéfices. La marque, le logo ne suffisent pas. Son efficacité et sa réussite se nourrissent du goût du dévouement, du dépassement et du besoin de se réaliser chez l'homme, de son implication dans une aventure commune intégrante et structurante et non d'un individualisme cupide et stérile.

À partir du réel, Balzac sait mieux que quiconque donner forme aux peurs suscitées par la nouvelle société. Attentif à l'opinion et à ses craintes, il n'hésite pas à la façonner en mettant un mot sur les travers les plus criants de la société post-révolutionnaire : le mot « bourgeois ». Il est en effet difficile de ne pas trouver le qualificatif « bourgeois[17] » presque à chaque page dans *La Comédie humaine*. Il est en revanche presque impossible d'en trouver un d'authentique, si l'on s'en tient aux critères négatifs énoncés par Balzac : égoïstes, matérialistes, arrivistes, profiteurs, incultes et fortunés. D'autant moins qu'y a beaucoup de notables terriens et de fonctionnaires dans l'œuvre. Et quand Balzac nous décrit un commerçant comme

Guillaume en 1830 dans *La Maison qui pelote*, celui-ci n'est guère ambitieux ni porté sur le sexe. Quant à Birotteau, en 1837, il en fait le mythe du juste ! Michonneau, Goriot, Birotteau, Popinot sont-ils vraiment l'« expression de cette petite bourgeoisie parisienne, placée au-dessus des riches artisans et au-dessous de la haute classe, dont les qualités sont presque des vices, dont les défauts n'ont rien d'aimable, mais dont les mœurs, quoique plates ne manquent pas d'originalité[18] » ? Cependant, cette image négative sert de contrepoint constant, dans l'œuvre balzacienne, à un idéal qui lui, semble assiégé par la société sans croyance et matérialiste de la période. Qu'est-ce qui réunit les pensionnaires de la pension Vauquer ? Qu'y a-il de commun entre Mademoiselle Michonneau et Valentine Taillefer ? Entre Poiret bureaucrate, et l'étudiant en médecine Bianchon ? Entre Vauquer et Goriot ? Assurément pas leur appartenance à une classe bourgeoise, mais bien plutôt le manque d'argent, l'égoïsme, la mesquinerie et la bêtise, car Ils appartiennent en réalité à des milieux extrêmement divers.

En parcourant l'œuvre, on a, de fait, le plus grand mal à trouver des points communs entre les divers personnages qui répondent à ce vocable. Et ce n'est guère qu'en 1846 et avec *La Cousine Bette* que l'écrivain donne deux portraits ressortissant à cette nouvelle classe sociale selon Sarah Mazah : il s'agit d'Augustin Crevel et de Valérie Marneffe. En quoi répondent-ils à la définition du bourgeois, à ses yeux ? Vaniteux et fat, Crevel a de l'argent, mais est possédé par la « soif de l'envie » : il souffre précisément d'un déficit d'identité et tente d'imiter sans succès l'aristocratie. Il porte d'ailleurs deux uniformes dans l'histoire : celui de la Garde nationale et celui de Maire. De fait, il n'appartient à aucun groupe social précis, et c'est peut-être cela « précisément » le bourgeois. Quant à Valérie Marneffe, elle est la femme d'un fonctionnaire mal rétribué et qui aspire à une vie meilleure. Elle aussi imite l'aristocratie jusqu'au libertinage vénal. Il est à noter que ce roman est rédigé au moment où le capitalisme se fait jour et où, en réaction, Burger publie *Scènes de la vie de Bohème* et Michelet *Le Peuple*. On notera que Balzac n'a pas achevé *Les Petits bourgeois*, peut-être parce que, sans compter Guillaume et Birotteau, les héros peints dans l'ouvrage ne le sont certes pas.

C'est que la période est minée par le flou et la disparité des conditions sociales, ce qui alimente l'imaginaire et suscite toute une contestation. Si certains parlent de « classes sociales », et si Balzac lui-même parle de *lutte de classes* dès 1834, il n'est pas sûr que l'expression soit forcément adéquate, comme l'a bien montré Mona Ozouf dans *Les Aveux du roman*. Que recouvre en fait ce vocable ? Rien n'est plus imprécis, même s'il est mis à la mode par Augustin Thierry et Guizot. Autre exemple, la bourgeoisie précisément. C'est tout un imaginaire social qui s'alimente aux visions caricaturales d'un Daumier, d'un Monnier, et aux *physiologies* pseudo scientifiques d'un Cabanis et d'un Lavater, et qui se donne à voir dans les œuvres de Balzac. Pour autant, il ne s'agira pas d'affirmer que Balzac a inventé une classe fictive de la société qui s'appelle la bourgeoisie. Tout d'abord parce que celle-ci est déjà pointée du doigt par Molière en 1670 dans *Le Bourgeois gentilhomme*. Ensuite parce que tout conspire à faire perdurer cet imaginaire collectif avec l'avènement de la révolution industrielle dès 1750. En cette première moitié du XIXe siècle, il y a 30 à 35 millions de Français tous juridiquement égaux. Pourtant la France présente une grande disparité quant aux conditions sociales et ses classes sont extrêmement mouvantes, si bien qu'elles alimentent l'imaginaire et les peurs. Il est assez difficile de qualifier l'ordre nouveau, parler d'une société de classes est inadéquat, d'autant qu'aucun des théoriciens de la période ne clarifie le mot : Marx en 1852 explique à son correspondant Weidermeyer que ce sont les auteurs « bourgeois », Guizot et Augustin Thiérry qui ont découvert l'existence des classes et leur lutte. Balzac, à plusieurs reprises dans l'œuvre évoque « la lutte des classes » en particulier dans *Le Médecin de campagne*[19], par référence à l'Antiquité romaine, mais ne les définit pas vraiment. Et la bourgeoisie apparaît avant tout comme une appellation vague qui recouvre tantôt une classe, tantôt une caste, ou un nouvel « ordre privilégié ».

Si Francis Démier parle de « la promotion spectaculaire de nouvelles élites[20] », et constate que « l'enrichissement *révolutionnaire* de la bourgeoisie n'est pas un mythe », de quelle bourgeoisie s'agit-il donc ? Nous l'avons déjà indiqué, les fournisseurs aux armées, les spéculateurs et les manieurs d'argent ont bien profité des aléas politiques. En revanche les bourgeois rentiers de la fin de l'Ancien Régime et qui possédaient des offices ont été durement atteints par l'inflation. Quant à la bourgeoisie de négoce, elle a souffert de l'effondrement des échanges atlantiques, et certaines élites ont été décimées par la Révolution. À Lyon, par exemple, les deux tiers des négociants en soie en 1788 n'apparaissent plus en 1807. Il y a à la fois renouvellement et de fortes continuités dans la métallurgie et chez les entrepreneurs. que fustigent Daumier, Monnier et bien d'autres romantiques, et qui voient dans la Monarchie dite bourgeoise de Louis-Philippe, des Monsieur Gogo, des Joseph Prudhomme et des « épiciers » à chaque coin de rue. Le courant majoritaire du libéralisme politique français, dont Guizot est le fondateur, la revendique précisément pour faire barrage aux idées républicaines dont il redoute les ferments d'anarchie comme Balzac. Le groupe des « doctrinaires » qu'il dirige craint de fait les « intérêts particuliers » dont parle tant l'écrivain dans ses articles politiques et défend l'héritage administratif napoléonien. Soucieux de l'intérêt général, et au nom de classes moyennes fantomatiques, Guizot prône la prééminence étatique, et une alliance des notables et de l'administration. Mais, ce faisant, il restreint la liberté individuelle face à l'administration, celle de la presse et des associations, et privilégie curieusement, pour le recrutement parlementaire, les fonctionnaires, les juges, les militaires, les professeurs et non les financiers, les chefs d'entreprise et le monde du libre-échange. Balzac, lui, se méfie de la tyrannie de cette majorité, cette tyrannie douce dont parle Tocqueville en 1840, et lui préfère un constitutionnalisme qui ne refuse pas l'État mais le limite à cause de la médiocratie qu'il instaure.

Or, il est incontestable que ce groupe est, d'une part, largement minoritaire au premier XIXe siècle et que d'autre part il n'a pas conscience d'appartenir à une classe, comme le fait remarquer Sarah Maza, Est-ce celui constitué d'une petite frange de notables qui souhaitent imiter par passion de la distinction les hautes classes, comme César Birotteau sortant de sa sphère, pour donner un bal ? Est-ce le groupe des Rothschild, homme éminemment cultivé, celui des « petits bourgeois » pas très malins, celui du notaire Vervelle, des Crevel de madame Camusot, cousine de Pons ? Bien malin qui saurait le dire ! Il n'y a aucune idéologie et peu de points communs entre eux. Il n'est que de voir avec quelle difficulté, l'écrivain tente d'établir le type du faubourg Saint-Germain dans *La Duchesse de Langeais* où il se voit contraint de mêler « les grands seigneurs et les gens riches » qui avaient en 1820, à « dominer la bourgeoisie la plus aristocratique [...] conduire et amuser une classe moyenne, ivre de distinctions, amoureuse d'art et de science[22] ». Au reste Édouard Alletz ne parvient pas mieux en 1837 à définir la bourgeoisie dans son ouvrage *De la démocratie nouvelle, ou des mœurs et de la puissance des classes moyennes en France*, si ce n'est comme un vide. Alors que pour Guizot, les classes moyennes constituent les 200 000 votants, ce qu'il appelle le « pays légal », c'est en son nom qu'il il souhaite parler sans pour autant leur attribuer une fonction, industrielle ou commerciale : un centre qui est partout et partant nulle part, mais qu'il appelle l'élite. Au reste, la classe moyenne, ainsi que le souligne Adeline Daumard[23], n'augmente guère de 1815 à 1880, et contrairement à une croyance largement répandue, les riches propriétaires et la plupart des industriels ne sont nullement conservateurs mais libéraux c'est-à-dire de gauche. Dès lors, ne serait-ce pas une classe fantomatique, une logomachie, une rhétorique propagée par les Ultras et les républicains jouant sur les peurs et les échecs ? On constate en effet que les hommes d'affaires qui sont 14 % en 1829 à la Chambre ne sont que 13 % en 1840. On voit bien que cette classe juste-milieu ne peut s'identifier à des noms ou des intérêts spécifiques, malgré le désir d'un Guizot. Que l'on contemple ce que Balzac fait de Birotteau : d'une sorte d'« épicier », apparemment borné et grotesque, apparemment dépourvu de sens artistique, à la bedaine sans grandeur, Il fait un nouveau César ! Il semble que si un groupe mercantile et fortuné sans éducation émerge bel et bien de l'imaginaire du siècle, avec la fortune que l'on sait, c'est parce qu'il est une cible facile pour les artistes et les gens du monde ligués contre cette caste montante de la Révolution et qui menace leur suprématie.

Pour autant il ne s'agit nullement d'éluder un vrai débat. Car il se pourrait que ce qui « unit » la plupart des personnages

« bourgeois » de Balzacie, ce soit précisément un mal moderne : l'absence de lien social. Discours qui est déjà dans l'air du temps et que soutient Lamennais dès 1823 dans son *Essai sur l'indifférence en matière de religion*, et où il déclare que lorsqu'on sort du dépôt d'autorité d'une morale religieuse, on se retrouve dans la vacuité spirituelle. Cette réduction donne alors en cascade, l'égoïsme, l'indifférence, le seul intérêt personnel, une société de l'avoir, et l'univers de l'argent. C'est bien l'avis de Balzac qui dénonce, nous l'avons vu, l'un et l'autre dans *Le Père Goriot*, après avoir déjà évoqué cette dérive matérialiste peu de temps auparavant dans *Eugénie Grandet*. L'éducation parisienne donnée par sa maîtresse Annette à Charles, le cousin d'Eugénie est à ce titre fort éloquente. Annette le « matérialise [ait] » selon l'auteur en cinq points essentiels : il doit apprendre à « tout calculer », à « ne croire en rien », à « peser la bourse d'un ami », à « ne rien admirer » et à « donner pour mobile à toute chose, l'intérêt personnel ». Outre divers articles sur « l'épouvantable avènement du matérialisme dans les lois », on parcourra également le portrait édifiant de l'épouvantable maître de poste, Minoret-Levrault pour s'en convaincre :

> « Quoiqu'il n'eût jamais pensé ni à Dieu ni à diable, qu'il fût matérialiste pratique... égoïste pratique, avare pratique, Minoret avait jusqu'alors joui d'un bonheur sans mélange, si l'on doit regarder une vie purement matérielle comme un bonheur[24]. »

Si l'on ajoute à cela les stigmates des pensionnaires de la pension Vauquer, l'envie obsessionnelle de posséder, d'avoir, qui anime bien des personnages balzaciens, c'est bel et bien la société matérialiste qui s'avance dans *La Comédie humaine* et dont Balzac a perçu comme Lamennais et d'autres, les signes avant-coureurs.

L'essentiel

Piloter le changement

Pour lutter contre les mauvaises pratiques telles que le « chacun pour soi » de la « Préface » de *César Birotteau* et des pensionnaires de la pension Vauquer, pratiquez le travail en équipe

◆ *Fédérer*

Communiquez et faites participer les employés aux projets de l'entreprise. Le lecteur est partie prenante de l'entreprise Balzac, ce dernier l'interroge souvent, l'interpelle. Il ne se prive pas non plus d'emprunter des idées à ses amis comme Gautier, Stendhal, et à d'autres plus obscurs ou divers dans les salons. L'employé doit être associé à la bonne marche de l'entreprise. Il faut à tous les niveaux générer les bonnes idées et en particulier encourager les confrontations et les collaborations. N'hésitez pas à poser des questions à vos collaborateurs. Favorisez les cafés, les forums, les équipes de travail. Glissez systématiquement un temps de créativité dans les réunions classiques. Demandez à vos collaborateurs des « mémo-innovations »* lorsqu'ils ont une idée : ils permettent de créer, de communiquer, de capitaliser, à différentes étapes d'un projet.

◆ *Capitaliser les innovations individuelles*

Apporter une plus grande part à la créativité. Qui n'a, dans son agenda, noté une phrase à retenir, une idée à soumettre ? Avec le »mémo-innovation, il s'agit, pour valoriser ses idées, de les rédiger seul ou à deux. Indiquer le domaine de l'innovation, le besoin, la solution connue, les avantages de la solution proposée, mise en œuvre, variantes, utilisateurs etc.

◆ *Créer une dynamique collective*

Au premier XIXe siècle, les salons, ancêtres de l'entreprise comme lieux de réflexion et de brassage, ne sont pas des lieux de conflit mais des espaces de projets où se côtoient des hommes de lettres, de sciences, des politiques, des musiciens, des peintres, banquiers, comédiens, etc. De cet « esprit d'équipe » à copier, sont nées une implication et une créativité sans précédent. Les salons sont aussi des lieux de reconnaissance, ce que devrait être également une entreprise bien dirigée. Il appartient au chef d'entreprise de valoriser ses employés et de promouvoir les initiatives

* Cf. Kermadec de Yann, « Innover dans l'entreprise », INSEP CONSULTING.

heureuses en les encourageant et en les récompensant publiquement en milieu professionnel.

◆ *Rassembler pour réussir*

Sachez assumer et souder l'équipe : commencer par organiser l'équipe autour d'un verre, pour donner un nom à une innovation par exemple. Le nom du projet est fondamental pour sa réussite. Imaginer qu'*Illusions perdues* aurait pu s'appeler « Un grand homme à Paris », fait froid dans le dos. Véritable culbuto, Balzac accepte l'échec et rebondit toujours. Assumer les retards, les imprévus, les réorientations inhérents à tout projet. L'incertitude est un facteur de réussite à prendre en compte.

◆ *Honnêteté = efficacité*

La confiance et l'efficacité sont indissociables. Si la ruse du stratège est conseillée par Balzac à tous niveaux sur une courte période, à terme, mentir est contre productif car cela provoque la fuite des bons éléments et l'effondrement de la société, et (cf. la ruine de Nucingen, de Vautrin, dans *Splendeurs et misères des courtisanes*). Ce n'est pas parce qu'il est honnête que Birotteau est ruiné, c'est parce qu'il est naïf. Il n'a pas su châtier un collaborateur indélicat qui s'est empressé de devenir son rival.

PISTES

L'HONNÊTE HOMME « DÉMOCRATIQUE »

Grâce à Rastignac, nous avons dégagé les facteurs clés de la réussite individuelle. Quant à la « méthode Balzac », elle nous a permis de penser les ressorts et les ressources humaines. Formidable mode d'emploi humain, *La Comédie humaine* est une culture d'entreprise. Elle met au jour les motivations, les leviers, qui régissent la communauté, comme la grandeur, le dévouement, mais également les peurs et les dangers engendrés par une société marchande, les mentalités qu'elle secrète. Elle s'interroge sur les dérives liées à une vision exclusivement rentable et monétaire de la société. Elle dévoile l'univers mythique qui inspire tous rapports sociaux, professionnels et politiques en France. Or l'entreprise aujourd'hui n'est pas une entité en soi : elle vit dans une société qui s'appuie elle aussi sur cet héritage, et réclame de la morale. Et la vision profondément humaniste de Balzac peut aider à sa survie, en suggérant une éthique pratique, harmonieuse, soucieuse d'efficacité. Elle peut assurément contribuer à se poser les bonnes questions sur les finalités de l'homme économique. Qu'est-ce que le pouvoir ? Qu'est-ce que l'honnêteté ? Qu'est ce que réussir ? Peut-on attendre de l'*homo democraticus* immergé dans le commercial et l'économique, des dévouements et des actes glorieux comme ceux de ses ancêtres ?

Il s'agira, tout d'abord, de définir ce que l'on entend par « démocratie », sachant qu'au premier XIXe siècle, la souveraineté du peuple n'est pas effective, et le suffrage universel inexistant, tout au plus peut-on envisager une lente « égalisation des conditions » selon la définition de Tocqueville dans *la Démocratie en Amérique* de 1835[1]. Nous considérerons par conséquent la démocratie sous l'angle balzacien et tocquevillien de « soif d'égalité[2] » pour l'un, et de « passion de l'égalité » pour l'autre. Termes bien proches et qui recouvrent chez Balzac une crainte de l'uniformisation, du rabotage des différences, d'un nivellement par le bas (médiocratie) et d'une banalisation du mal.

Le changement radical qui s'amorce sous le regard inquiet de Balzac, Tocqueville et leurs contemporains, à savoir la démocratisation de la société post- révolutionnaire, est à bien des égards, comparable à la mutation de notre société qui s'appelle mondialisation. De sorte que piloter le changement au lieu de le subir, est *in fine* le défi lancé par Rastignac-Balzac. Mais alors, en pratiquant cette mise au jour sociologique des nouvelles mœurs, Balzac le moraliste ne nous propose-t-il pas dans le même temps, une éthique pour temps troublés, celle-là même qui est proposée dans l'exergue[3] de cet ouvrage ? Et *La Comédie humaine* ne serait-elle pas outre bien d'autres richesses, une peinture en creux de l'honnête homme démocratique tel qu'il devrait être, face aux dangers du nivellement, de l'indifférence, de l'envie et du consumérisme ?

Car, si on a bien, à travers Rastignac, et, à moindre frais Benassis, Birotteau et Rabourdin, le portrait de l'ambitieux social moderne, ne faut-il pas saluer également, chez ces personnages, une mutation véritablement anthropologique, l'émergence dans le romanesque de l'*homo oeconomicus*, tant sont nombreux les arrivistes dans *La Comédie humaine* ? C'est bien l'individu de plus en plus immergé dans des rapports sociaux de type marchand qui peuple *La Comédie humaine*, et interroge les mauvaises pratiques, à la recherche de valeurs neuves et d'une morale inédite pour temps démocratiques. D'autant que l'auteur lui-même nous y invite vers 1845, par le truchement d'un provincial naïf, fraîchement débarqué à Paris, et qui s'écrie en rencontrant Rastignac : « Enfin... un honnête homme à Paris ! » Ne pourrait-on, à partir de cette remarque savoureuse, dresser un socle de l'honnête homme démocratique, comme avatar de l'honnête homme du XVIIe siècle en quelque sorte, comme modèle identificatoire qui puisse servir de manière pertinente à un dirigeant actuel ?

1 – *Retour de Rastignac*

Balzac, on le sait, ne croit guère à l'honnêteté, mais comme le répètent à l'envie Nucingen et Rastignac à des « apparences d'honnête homme ». Honnête homme, Rastignac l'est par sa formation : on a vu qu'il hérite du modèle humaniste du XVIIe siècle, tel qu'il est défini par Damien Mitton dans ses *Pensées sur l'honnêteté*, entre autres. Mais si ce modèle perdure encore aujourd'hui dans le milieu professionnel, il n'est guère majoritaire, tant l'âpreté de cet univers est grande. Homme de cour et homme du monde, il a une solide culture générale, des qualités sociales et une exquise politesse de manières. C'est par surcroît, un généraliste qui s'oppose au spécialiste. Humble, courtois, agréable, on a vu qu'il sait s'adapter à son entourage, dominer ses émotions et refuser les excès en tous genres. Contraint de composer sans cesse, il a cependant l'honneur fort « élastique ». Peut-on réussir sans perdre son âme est la question que pose le personnage de Rastignac tout au long de son ascension et c'est là une question qui demeure d'actualité.

En 1838, Rastignac est devenu définitivement « un homme important », dit la cousine Bette. Probablement sous-secrétaire d'État aux Travaux publics, il est partout. Il assiste à la pendaison de crémaillère de la courtisane Josepha, et est témoin au mariage du sculpteur Steinbock auquel il promet d'ailleurs un atelier au dépôt du Gros-Caillou. Est-ce seulement cela un homme important ? Assurément non. Il épouse la même année Augusta de Nucingen, et son beau-père lui offre en cadeau, un superbe hôtel particulier rue de Bourbon (rêve de Balzac !). Allié désormais à tout ce qui compte dans le pays, il peut être assuré de faire une carrière éclatante, encore que moins belle que celle d'Honoré, s'entend. C'est l'un des douze ou quinze députés qui sont régulièrement dans la composition d'un gouvernement. Ministre pour la deuxième fois en 1839, membre du Jockey-Club en 1841, il fait l'objet d'un « fait-Paris », c'est-à-dire qu'il est cité dans la chronique mondaine d'un journal lorsque son beau-frère, La Roche-Hugon est pressenti pour un poste d'ambassadeur. De sorte qu'il devient l'ami du puissant marquis de Rochefide (Fitz-James ?). Bien que son influence soit de plus en plus grande, elle ne lui sert cependant qu'à promouvoir des nullités comme Steinbock, ou du Ronceret. L'ambition de s'égaler à Talleyrand, remercié par le pouvoir qui n'a pas su en apprécier les mérites, selon l'auteur, est bien loin. Entouré de petits hommes, Rastignac, malgré ses talents, est devenu comme eux. Il est vrai, que Balzac ulcéré de n'avoir pu devenir député en 1832 et 1841, a beau jeu de dire que les politiques ont rejeté les « hommes supérieurs » et que le reste est corrompu. Pour autant, l'honnêteté d'Eugène et sur laquelle il s'interrogeait jeune étudiant avec son ami Bianchon est- elle sauve ? Là est la question !

Un certain Gazonal y répond en 1841 dans *Les Comédiens sans le savoir*. Monté à la capitale pour faire avancer ses affaires dans un procès pratiquement perdu, il va trouver son cousin parisien afin de solliciter son aide. Ce dernier lui fait rencontrer Rastignac qui est ministre de la Justice. L'image de marque d'Eugène est alors flamboyante : « pour la seconde fois ministre, il venait d'être fait comte malgré lui ; son beau-père, le baron de Nucingen, avait été nommé pair de France, son frère était évêque, le comte de la Roche-Hugon, son beau-frère était ambassadeur, et il passait pour être indispensable dans les combinaisons ministérielles à venir[4] ». Eugène semble avoir tout réussi. Influent, fortuné, titré, c'est incontestablement un homme important. Cependant, il se présente à ses anciens amis et à Gazonal comme un homme simple d'aspect, sans décorations, affable, dans les couloirs de la Chambre, et déclare en riant ne pas pouvoir garder son sérieux à la tribune en entendant son parti proférer des mensonges. Surpris, Gazonal ne parvient pas à croire tout d'abord qu'il est en présence du ministre en personne. S'agissant d'un provincial naïf et qui s'appelle de surcroît Gazonal, on aura compris toute l'ironie du propos. Rastignac accède à sa demande. Mais en échange, théorie du « gagnant-gagnant « oblige, le ministre n'oublie pas de faire du clientélisme et lui suggère de faire voter pour son parti désormais.

Apparence d'honnête homme, important, ministériel, indispensable en politique autant que dans les soirées, richissime et titré, Eugène, sorte de *people* avant la lettre, est assurément arrivé, mais il n'a pu, ni développer se compétence réelles, ni accomplir l'idéal de sa jeunesse. De fait, à y regarder de près, Rastignac possède les qualités requises pour être un excellent homme d'État : il devient ministre. Mais Il semble que les capacités de bon dirigeant, pressenties par Nucingen n'ont pas été bien exploitées. et qu'il échoue à la magistrature suprême, faute de conviction. Pas assez comédien ni suffisamment sérieux, il souffre de solitude, et échoue à faire partie d'un équipe gouvernementale soudée, comme devrait être toute bonne gouvernance. La politique finit par l'ennuyer, ainsi que le souligne Blondet. Revenu de tout, et c'est peut-être là son plus grand crime, il ne croit plus en rien.

2 – *L'honnête homme démocratique selon Balzac*

À parcourir un peu rapidement la Balzacie, on ne trouvera que « crimes impunis » et « martyrs ignorés » et fort peu d'honnêtes hommes. Du *Code des gens honnêtes*, rédigé dès 1824, pour une majeure partie par Balzac et dont nous citons un passage en exergue, à l'ouvrage des *Comédiens sans le savoir*, il apparaît clairement que l'honnêteté fait question pour l'auteur, en ce premier XIXe siècle. Au reste, à entendre Vautrin, parole cynique de l'auteur, « l'honnêteté ne sert à rien » et à Paris, « l'honnête homme est celui qui se tait et refuse de partager ». Si personne ne choisit spontanément l'honnêteté, pour Balzac, puisque l'homme « a des tendances dépravées[5] », la vie en société doit par conséquent être régulée. Malheureusement la course au succès à laquelle est contraint à ses yeux l'homme concurrentiel post-révolutionnaire, exaspère deux passions, la vanité et l'envie, sources inépuisables de malhonnêteté. Réguler, coordonner raison et passion, tout en s'assurant cependant que l'homme supérieur puisse être reconnu comme tel, qu'un homme à quelque classe qu'il appartienne puisse sortir du rang, s'il s'en montre capable, voilà qui est un propos lui aussi récurrent et une difficulté qui lui paraît déjà bien réelle. L'homme des temps démocratiques est-il contraint de transiger avec les principes quand il y va des circonstances ? Au reste, on note que Balzac salue précisément les résultats obtenus par un du Bousquier ou un Nucingen : l'un a le mérite d'industrialiser le département, d'accélérer « la prospérité de la province », l'autre en faisant sa fortune personnelle fait du même coup la fortune du pays comme Richelieu, dit l'auteur. De même loue-t-il le duc d'Aiguillon dans *Les Chouans*, qui avait tenté sous l'Ancien régime de mette en œuvre toute une série de réformes pour remédier au sous développement de la Bretagne mais dont le « patriotisme national » s'était heurté à l'« étroit patriotisme de localité si funeste au progrès des lumières[6] ».

En 1831 dans *Autre étude de femme*, de Marsay énumère, en une sorte de confession, les qualités inhérentes à un véritable dirigeant : « savoir être toujours maître de soi », examiner les causes et les conséquences de chaque évènement, faire preuve de désintéressement et de détachement à l'égard des passions. Ceux qui lui paraissent les meilleurs exemples de cette maîtrise sont Richelieu, Pitt et Napoléon. Balzac a été très impressionné par le *Testament politique* de Richelieu et par les hommes à sang froid. Quant à Benassis, il livre un portrait de l'homme d'État idéal qui n'a rien à envier à Ruy Blas :

> « Toujours voir au-delà du moment et devancer la destinée, être au-dessus du pouvoir et n'y rester que par le sentiment de l'utilité dont on est sans s'abuser sur ses forces, dépouiller ses passions et même toute ambition vulgaire pour demeurer maître de ses facultés, pour prévoir, vouloir et agir sans cesse ; se faire juste et absolu, maintenir l'ordre en grand [...] vivre enfin par le sentiment des masses et les dominer [...] en voyant non pas les détails, mais les conséquences de toute chose[7]. »

Sans être forcément le Talleyrand du XXIe siècle, ou le nouveau « Napoléon du peuple », le dirigeant honnête peut tendre vers ces objectifs. Il s'agit dans les deux cas, de primer la maîtrise, l'analyse mais aussi la vision, qui permet seule de prendre des décisions justes et appropriées, et qui privilégie toujours le résultat, mais à long terme. Il faut également une discipline pour réussir, l'efficacité passant à la fois par la contrainte et le choix, tout autant que par l'improvisation, la créativité, l'imprévu. L'honnête homme démocratique est alors celui qui transforme son milieu tout en se conformant à une morale fondée sur le bon sens. Pour autant, travailleur, brillant, altruiste, probe, plutôt libéral et résolument européen, « le jeune homme du XIXe siècle[8] », selon Balzac, se veut un modèle exigeant. Il est l'homme du changement. Aussi doit-il être dynamique, entrepreneur, rénovateur, réformateur, innovateur, négociateur. C'est déjà beaucoup. Mais peut-il répondre à la question que pose Montesquieu ? Peut-on attendre de lui et de la nouvelle société économique et commerciale, des dévouements, des actes glorieux dignes de ses ancêtres ?

On a souvent reproché à Balzac de ne montrer que des criminels et des femmes dépravées, ce à quoi il rétorque que « le bien n'a qu'un mode, le mal en a mille » ou bien que « la vertu est une… le vice est multiforme ». Il va même jusqu'à prendre les devants à la fin de la première édition du *Père Goriot* en dressant une liste des femmes vertueuses et des femme criminelles dans ses ouvrages : d'après lui les premières excèdent de beaucoup les secondes. Cette démarche ne manque évidemment pas d'habileté : elle provoque la curiosité du lecteur qui sera d'autant plus tenté d'aller voir de plus près les autre œuvres mentionnées ! On notera cependant dans *La Comédie humaine*, le nombre de personnages que Balzac sort de l'ombre pour en montrer les efforts et la beauté sacrificielle. Savants, artistes, imprimeurs, artisans, médecins, juristes etc. débordent d'énergie, travaillent nuit et jour, soit pour satisfaire une passion (certes souvent excessive), soit pour venir en aide à autrui. Citons l'avoué Derville qui dans *Le Colonel Chabert*, pousse la conscience professionnelle, jusqu'à aller lui-même chez Chabert, à travailler la nuit s'il le faut, jusqu'à rendre visite à son ancien client à l'Hospice où ce dernier se retire à la fin de la nouvelle. Mentionnons à nouveau Benassis qui parvient à sortir toute une vallée de la misère, ou bien Véronique Graslin qui dans *Le Curé de village*, régénère une région déshéritée du Limousin. Pour expier ses fautes, elle entreprend de financer d'importants travaux d'irrigation sous la direction d'un abbé qui est en réalité le double d'un savant et naturaliste suisse, Charles Bonnet qui a vraiment existé. Naturellement tout cela est éminemment édifiant et doit être replacé dans le contexte moralisateur de la période. Il n'empêche que Balzac, s'il est sans illusions sur la nature humaine sait privilégier le concret, l'action, l'interaction organisationnelle, tout autant que culturelle. C'est par défaut, répétons – le, que l'auteur entend persuader ses lecteurs du bien fondé du savoir et de la compréhension, des bonnes pratiques, du travail intensif et du sacrifice. Certes, ses êtres d'exception qui s'opposent aux criminels, tout autant qu'au conformisme des habits noirs d'une société égoïste et à la grisaille mesquine et molle du « juste milieu », sont peu nombreux. Mais même si certains ne parviennent pas à canaliser leurs passions, aussi diverses soient-elles, et à en tirer toute l'énergie avec efficacité, ils doivent susciter admiration et contagion par leur grandeur et leur abnégation. Il ne faut pas oublier que Balzac puise dans le réel, puis condense et symbolise.

« À présent usez de vos droits. Éclairez-vous, enrichissez-vous, améliorez la condition morale et matérielle de notre France. Voilà les vraies innovations, voilà ce qui donnera satisfaction à cette ardeur du mouvement, à ce besoin de progrès qui caractérise la nation » déclare François. Guizot à la Chambre le 1er mars 1843[9].

3 – *Manager avec honnêteté*

On l'aura compris, *La Comédie humaine*, sans être « une religion de l'homme » à la Auguste Comte, replace celui-ci au cœur du débat. Son humanisme est par conséquent riche d'informations sur les motivations qui animent l'*homo socialis*. Elle fait connaître tout d'abord et apprécier la contradiction des pulsions fondatrices de la motivation : ambition personnelle mais aussi altruisme, conformisme et innovation, performance et engagement, envie et partage. Toutes choses qui ont à voir avec le monde de l'entreprise. Or angélisme et diabolisation constituent encore trop souvent les deux faces du mythe de l'entreprise. Ou bien elle est le lieu de la réconciliation de l'économique et du social, ou bien elle est un endroit complètement inhumain. De nos jours, l'entreprise qui se veut performante doit mettre l'homme au centre de sa stratégie. Sa rentabilité est d'abord affaire d'hommes, de leurs motivations de leur enthousiasme et de leur créativité. En faire des individus isolés, pris aux pièges de la concurrence, des contraintes de la productivité, de leurs intérêts, et de leurs besoins de pouvoir est passablement réducteur. Manager honnêtement est possible. En prenant appui sur le Rastignac du *Père*

Goriot, la mise en œuvre d'une vision « honnête », nécessite de faire preuve de responsabilité et de toujours différencier l'essentiel de l'accessoire. On a vu que ne pas se dérober devant ses responsabilités, faire montre de capacité à écouter, mais également à décider et à arbitrer, reconnaître ses échecs et ses erreurs, fait partie intégrante du succès. « Un homme devient bien fort, en avouant sa faiblesse[10] », écrit Balzac dans ses carnets. Récompenser les réussites et sanctionner les fautes, contrairement à Birotteau, c'est assumer pleinement son rôle de manager.

En revanche se croire arrivé c'est à coup sûr, risquer de tout perdre. Si Eugène conserve une grande simplicité et poursuit patiemment ses objectifs, Rubempré malgré les conseils de d'Arthez, souhaite être reconnu, sans « posséder le capital nécessaire à ses prétentions ». Le bal de l'Opéra qui inaugure *Splendeurs et misères des courtisanes* et le retour de Rubempré à Paris, est à ce titre éloquent. Au lieu de faire preuve de modestie et de reconnaître les erreurs qu'il a pu faire dans le passé, comme après un échec professionnel, Lucien se pavane, « sûr de sa soirée » auprès de Mme d'Espar et du comte du Châtelet. En adoptant à chaque moment, la solution de facilité, en courant au plus pressé, le « jeune homme du XIXe siècle » s'assure rapidement une place au soleil mais bien précaire et à quel prix, dit l'auteur. Au risque de se perdre ou d'être exploité, par exemple.

Il s'agit ensuite d'éviter le conformisme qui mène à la passivité et à l'immobilisme comme les pensionnaires de la Maison Vauquer. De fait, Balzac, comme Tocqueville, pressentait dès 1832, qu'après la tyrannie de la majorité adviendrait la barbarie. Ainsi affirme-t-il dans *L'Illustre Gaudissart* : « Notre siècle reliera le règne de la force isolée, abondante en créations originales, au règne de la force uniforme, mais niveleuse, égalisant les produits, les jetant par masses, et obéissant à une pensée unitaire, dernière expression de nos sociétés[11]. » De fait, L'uniformisation se développe sous l'effet conjugué d'une pression d'un groupe sur l'individu et de l'adhésion volontaire de celui-ci, ce que Tocqueville appelle déjà la « servitude volontaire ». Autant Rastignac, l'homme fort, conserve malgré son appartenance à de Marsay, une certaine latitude par rapport à l'évènement, autant Rubempré se laisse ballotter d'un groupe à l'autre avec complaisance et soumission.

Cette force niveleuse c'est celle qui fait dire qu'on « ne veut pas avoir d'histoires », ou « avoir la paix », pour pouvoir préserver l'approbation du groupe. Il se pourrait que le désir d'approbation soit la force la plus négative dans l'univers sociétal balzacien et probablement dans le nôtre. Ne voit-on pas Anaïs de Bargeton renoncer à son amour pour Lucien du seul fait qu'il est habillé de façon ridicule ? Balzac voit toutes sortes de faux bonheurs dans le désir d'approbation sociale. Celui-ci lui paraît un bonheur sous pression, c'est-à-dire sous influence, autant dire de mauvaise qualité Accepter l'influence d'une personne n'est pas souhaitable : on le voit avec Rubempré et Vautrin, qui vit par procuration à travers sa marionnette, car c'est encourir le risque d'être assimilé à lui et de se voir affublé des mêmes travers, voire des mêmes crimes. La grande faute de Rubempré est, aux yeux de Balzac, de n'avoir aucune volonté, ou tout au moins, de l'avoir intermittente, si bien qu'en état de dépendance normative à l'égard de Vautrin comme de ses amis, il se laisse porter par les uns et les autres et se livre à un suivisme sans construction personnelle cognitive. Suivre toujours la majorité plutôt que de se singulariser n'est pas une bonne démarche, on risque de choisir un mauvais chemin et de perdre l'approbation sociale qu'on espérait tant.

S'agissant du « chacun pour soi », qui mène à la rétention d'informations et à l'opacité qui règne dans la Balzacie souterraine, les pratiques de l'agir collectif, du « chasser en meute », de la coopération dans l'intérêt général et non dans la compétition, favorisent la formation d'un esprit d'équipe. Partage, échanges, dynamisme et initiative manquent singulièrement à la pension Vauquer. C'est pourquoi, elle implose. Pour innover, il faut résolument partager, savoir s'entourer, être ouvert aux idées neuves et faire naître des solutions inédites. Avoir peur des idées des autres, comme les collaborateurs de Rabourdin, ne peut mener qu'à la stérilité et à l'échec.

Exemplaire, à l'image de Benassis, un manager honnête « maintient l'ordre en grand » ou pour le dire autrement, développe et favorise un comportement citoyen, en promouvant justice et équité. Malgré une marge de manœuvre souvent étroite entre des actionnaires qui veulent une rentabilité courte et la logique du client-roi, le dirigeant doit s'efforcer de faire de l'entreprise un lieu de coopération et de socialité malgré les contraintes et les normes qui la régissent. Enfin, une conception étroite du management qui consiste à réduire l'activité professionnelle à une simple affaire de compétences est vouée à l'échec. L'éthique feutrée, proposée par *La Comédie humaine* passe au contraire par les qualités humaines telles que le courage, l'écoute, la modestie, l'altruisme, une volonté de dépassement, de don de soi.

4 – *La « Lettre sur le travail*[12] »

On parcourra avec intérêt un surprenant et succulent article rédigé au printemps 48 et qui fait suite à sa « Profession de foi politique » du 19 avril 1848, soit un peu plus de deux ans avant sa mort, et que Balzac publie dans *Le Constitutionnel*, à la demande du Club de la fraternité universelle. D'abord intitulé « Lettre au commerce » puis « Lettre à la chose publique », l'auteur le garde dans ses cartons jusqu'à sa mort, au cas où décidément on le mettrait sur des listes électorales ! Publié pour la première fois le 1er septembre 1906 par *La Revue des Deux Mondes*, il traite de la réglementation du travail réclamée par les ouvriers parisiens qui entrent en lutte dès février pour leur salaire, les conditions de travail, l'emploi, sur fonds de chômage et de grèves : *nihil novi sub sole*. De fait, ils réclament un « tarif », c'est-à-dire un arbitrage favorable de la Commission du Luxembourg, ancêtre du Ministère du Travail et alors présidée par Louis Blanc. On retiendra que Balzac ne considère dans le texte que l'ouvrier de métier. L'article est bien intéressant à plus d'un titre. Ainsi apprend-on que la régulation du travail est loin d'aller de soi pour le premier XIXe siècle, et même qu'elle fait question, qu'elle est déjà au cœur des enjeux politiques. Dans les années 1840 en effet, on est, en général, ouvrier une partie de sa vie, après avoir été apprenti, compagnon dans une petite entreprise qui domine largement le monde du travail de la période. On s'installe ensuite à son compte et on se marie[13]. Autant l'avouer d'emblée, le « forçat des lettres » ainsi qu'il se nomme lui-même, est résolument contre la réglementation du travail, ce qui ne surprendra personne venant de quelqu'un qui écrit fréquemment quinze heures par jour. Mais il est intéressant de constater que si l'auteur se lance dans une démonstration sur les effets pernicieux que pourrait entraîner pareille régulation, c'est qu'il y voit la mise en place d'une contrainte et non une libération ; une privation qui met en cause la possibilité de grimper plus vite sur l'échelle sociale pour un ouvrier méritant qui aspire à fonder une famille le plus tôt possible. Réguler le travail, c'est pénaliser les plus entreprenants. Car tout se tient pour Balzac qui se déclare déjà pour les horaires flexibles[14] !

Dans la première partie, et après avoir regretté à nouveau que l'instabilité ambiante soit peu propice à encourager les investisseurs, il s'en prend à l'Assemblée qui lui paraît incompétente parce que composée non pas d'élites, ce qu'il appelle des « sommités en tous genres », mais d'hommes sans expérience et sans courage. Or, seules des forces importantes, résolues et courageuses peuvent à ses yeux déjouer les opinions désorganisatrices. Celles précisément qui ne voient pas que la régulation du travail est « un attentat à la liberté individuelle », une atteinte à la richesse privée et publique. Car non seulement le bon ouvrier est empêché de faire mieux et ainsi de fonder une famille mais, qui plus est, réglementer le travail, c'est aussi détruire la société en l'uniformisant et en limitant sa production. Pourquoi l'ouvrier « ferait-il mieux, s'il n'est pas mieux payé ? » demande naïvement l'auteur.

Et Balzac ne s'en tient pas là qui fustige l'État et son interventionnisme, tentant d'en définir le rôle dans la seconde partie : l'état ne doit ni entraver ni secourir le commerce car « l'essence et le fondement de tout commerce, c'est la liberté [...] Eh quoi ! vous proclamez la liberté au lieu de définir les libertés ». Au lieu de cela, l'État ferait bien mieux de favoriser la vente, chercher, ouvrir des débouchés à la production nationale... etc. De fait l'écrivain met déjà le doigt sur ce qui constitue de nos jours « la croix des sociétés démocratiques[15] » : le difficile équilibre entre l'individualisme libéral et une justice sociale. On l'aura compris et à quelques retouches près, cette lettre pourrait figurer dans un grand quotidien d'aujourd'hui, sans déparer. D'autant que la conclusion qui suit, aborde le problème du capital qui « fuit à toutes ailes », s'en va ailleurs, comme en 1720 et 1793. Or ce capital est de fait « le travail passé qui commandite le travail présent » et pourrait bien « empêcher le travail à venir », sans compter pour finir « la question de l'impôt qui doit être totalement remanié » et qu'il abordera dans le prochain article, ajoute l'auteur !

Pour ceux qui douteraient encore de l'actualité du propos balzacien, relisons l'éloge du révolutionnaire et républicain Michel Chrestien, par le royaliste d'Arthez en 1839 : « Michel Chrestien était un ange [...] je ne sais pas, dans les héros de l'antiquité, d'homme qui lui soit supérieur [...] Michel rêvait la fédération suisse appliquée à toute l'Europe. Avouons-le, entre nous ! Après le magnifique gouvernement d'un seul, qui, je crois, convient plus particulièrement à notre pays, le système de Michel est la suppression de la guerre dans le vieux monde et sa reconstitution sur des bases autres que celles de la conquête [...] les républicains étaient, à ce titre, les gens les plus voisins de son idée[16]. »

5 – *De la nécessité d'une éthique pour temps démocratiques*

Comment fonder une nouvelle éthique qui tienne compte à la fois des visées du monde en développement, et des fins majeures de l'être humain ? Comment repenser le rapport humain en fonction d'un état social inédit ? S'agit-il seulement de restaurer les vertus chrétiennes par des lectures édifiantes (*Pamela, Clarissa Harlowe*) qui luttent contre les mauvais penchants et privilégient une morale des devoirs, ou bien, par une sorte d'éducation (les conséquences catastrophiques des mauvais choix exercés par les personnages balzaciens) permanente et dissuasive, d'apprendre à l'homme à être moins égoïste selon une morale de l'intérêt ? Comment gérer le principe d'égalité et les passions démocratiques de manière harmonieuse et le peut-on ? Telles sont les multiples questions que pose *La Comédie humaine* et qui se posent toujours à nous avec autant d'acuité.

S'abreuvant au miel des Anciens, il est manifeste que Balzac possède une vision profondément humaniste de la société, mais que, paradoxalement, il s'agit de fonder une éthique compatible avec les nouveaux enjeux. S'interrogeant sur la nouvelle donne, à l'instar de Benjamin Constant et de Jean Baptiste Say, l'écrivain cherche, à travers une recherche constante du meilleur compromis possible entre objectifs individuels et objectifs collectifs, entre l'absolu et le relatif, à réconcilier les hommes, les faire réfléchir et prévenir la lutte qui s'amorce déjà entre l'individu et la société toute puissante, grâce à une morale efficace, fondée sur les faits et l'observation des phénomènes.

Il n'est pas indifférent que Balzac se mette à traduire l'*Éthique* de Spinoza dans sa jeunesse. Dans cet ouvrage, le philosophe ose prétendre que l'essence de l'homme est désir, ce à quoi Honoré ne peut qu'acquiescer. D'autant qu'à la suite de Helvétius, des idéologues comme Cabanis, Destutt de Tracy puis de Hegel, il est convaincu que « la passion est toute l'humanité[17] ». En prendre conscience, c'est mieux appréhender les motivations (ambition, envie) et par conséquent pouvoir les réguler. Il ne s'agit plus de changer l'homme mais de lui construire à l'aide de ses intérêts, une société heureuse comme l'îlot villageois du *Médecin de campagne*. Certes, le dévouement, le sens du sacrifice, la générosité, vertus éminemment chrétiennes et attachées au monde ancien, demeurent pour l'auteur, plus que jamais indispensables dans une société égalitaire où tout semble permis. Cependant avec l'émergence de « l'homme économique », Rastignac, nécessairement calculateur, il s'agit de repenser le rapport humain. Dès lors que la société se sécularise, la nécessité d'une nouvelle éthique se fait jour. Cette éthique doit tenir compte à la fois de la morale chrétienne mise à mal par la Révolution, mais aussi des temps démocratiques auxquels elle doit désormais s'adapter. S'agira-t-il d'une morale relative ? Fonder des valeurs nouvelles par l'exemple, à travers l'observation de comportements concrets, tout en injectant quelques piqûres de rappel de valeurs anciennes, telle est assurément l'une des visées balzaciennes. On peut en énumérer quelques-unes à travers le prisme Rastignac. Même s'il est malmené, Eugène conserve en effet le sens du bien et du mal et ne succombe pas à la théorie du Mandarin bien qu'il avoue à Bianchon en avoir blessé plus d'un. Il a le sens de la responsabilité et du sacrifice, ce qui l'amène à financer les funérailles de Goriot. Il garde le sens de la famille, il dote ses sœurs, enrichit sa mère, assure l'indépendance de Delphine. Il est dévoué à l'égard de ses supérieurs, de ceux qui l'ont aidé à gravir les marches de la fortune, et n'oublie pas ses anciens amis. Pour autant, mesuré à l'aune des héros précédents, sa morale est une morale de compromis, de circonstance, une morale relative. Sa générosité coutumière le pousse à dédommager ses débiteurs d'une manière ou d'une autre, à « prendre pour avoir le droit d'imiter le seigneur, en rendant le centuple, et comme « il n'y a ni lois, ni principes, mais des évènements et des circonstances[18] » répète-t-il à l'envie mais avec des variantes, à l'instar de Vautrin et de l'auteur, l'honneur *a minima* est sauf. Voilà un bel exemple de « morale relative », cette morale pratique et kantienne dont parle Balzac dans *Le Médecin de campagne*. D'aucuns diraient bien plutôt « morale élastique »... Mais la période ne le commande-t-elle pas ? Peut-on faire autrement dans une société mouvante ? Même la lettre pourtant exigeante de Madame de Mortsauf adressée à Félix de Vandenesse dans *Le Lys dans la vallée*, reflète les subtiles nécessités du calcul, de la culture du résultat : l'éthique noble de l'honneur, est en lutte avec l'intérêt bien compris et l'utilitarisme d'un Helvétius, d'un Mandeville et d'un Bentham et il y a parfois loin du réel à l'idéal, comme on le voit pour Rastignac.

In fine il se pourrait que cette morale se fonde davantage sur une éthique de l'intérêt, nouvelle force de gravitation du monde moral chez Helvétius[19], Bentham, Constant aussi bien que Say. Il est certain que *La Comédie humaine* exhibe un travail normatif sur la passion et le désir. Pour Balzac, en effet, l'éducation par le roman peut tout, car ce dernier repose sur la connaissance des ressorts de l'esprit, sait éveiller les passions et faire acquérir les savoirs utiles. Il peut par conséquent faire œuvre socialement et moralement efficace, pour une société profondément malade[20] Mais, cette fois, c'est par un double mouvement d'épure et qui réduit l'éthique à l'essentiel : *monstratio et praxis.* « On obéit toujours à son intérêt », écrit Helvétius. C'est d'autant plus vrai, avec l'avènement de la société post-révolutionnaire, selon Balzac, car la problématique de l'homme démocratique se pose par un renversement de perspective, en termes d'intérêt. On relève d'ailleurs plus de vingt occurrences du mot, dans l'article « Du gouvernement moderne ». Toute la question est de savoir désormais si l'intérêt particulier peut se concilier avec l'intérêt général. Si l'on a un réseau par exemple, on ne peut pas faire appel à lui uniquement à des fins personnelles, il faut manifester discrètement son existence, être attentif et réactif aux demandes d'autrui, définir là encore une relation gagnant-gagnant : on a vu la façon dont Rastignac échange un service contre un autre dans *Les Comédiens sans le savoir* et redevient sérieux, quant il s'agit du gagnant-gagnant. Ne dit-il pas au cousin de Léon de Nora qu'il veut bien intervenir dans son procès, à condition que dans sa province, on vote pour son parti ? Le monde devient plat avec l'idée d'égalité. Il est passé d'une organisation verticale à des relations horizontales, en ces temps démocratiques, semble déjà remarquer Honoré, bien avant Thomas Friedman[21]. Dans ce monde discutable, selon l'auteur, Eugène incarne la réciprocité et instaure des rapports directs, sinon transparents, avec les journalistes ou ceux qui travaillent pour lui. Il opte pour des repères de travail clairs, des retours sur le travail ou les actions des autres sont justifiées. Ambivalent, et par une sorte d'effet miroir, il personnifie de réelles responsabilités, sans pouvoir toutefois les partager et agir sur l'évènement, arrivé en haut de l'échelle.

Par ailleurs, Balzac s'ingénie à montrer que la société façonne, modifie cet intérêt qui se fait intérêt commun, comme nous l'avons vu avec les employés, mais de manière souvent négative. On ne saurait donc s'appuyer sur la manière dont ces groupes façonnent les jugements, pour définir la vertu. D'autant que la société elle-même apparaît fort chaotique. Si les groupes sociaux gouvernent l'individu, la morale est fonction des circonstances, de chaque peuple, de ses coutumes, comme Balzac l'indique encore dans *Le Médecin de campagne*. Fustigeant à nouveau[22], la société égoïste de son temps, il consigne les lignes de force d'une morale de l'action à travers Benassis, son porte parole. Il convient de : « réfléchir sur la base des sociétés, sur les mécanismes, sur les devoirs de l'homme, sur la moralité qui doit animer le citoyen[23] ».

Dans maints écrits politiques aussi, l'écrivain souligne avec Helvétius, puis Guizot, la nécessité d'encourager en creux, le travail, la recherche de l'estime publique, estime qui permettrait de nouer l'intérêt personnel et l'utilité publique. Il s'agit une fois encore de contenir le désir d'enrichissement par l'espoir des honneurs, le courage, le goût de l'effort. L'écrivain pense éthique, en termes d'équivalence d'énergie. Il convient de canaliser l'énergie des temps de paix, vers la production, l'invention et l'entreprise, à défaut du génie. Il n'est pas question chez lui de regretter ou de condamner à la façon des moralistes qui l'ont précédé, mais de décrire les effets pratiques des nouvelle mœurs, avec le plus grand détachement possible, de manière à ce que le lecteur puisse en tirer lui-même la conclusion. À cet égard, on relira les clôtures sèches de certains romans comme *La Duchesse de Langeais* ou *Ferragus*. Loin d'être inné, puisque l'homme, pour Balzac, n'est ni bon ni méchant et qu'il a seulement des instincts[24], le bien-agir est par conséquent le fruit de l'éducation et de l'exemple, c'est à dire de l'imitation. Au « que dois-je faire » de la *Logique* kantienne, Balzac répond par « je dois faire comme… », d'où l'importance de l'exemplarité, la promesse d'une sanction ou d'une récompense à venir, renforçant encore l'efficacité de pareilles pratiques. De fait, Balzac, mesure le bien-agir à l'aune de l'intérêt bien compris. D'autant que pour lui, « entre faire le mal et faire le bien, il n'existe d'autre différence que la paix de la conscience ou son trouble, la peine est la même[25] ». Ce type d'argumentation se situe donc aux antipodes de la conviction, elle se rapprocherait plutôt du *Traité de la nature humaine* de Hume qui évalue essentiellement le bien et le mal en fonction de leurs conséquences[26] pour le bonheur, le bien ou le bien-être de l'individu ou de la société. Pareil point de vue relève davantage d'une éthique de la responsabilité, fondée sur l'empirisme et la relativité. Ce que semble bien confirmer encore Benassis puisqu'il déclare à Genestas que « peut-être, il n'y a rien d'absolu en morale[27] ». Par ailleurs, si l'homme n'est ni naturellement bon comme le prétend Rousseau, ni naturellement méchant comme l'affirme Hobbes, il est vain de lui imposer la vertu, mieux vaut canaliser ses instincts, ses passions bonnes ou mauvaises, pour les guider vers le bien général : » l'Administration ne consiste pas à imposer aux masses des idées ou des méthodes plus ou moins justes, mais à imprimer aux idées mauvaises ou bonnes de ces masses une direction utile qui les fasse concorder au bien général. »[28]

Cependant, cette conception relative risque d'ouvrir sur des variables illimitées, d'autant que les valeurs dominantes dépendent de la force des passions. Stendhal et Balzac pensent que celles-ci gouvernent le monde moral, comme le mouvement gouverne le monde physique. Aussi doit-on s'en servir pour instituer une éthique nouvelle, et non les bannir. L'expérience conçue au sens large, des circonstances et conditions qui forment les hommes en est le moyen, pour ces écrivains. D'où plus particulièrement chez Balzac, l'idée de façonner l'homme nouveau grâce à la plasticité du mythe qui ressortit aussi bien à l'empirisme qu'à l'enseignement tiré de l'histoire humaine. En connaissant l'homme sous tous ces aspects, comme il le souhaite, en donnant à voir les « causes et les effets », on peut peut-être instaurer des dispositifs, des conduites qui le transforment et orientent ses instincts. Or le plaisir et la douleur régissent les passions. Il s'agira par conséquent d'éduquer le lecteur en lui faisant sentir et non voir son véritable intérêt à long terme, dans cette sorte de « thérapie de groupe » où, dirait Bernanos « pour rencontrer l'espérance, il faut être allé au-delà du désespoir[29] ». Ainsi mis en condition, le lecteur peut alors adhérer non pas à des théories ou à des systèmes, mais à une pensée qui se nourrit de réalité, qui se puise dans les faits, dans les nécessités d'une expérience. Aussi bien l'écrivain pose-t-il des exigences, sortes de calculs de risques parfois, qui ne sont ni des postulats ni des certitudes mais des devoirs et des régulateurs de la vie en société.

La souffrance, lien social chez Balzac, apparaît alors comme le marqueur des erreurs à ne pas s'infliger, ou à ne pas infliger à autrui. Le sort de la cousine Bette est de ceux-là. Qui aimerait lui ressembler ? Il ne s'agira plus d'éradiquer les mauvais penchants comme précédemment, mais de persuader l'individu d'agir dans un certain sens, conforme à la fois à ses désirs et à l'intérêt universel. Et le critère en sera la capacité à éviter un malheur, comme les actes de générosité de Rastignac envers ses sœurs, ou à produire un acte bénéfique pour l'intéressé : Nucingen fait sa fortune. Pour le dire autrement, l'effort consenti par un employé au sein d'une entreprise est non seulement payant, en termes de salaire et de promotion individuels, mais il concourt à l'amélioration de la société qui l'emploie : celle-ci est plus efficace, produit davantage, fait davantage de bénéfices qui sont reversés à l'employé qui s'implique dans sa bonne marche. Un

Benassis d'aujourd'hui, privilégierait assurément l'accroissement du plaisir, la diminution de la douleur, dans la communauté, qu'elle soit professionnelle ou politique, et verrait dans cette attitude, un outil de gestion, qui permet précisément de lier les intérêts individuels et l'intérêt collectif. Nul doute qu'il créerait crèches d'entreprise, salles de gymnastique, horaires à la carte, permettant à un employé de maximiser et d'assurer un travail détendu donc plus efficace. Parce que, dans la morale en acte que Balzac instaure, il existe une énergie qui entraîne chaque individu hors de lui-même et le fait participer à la force du groupe. Cette force collective lui donne alors le sentiment de quelque chose, qui est sans commune mesure avec la vie quotidienne : il s'agit de l'esprit communautaire, ou esprit d'équipe qui anime sa vie selon le bien-penser, et le bien-agir.

À la loupe

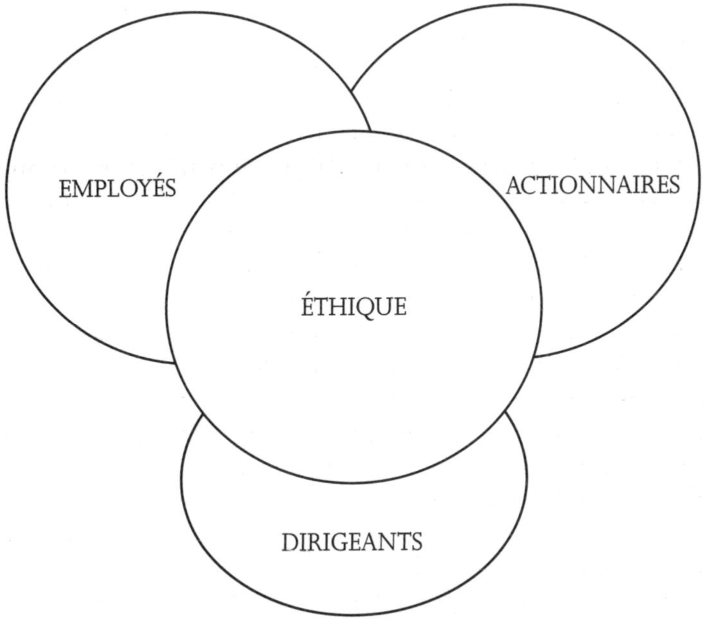

6 – *L'esprit d'entreprise*

L'esprit d'entreprise, pour parler en termes compréhensibles pour tous, consiste, si l'on en juge par la démarche balzacienne, à marier la motivation foisonnante de l'inventeur, à la rigueur d'une discipline de travail. S'agissant de faire croître ses activités et d'en imaginer de nouvelles, l'esprit d'entreprise balzacien touche à toutes les disciplines par un vocabulaire compréhensible et commun à tous. Au reste, constamment à l'offensive, ses performances furent excellentes, malgré un dérapage évident des coûts !

On remarquera qu'en collant constamment à l'actualité, pour en tirer des leçons, il adopte une dynamique de changement adaptée au monde extérieur : romans laboratoire, romans d'évaluation, les produits de son imagination fournissent une réflexion toujours pertinente sur la société démocratique et ses dérives. Il est vrai que selon lui le romancier authentique crée ses personnages avec les directions infinies de sa vie. Conservant un esprit critique à l'égard de toute démarche grâce à la dérision héritée de Rabelais, il expérimente et s'interroge sans cesse. Il n'est pas sûr en effet que la société matérialiste qui s'avance et que le consumérisme du XIXe siècle à la Guizot, qui repose sur l'argent, le savoir et le travail, sans être une norme inutile, réponde tout à fait aux aspirations à un dépassement que l'auteur décèle chez l'homme de tous temps. Avoir l'esprit d'entreprise, pense-t-il, c'est aussi s'engager dans une action commune exaltante, se faire voyant, c'est-à-dire imaginer l'avenir, réfléchir à ce qui n'existe pas encore, aux problèmes qui ne se posent pas encore. En route vers un absolu de la société, il vise une ethnosociologie fondée sur une mythographie contemporaine subversive. En d'autres termes, il s'agit constamment de se remettre en question pour innover et d'interroger sans cesse le cliché. C'est pourquoi l'écrivain nous enseigne que pour réussir à inventer, il faut constamment confronter le réel à son imaginaire : Antoinette de Langeais et le mythe de l'aristocrate égoïste, froide et frivole, en est un exemple patent.

On a beaucoup dit que Balzac avait mis en œuvre les hypothèses tocquevilliennes sur la démocratie. Il se pourrait aussi qu'il partage bien des points communs avec Jean Baptiste Say et son *Traité d'économie politique* paru en 1803, dont il ne dit pourtant mot, tout en utilisant ses formules. Ainsi de la phrase « le cultivateur [...] en sait plus que l'administration » que l'on retrouve quasiment sous la plume de l'écrivain, dans *Le Curé de village*. Balzac partage également ses convictions en matière d'utilité : dans le même ouvrage, il démontre en quelque sorte la loi de Say, à savoir que c'est la production qui ouvre les débouchés. On voit ainsi Benassis, produire une route pour développer les échanges, puis Véronique Graslin fertiliser Montégnac, de manière à produire et vendre ses bois aux spéculateurs, à la marine, pour enrichir le bourg. Comme Say, il met l'accent sur la consommation conçue comme partie prenante du cycle de production, et sur le rôle moteur des entrepreneurs dévoués, distincts des spéculateurs. Nous avons déjà évoqué le bonheur de Benassis devant la tâche accomplie. Il en est de même dans la scène où Véronique mesure l'étendue de l'effort à faire et parcourt « les éléments de l'entreprise : elle sentit une sorte de bonheur », écrit l'auteur. Par ailleurs, dans sa « Profession de foi politique », déjà mentionnée, Balzac fustige lui aussi l'interventionnisme de l'État et appelle, à l'instar de Say, à la liberté des échanges, à la condition que les intérêts privés soient mis dans la situation de concurrence. On voit donc que la liberté des échanges internationaux est loin d'aller de soi, en ce premier XIXe siècle et que la pensée économique libérale est déjà en question. L'entreprise Balzac s'apparenterait plutôt à celle de Muhammad Yunus[30] : c'est une entreprise à visée humanitaire qui est non seulement une source de richesses mais une création de sources de richesse infinies. On aurait tort cependant de continuer à voir la démarche balzacienne comme un pourvoyeur de solutions toutes faites à la problématique sociale, comme on le fait depuis sa création, et tout comme beaucoup de décideurs le font encore hélas, rationalisant leur entreprise à outrance avec du matériel humain. Il ne s'agit aucunement d'une sorte de catéchisme social bien cadré de l'homme et qui s'adresserait exclusivement aux forces vives de la nation, bien au contraire. L'auteur dépeint aussi bien les veuves que les orphelins, la femme adultère que le criminel, l'ambitieux que le soldat déchu, sans les juger. Dès lors, si les personnages balzaciens sont des clés, celles-ci ouvrent les portes d'une liberté nouvelle, la liberté de débattre dans la vie collective : ce qui explique le choix du roman, comme interrogation inégalée de la société.

CONCLUSION

Il y a quelque ironie à conclure cette histoire de Rastignac dans la mesure où ce dernier a échappé pour toujours à la mort, par la grâce de son auteur. On peut même se demander s'il n'y a pas ici quelque intuition géniale de Balzac qui devait pressentir que les Rastignac sont éternels parce l'ambition et le désir de s'enrichir sont les ressorts du mouvement des sociétés. Cependant, si à travers le prisme universel de ce personnage hors normes, on peut tirer des enseignements pour tous les domaines et pour tous les temps, nous espérons avoir montré que les visées propédeutiques balzaciennes éclairent bien des aspects du monde du travail et du développement personnel : à commencer par un savoir, bagage que l'auteur juge indispensable pour l'homme social dans la rude société démocratique. Elles nous apprennent également beaucoup sur la façon de dénouer les crises et d'adhérer au changement.

Ce regard historique nous a permis de mesurer combien le monde post-révolutionnaire a à voir avec le nôtre : brassage du corps social, confusion des valeurs, uniformisation, accélération du temps, exigent le même apprentissage de la responsabilité, et de la réussite professionnelle, voire de la réussite tout court. Ce « peuple épris d'égalité mais soucieux d'avancement » dont parlait Delacroix dans son *Journal*, est plus que jamais celui auquel nous appartenons. On aura noté également, que cette littérature entreprend, très tôt, de sensibiliser le public aux nouveaux enjeux, et aux changements relativement radicaux qu'impliquent les temps démocratiques. C'est pourquoi Balzac s'avère d'un recours inégalé, pour qui se préoccupe de ressources humaines, d'innovations et d'expériences, en termes de gouvernance. Il est frappant de constater que ses romans non seulement témoignent, mais protestent, expliquent, enseignent, tout entiers tendus vers cette société neuve à persuader et à modifier au besoin par l'écriture, autre modalité de l'action. Sans un engagement déterminé pour des buts et des valeurs, sans une bonne communication, une entreprise qu'elle soit de nature individuelle ou collective, se prive de gouvernail, et est par conséquent inefficace. « Pas de *fortuna* sans *virtù* » dirait Machiavel et en ce sens, plus les contraintes sont fortes, plus le choix des valeurs est décisif. C'est pourquoi le personnage de Rastignac est exemplaire.

Si tout est méthode chez Balzac, le monde cependant ne s'invente pas à coups de recettes, d'où les contradictions que l'on relève dans *La Comédie humaine*, et qui en révèlent au contraire l'intérêt : l'homme est imparfait, imprévisible, capable du meilleur comme du pire, dit Balzac. Le système des types est séduisant mais ne marche pas. La vérité se situe dans la confrontation de l'imagination et des réalités. Ce que propose Balzac est une typologie qui s'affronte à la réalité : on ne trouve jamais ce type d'ambitieux à l'état pur, mais des combinaisons variables entre elles. Et si les types sont devenus des mythes originaires qu'on a retenus, c'est parce qu'ils ont été victimes de leur succès, au détriment des réserves que Balzac instruit non seulement sur l'issue de leurs projets, mais sur leur réalité même. Car, bien qu'il existe une science de l'homme, et une science économique à ses yeux, elles ne peuvent rendre compte de tous les facteurs intuitifs ou de causalités étranges. Par ailleurs, il n'a de cesse que de promouvoir la rupture avec les conformismes. Il existe très peu d'autocrates froids et solitaires qui peuvent détruire le destin d'un homme, comme Vautrin ou comme Bette par exemple, ils doivent être pris comme signes du bouleversement de la société et de ses conséquences néfastes sur les individus. En revanche, il y a des systèmes qui se mettent en place, le « pas vu pas pris » le « chacun pour soi », « la soif de l'envie » et qui sont pernicieux ; d'où la nécessité de redéfinir des valeurs, de se remettre en cause, et d'admettre l'idée de responsabilité, de sacrifice, de justice sociale. S'il y a assurément des valeurs à défendre, une méthode efficace, c'est par la hardiesse à l'appliquer et à s'en abstraire, par la capacité d'innover que l'entreprise réussit, que l'être humain et la collectivité prospèrent. En outre, « les gens qui veulent fortement une chose sont presque toujours bien servis par le hasard[1] ». Presque, mais pas toujours. Il « arrive aussi dans la vie des ambitieux et de tous ceux qui ne peuvent parvenir qu'à l'aide de l'homme et des choses, par un plan de conduite plus ou moins bien constitué, suivi, maintenu, il se rencontre un cruel moment où je ne sais quelle puissance les soumet à de rudes épreuves : tout manque à la fois[2] ». C'est là qu'il faut avoir un beau caractère.

Être un Rastignac, c'est-à-dire tantôt un Balzac réel, et parfois un Balzac virtuel, n'est pas rien : il s'agit d'allier la force morale le courage, l'esprit, la générosité, le savoir-faire et l'intelligence, celles d'un Napoléon, d'un Talleyrand. Quand on sait que pour bien vouloir, il faut également intégrer le panache, l'intuition, la capacité de l'homme à se dépasser, l'incertitude, la confiance, la liberté, on mesurera, malgré les défauts dont il est aussi pourvu, et le prix à payer, la grande difficulté de l'entreprise. C'est qu'il faut entendre aussi Rastignac comme un mythe tendu entre le vrai et l'idéal et auquel on peut aspirer, si on en a l'envie et les moyens. Avoir un beau caractère, c'est aussi avoir une attitude positive, généreuse, faire confiance : se faire confiance d'abord et faire confiance aux autres. Or ce n'est pas un concept scientifique, c'est une croyance. Aussi le modèle qui est éclairé ici, s'il aide à penser, ne doit pas oblitérer des facteurs décisifs imprévisibles. Beaucoup d'hommes d'affaires déclarent avec sérieux, ce que Balzac répondait à Madame Hanska lorsqu'elle le voyait grugé, à savoir que la confiance qu'elles qu'en soient les sources, est un facteur de succès décisif. Quant à la liberté kantienne, elle est au cœur de la problématique balzacienne : bien vouloir, c'est bien choisir, ne pas faire passer son propre intérêt avant l'intérêt général, être capable de sacrifice, etc. Il ne s'agit plus tant de se discipliner, ou de se conformer, que de vouloir se réaliser, de savoir qui l'on est, ou qui l'on veut devenir. Il s'agit de choisir une identité et de faire en sorte qu'elle soit respectée et reconnue. Pour cela il faut connaître le passé. Il faut rompre avec la fausse opposition entre l'individuel et le collectif qui s'amorce, et que Balzac pressent dans la société du XIXe siècle et penser une nécessaire articulation de l'individualisme et du sociétal. Il est remarquable qu'en quelques années, « Business ethics » soit devenue une discipline universitaire, un sujet de publications et de colloques. C'est que l'homme a soif de sens, de communauté et de rêves partagés.

Une espérance vient clore tout à fait cet ouvrage : celle d'avoir quelque peu comblé le fossé qui, en France, sépare les humanités littéraires, de l'entreprise et de l'économie. De fait, il vient de loin. Car si en Angleterre, des philosophes comme David Hume, Adam Smith et John Stuart Mill défrichent, à la même époque, ce nouvel espace de savoir qu'est l'économie, en France, Rousseau parle plutôt de philosophie sociale, tandis que Tocqueville, un peu plus tard, s'intéresse davantage à la science politique et à la sociologie. L'ouvrage fondateur d'Augustin Cournot *Recherches sur les principes mathématiques de la théorie des richesses* de 1838 passa pratiquement inaperçu, alors qu'il fut l'un des premiers à formuler un modèle de l'offre et de la demande. Quant à Léon Walras, aujourd'hui reconnu comme le père de l'équilibre économique général, il fut contraint de s'exiler à Lausanne. On notera pourtant que le terme d'« économie » recouvre à la fois un ensemble de classes de phénomènes (production, échange, transaction) et une grille d'analyse conceptuelle (équilibre optimum, choix rationnels). Aujourd'hui, c'est la littérature que l'on tente d'exiler des entreprises, arguant du fait qu'elle ne sert à rien, ce qui rend l'homme schizophrène : d'un côté les lettres et de l'autre la science et les techniques. Comment ne pas voir pourtant les vertus curatives et préventives des lettres modernes appliquées à cette communauté de vie qu'est l'entreprise ? Qui ne sent que l'histoire imaginaire de l'homme est une science humaine à part entière, un apport des plus efficaces non seulement comme régulateur des mœurs professionnelles, mais aussi comme dynamique d'apprentissage, comme expérimentation d'efficacité, comme facteur de réussite et d'épanouissement ? Il apparaît plus que nécessaire de supprimer la barrière stricte qui existe de nos jours entre science et culture. L'une et l'autre ont tout à y gagner, ainsi que l'économie, la philosophie sociale. Après avoir parcouru *La Comédie humaine*, est-il encore à démontrer que Balzac est notre contemporain, d'autant qu'il utilise pour la première fois le mot « contemporanéité[3] » dans son œuvre ?

On aura remarqué dans cet essai, le rôle prépondérant que joue la communication bien comprise dans la réussite : adaptée à chaque circonstance, elle est un facteur majeur pour plaire à chaque interlocuteur, chaque client. Partout les vertus d'un bon politique, empathie, charme, persuasion, servent la cause du bon technicien. L'industriel, l'entrepreneur, le politique doivent expliquer qu'ils se soucient de leurs employés, de leurs administrés et, comme Benassis et Véronique Graslin, de la protection de l'environnement. Il n'est pas sûr que le pouvoir soit uniquement de l'ordre du bureaucratique, du rationnel, de l'équitable, ainsi que le soulignait Max Weber. On remarque dans l'œuvre balzacienne des zones de mystère et d'ombre : loin d'être explicite, objective et transparente, la volonté de réussir, la conquête du pouvoir revêtent une dimension parfois sacrée, surhumaine, comme si les aspirations humaines transcendaient largement l'ordre du fini, et tendaient vers le dépassement des normes, résidaient dans la fierté de participer à la réussite de l'entreprise et d'accomplir ensemble l'impossible. C'est dans le couple paradoxal d'une volonté de réussite personnelle et d'un pouvoir tourné vers autrui, que réside peut-être la solution. Sachez que « la volonté peut et doit être un sujet d'orgueil bien plus que le talent[4] ».

« veuillez donc ![5] »

LE MOYEN DE PARVENIR

Faites dire, faites répéter par tous vos amis, que vous avez de l'esprit, beaucoup d'esprit, prodigieusement d'esprit : dites le vous-même. Riez après avoir parlé, éclatez après avoir écrit. Le plus complaisant des échos est celui de la sottise : il redira mille fois que nul ne fait plus rire et ne rit mieux que vous.

Si vous êtes nouvelliste, qu'on lise tous les matins que vous êtes bien informé des choses et que vous savez les évènements aussitôt qu'ils arrivent et même plutôt.

Une riche succession s'est-elle ouverte ? sans être ni le parent, ni l'ami du défunt, annoncez que vous avez recueilli l'héritage. Prouvez-le en vous servant d'hommes à la livrée du défunt, pour faire porter vos billets de part.

Faites passer pour des bêtes ceux qui quelque fois servent à vous faire passer pour homme d'esprit : on s'apercevra moins que vous les dérobez.

Ne donnez pas à dîner, cela coûte de l'argent : mais faites répandre le bruit que vous tenez table ouverte.

Ne vous lassez pas de frapper à toutes les portes et d'écrire à toutes les adresses : vous recevrez peut-être des réponses qui ne vous étaient pas destinées.

Anonyme. *La Pandore*, samedi 7 février 1824. n° 27.

NOTES

Notes de l'introduction

1. L'édition de référence de *La Comédie humaine* est celle de Pierre-Georges Castex, Paris, Gallimard, Bibliothèque de la Pléiade, 1976-1981, 12 vol.

2. *Lieux de mémoire III, Les France*, Paris, Quarto Gallimard, 1992, t. I, p. 930-971.

3. *IP*, Pl. V, p. 110.

4. *Ibid.* Il nous a paru souhaitable de paraphraser le texte de Balzac le moins possible et de laisser parler le texte original. Ainsi, le lecteur sera peut-être tenté d'aller voir de plus près la prose balzacienne.

5. « Préface de l'édition Dumont » de 1843, *ibid.*, p. 119.

6. FE, « Préface de la première édition », Pl. II, p. 264.

7. *Corr.* II, p. 710. Lettre à Alcide de Beauchesne, juillet ou août 1835.

8. PG, Pl. III, p. 118.

9. *Corr. Gas.* 2, p. 53.

10. Sur le manuscrit, son premier nom est Massiac.

11. *La Comédie humaine* comprend 91 romans et récits brefs, et 2 209 personnages.

12. Sainte-Beuve, *Revue des Deux Mondes*, 15 novembre 1834, p. 440-458.

13. « De l'état actuel de la littérature », Pl., OD II, p. 1226.

14. Lamennais, *Essai sur l'indifférence en matière de religion*, 1818, Introduction, p. 3-4.

15. « Préface » de FE, Pl. II, p. 265-266.

16. FE, Pl. II, p. 266-267.

17. Dabézies, André, « Des mythes primitifs aux mythes littéraires », in le *Dictionnaire des mythes littéraires*, dirigé par Pierre Brunel, Éditions du Rocher, 1994, p. 1179.

18. Apparaît à Cambridge sur le registre des élèves sous la forme : S. Nob. Ce qui signifie *sine nobilitate* : n'est pas noble. Thackeray le met à la mode en 1857 en écrivant *The Book of snobs*.

19. *Corr.* Pl. I, 32-113, p. 532.

20. PG., Pl. III, p. 152.

21. Balzac utilise cet adjectif à propos de la monarchie constitutionnelle, solution la moins « défectueuse » dans sa lettre à Zulma Carraud, *Corr.*, Pl. I, 30-28.

22. Zweig, Stefan, *Balzac, le roman de sa vie*, Paris, Albin Michel, 1950, réed. 1990, p. 122.

23. On lira avec profit Hannah Arendt, *La Condition de l'homme moderne*, « l'avènement du social ».

24. « Avant-propos », Pl. I, p. 11.

Notes du chapitre I

1. Selon les quatre niveaux de compétence d'après Bertrand Schwartz : Niveau I : observer - Niveau II : copier - Niveau III : s'adapter - Niveau IV : innover. « Construire une pensée collective pour l'action », *revue Pour*, GREP, mars 2006.

2. *Corr.*, I, p. 59-60. Lettre à sa sœur Laure.

3. *AEF*, Pl. III, p. 234-235.

4. *IP*, Pl. V, p. 311.

5. *Corr.*, Pl. I lettre à Zulma Carraud, n. 33-39, mars 1833, p. 750.

6. *Phy.*, Pl. XI, p. 1027.

7. *PG*, Pl. III, p. 141.

8. *Corr.*, Pl. I, 31-123, p. 429.

9. *Ibid.*, 22-39, p. 132.

10. *PCh.*, Pl. X, p. 128.

11. *PG*, Pl. III, p. 120.

12. *Ibid.*, p. 133.

13. *IP*, Pl. V, p. 494.

14. Balzac lui donne les traits de l'homme qui « doit arriver »(cf. *PCh.*, Pl. X, p. 135) selon une symbolique soulignée par Pierre Abraham dans *Créatures chez Balzac*, p. 28.

15. *PG*, Pl. III, p. 60.

16. *Mémoires* de Madame de Pommereul racontées à R. Du Pontavice de Heussey, *Balzac en Bretagne*, rennes, H. Caillière, 1885, p. 21-22.

17. Balzac le mentionne plus de cent fois dans *La Comédie humaine*.

18. Formule employée dans la « Préface » de *FE*, Pl. II, p. 264.

19. *PG*, Pl. III, p. 109.

20. « Préface » de *FE*, Pl. II, p. 263.

21. *Ibid.*

Notes du chapitre II

1. *PG*, Pl. III.

2. *Ibid.*

3. Minc, Alain, *Antiportraits*, Gallimard, Paris, 1996.

4. Cf. *PCh.*, Pl. X : la phrase exacte lancée par l'Antiquaire à Raphaël est la suivante : « Oh ! savoir, jeune homme, n'est-ce pas jouir intuitivement ? N'est-ce pas découvrir la substance même du fait et s'en emparer essentiellement ? », p. 86.

5. *PG*, Pl. III, p. 59.

6. Caron, Jean-Claude, *Générations romantiques*, Armand Colin, Paris, p. 42.

7. Le Bac demeure cependant un examen difficile : ils sont seulement 3 000 à y accéder, c'est à dire 10 personnes sur 100 000 mais leur nombre passe à 5 000 vers 1847. Et en moyenne 60% des candidats réussissent l'épreuve chaque année en Droit, tandis que 84,2% de bacheliers décrochent leur licence entre 1815 et 1848. Les études de Lettres sont encore plus difficiles et quelques dizaines de diplômes seulement sont délivrés par an sur toute la France. Si pendant longtemps on vient en même temps passer son Bac à Paris et s'inscrire dans les facultés, c'est parce qu'elles proposent le *cursus* le plus complet. Mais Adolphe Thiers par exemple, jeune homme pauvre et originaire de Marseille, fait son droit à Aix. Jusqu'à l'ordonnance du 5 juillet 1820, il n'est pas nécessaire d'avoir son bac pour s'inscrire en faculté.

8. Ce lieu est plus élégant que l'Opéra au début du siècle car on y est entre soi, c'est-à-dire entre amateurs de musique de la bonne société, comme le fait remarquer Anne-Marie Martin-Fugier. Au reste, Gautier n'écrit-il pas que « les Bouffes sont autant un salon qu'un théâtre ? ».

9. Balzac est un grand admirateur du musicien qu'il rencontre chez Olympe Pélissier, son ancienne maîtresse, et femme légitime du compositeur par la suite. Il entretient avec lui une amitié soutenue et assiste d'ailleurs à une représentation de *La Gazza ladra*, en 1833, peu avant de rédiger *Le Père Goriot*. Les représentations avaient lieu trois fois par semaine, le mardi, le jeudi et le samedi. L'étudiant Balzac est également grand amateur du Théâtre-Français, rêve d'aller écouter Talma dans *Cinna* en octobre 1819 et plus tard se passionne pour les représentations de Shakespeare données à l'Odéon en 1829.

10. Balzac père publie même un « *Mémoire sur les moyens de prévenir les vols et les assassinats et de ramener les hommes qui les commettent aux travaux de la Société...* » Vaste programme qu'on pourrait dire comme mis en application dans la Comédie humaine.

11. *PG*, Pl. III, p. 95.

12. *EF*, Pl. II, p. 172.

13. *PG*, Pl. III, p. 108, 135.

14. *Ibid*., p. 105. Au reste, dans *le Lys dans la vallée*, Mme de Mortsauf tient un discours très proche à Félix de Vandenesse. On peut donc sans risquer l'amalgame, en attribuer la teneur à Balzac.

15. *PG*, Pl. III, p. 169.

16. *FE*, Pl. II, p. 313.

17. *PG*, Pl. III, p. 61-62.

18. S'il est difficile d'évaluer précisément le nombre des conquêtes balzaciennes, il faut mettre à son « actif » : - Madame de Berny, mère-sœur-amante. - La duchesse d'Abrantès, une collaboratrice. - Olympe Pélissier, femme de Rossini par la suite - La duchesse de Castries : une allumeuse qui n'est pas allée au bout, - Marie du Fresnay, a eu une fille de Balzac. - La comtesse Guidoboni-Visconti, une véritable amie. - Caroline Marbouty, une passade. - La comtesse Hanska, dite « louploup ». Le grand amour ? Rien n'est moins sûr. - Louise Brugnol, dite « la chouette, » la servante-maîtresse. Qui a dit que Balzac n'avait jamais fréquenté de femmes du monde ?

19. *IP*, Pl. V, p. 327. Maxime de Napoléon recueillie dans les *Maximes et pensées de Napoléon*, de Gaudy jeune, 1838. Certains exégètes pensent qu'elles ont été rédigées par Balzac lui-même mais alors pourquoi l'aurait-il caché à Madame Hanska ?

20. Cité dans *Pay.*, Pl. IX, p. 1358. *Ibid.*

21. *LL*, Pl. XI, p. 665. Rapporté par de Marsay dans *La Fille aux yeux d'or*.

22. *IP*, Pl. V, p. 494.

23. Cité par Amédée Pichot, in *Souvenirs de M. de Talleyrand*, Paris, Dentu, 1870, p. 270.

24. Talleyrand in *Mémoires de Barthélémy*, Paris, Plon, 1914, p. 72.

25. *Ibid.*

26. *IP*, Pl. V, p. 494.

27. Talleyrand, « Cahiers de notes et de pensées », catalogue de l'exposition Talleyrand, BN, 1965, n°336.

28. Phrase qu'aurait pu dire Talleyrand, prononcée par Vautrin, Rastignac, et écrite par Balzac dans son « agenda », *Pensées, sujets, fragmens*, f°41, Club de l'honnête homme, 2e éd., p. 691.

29. *PG.*, Pl. III, p. 216.

30. *H*, Pl. II, p. 255.

31. Pl. OD. II, p. 1066.

32. Mollier, Jean-Yves, *L'Argent et les Lettres, Histoire du capitalisme d'édition*, Fayard, 1988.

Notes du chapitre III

1. *PCh.*, Pl. X, p. 128.
2. *PG*, Pl. III, p. 115-117.
3. *Ibid.*, p. 136-147.
4. *PG*, Pl. III, p. 140.
5. Ne rédige-t-il pas à vingt ans, plusieurs nouvelles, *Le Souper de Beaucaire*, et un roman larmoyant, truffé de lieux communs, et intitulé *Clisson et Eugénie ?*
6. Il est bon de rappeler que pour rédiger précisément *Le Père Goriot*, l'écrivain écrit seize à dix-huit heures par jour et jusqu'à vingt heures en novembre 1834. Il est d'ailleurs si surmené qu'il est contraint de s'aliter le 15 décembre et ne peut que se traîner à l'Opéra et aux Italiens pour se laver le cerveau de toute pensée.
7. Talleyrand cité par Emmanuel de Waresquiel, *Talleyrand*, Fayard, Paris, 2004, p. 433.
8. *PG.*, Pl. III, p. 139.
9. Cf. Anne Martin-Fugier, *La Vie élégante ou la formation du Tout-Paris*, Fayard, Paris, 1993.
10. *PG*, Pl. III, p. 229.
11. *Ibid.*, p. 157.
12. *IP*, Pl. V, p. 509. Il convient d'ailleurs de noter que l'auteur ne s'illusionne guère sur la perfectibilité de l'homme et sur sa capacité à faire le bien. L'imperfection de l'homme est un de ses credos.
13. Autre double de l'auteur dans *Le Lys dans la vallée.*
14. *LHB.*, I, p. 398.
15. *PG*, Pl. III.
16. *Ath.*, Pl. III, p. 395.
17. *PG*, Pl. III, p. 164.
18. *PG*, Folio, p. 151
19. Balzac fait incarner ses multiples facettes par bien des personnages dans l'œuvre, les trois récurrents étant Rastignac, Bianchon, Popinot.

Notes du chapitre IV

1. Talleyrand à propos d'Adolphe Thiers, selon La *Chronique* de la duchesse de Dino, répondit un jour à Montrond : « Thiers n'est pas parvenu, il est arrivé »(I, p. 120).
2. *SPM*, Pl. VI, p. 874.
3. La gloire de Balzac est plus tardive et la fortune qu'il tire de l'ensemble de son œuvre en 1835 est de 50 000 F déjà mangés par ses dettes.
4. *FAu*, Pl. XII, p. 614.
5. *PCh*, Pl. X, p. 144.
6. *Ibid.*, p.191.
7. *IP*, Pl. VI, p. 327.
8. *SP*, Pl. VI, p. 976.
9. *MN*, Pl. VI, p. 363.
10. *SetM*, Pl. VI, p. 673-674.
11. *In.* Pl. III, p. 423.

NOTES DU CHAPITRE V

1. *PG*, Pl. III, p. 56.

2. Cette question ayant déjà été développée dans notre précédent ouvrage, *Balzac et la figure mythique*, L'Harmattan, 2004, nous n'y revenons pas.

3. *PG*, Pl. III, p. 114.

4. *Ibid.*, p. 56. Rastignac mène ni plus ni moins la vie de l'étudiant type sous la Restauration. Pour la majorité des étudiants de la période, tout est cher en particulier le logement et la nourriture, et beaucoup ne mangent guère à leur faim. De fait, l'hébergement des étudiants du Quartier latin se fait par un réseau d'hôtels, de pensions, garnis et mansardes. Comme le fait remarquer Jean-Claude Caron, la bourgeoisie, petite, moyenne, déchue ou en devenir, se retrouve à la pension Vauquer, tandis que le bas peuple vit dans la masure. L'intégration passe d'abord par la socialisation dans les mêmes cafés, les mêmes restaurants les mêmes fêtes comme celles du Prado et les bals de l'Odéon. Aussi bien voit-on Rastignac dîner chez Flicoteaux comme son créateur : c'est le plus connu des restaurants pour étudiants et l'on y voit dans *Illusions perdues* par exemple des « gens du même pays réunis en bout de table ». La fraternité entre étudiants comme dans *Le Père Goriot* fonctionne à merveille et permet de surmonter la solitude et la pauvreté. Quelqu'un comme Thiers, par exemple, lorsqu'il monte à Paris, retrouve ses camarades aixois Mignet et Pichot et des familles arlésiennes établies à Paris depuis longtemps.

5. Cf. Partie II, cha.II, 3.

6. Cf. « Préface » de *Pch.*, Pl. X.

7. *PG*, Pl. III, p. 50.

8. Il s'agit de Charton, Édouard, *Guide pour le choix d'un état*, 1842, p. 261 *sq*.

9. On se reportera avec profit à son ouvrage sur *Balzac : les réalités économiques et sociales dans* la Comédie humaine, Armand Colin, Paris, 1961, p. 277.

10. Dr. J.B. Descuret, *La Médecine des passions ou les passions considérées dans leurs rapports avec les maladies, les lois et la religion*, Béché jeune et Labé, 1841, IX, p. 572-591.

11. Maurois André, *Prométhée ou la vie de Balzac*, Flammarion, Paris, 1974.

12. *IP*, Pl. V, p. 525.

13. *Ibid.*, p. 526.

14. *IP*, Pl. V, p. 450.

15. *Ibid.*, p. 449.

NOTES DU CHAPITRE VI

1. *HA*, Pl. VII, p. 780.

2. *Be*, Pl. VII, p. 322.

3. « Historique du procès auquel a donné lieu » *Le Lys dans la vallée* », Pl. IX, p. 926.

4. Il ressemble fort à Henry Monnier, auteur des Scènes populaires dessinées à la plume au début des années 1830 et où apparaît un personnage désormais célèbre, M. Prudhomme, type même du bourgeois dont il incarne les aspirations et les ridicules.

5. *LHB*, Pl. I, p. 237.

6. Stendhal, *Esquisses de la société parisienne, de la politique et de la littérature*, 1826-1829, Paris, le Sycomore, 1983, p. 55.

7. *CB*, Pl. VI, p. 208.

8. Cf. E, Pl. VII, p. 934.

9. *Les Miroirs du crédit dans la poétique balzacienne*, 2 vol. Université de Bordeaux III Michel de Montaigne, 2001, Maison de Balzac, p. 236.

10. Elle n'accorde pas de crédit à plus de trois mois, et exige trois signatures.

11. Gille B., *La banque et le crédit en France de 1815 à 1845*, 1959, p. 371.

12. Pl. O.D. II, p. 750.

13. PG, Pl. III, p. 157.

14. Cf. *DxA*, Pl. XII, p. 1060.

15. *Ibid.*, p. 692.

16. IP, Pl. V, p. 490.

17. Cf. IP, Pl. V.

18. Ce fut un des lieux les plus fréquentés par l'élite romantique. Il comportait vingt-deux salons au premier étage avec cabinets particuliers dont le plus connu était le « grand seize » ; C'était là que se réunissaient les personnalités de la presse, du théâtre, de l'Opéra, des arts et de la littérature. Les dandies y préparaient les défilés du carnaval.

19. Cf. Catalogue de l'exposition *Les Grands Boulevards*, Musée Carnavalet, juin-octobre 1985.

20. MN, Pl. VI, p. 381.

21. IP, Pl. V, p. 476.

22. *Ibid.*, p. 479.

23. *Ibid.*

24. *Lettres parisiennes du vicomte de Launay par Madame de Girardin*, Paris, Mercure de France, 1986, 2 vol, I, p. 451.

25. L'installation de James de Rothschild, Chaussée d'Antin, est à ce titre exemplaire. Il rachète d'abord à Fouché en 1818, un hôtel construit en 1765 par Laborde, un autre banquier. Sous la Monarchie de Juillet, il le démolit et le reconstruit de 1834 à 1836, mélangeant les styles gothique et Renaissance. On peut avoir une idée du luxe de cette demeure en lisant la description d'une fête dans *La Peau de chagrin* au deuxième chapitre, bien qu'il ne s'agisse pas de l'hôtel Rothschild non encore reconstruit. Cet hôtel sert à abriter ses appartements et ses bureaux, ce que font la plupart des banquiers de l'époque. Son frère Salomon est tout proche, ainsi que les Rothschild de Londres ; ce qui facilite les affaires. Laffitte et Périer, ainsi que bien des industriels, Delessert, des artistes comme Horace Vernet, Ary Scheffer, Delacroix et la reine à la mode, Alphée Bourdon de Vatry entre autres, sont ses voisins. Puis en juillet 1838, adoubé depuis 1829 par le Tout Paris du Cercle de l'Union, et le Faubourg Saint-Germain, il passe rive gauche et rachète pour 1,2 million de F l'hôtel Talleyrand, rue Saint Florentin ? Il s'y installe en laissant ses bureaux rue Laffitte.

26. Girardin, Delphine de, *op. cit.* t. I, p. 451.

27. « Tous nos hommes d'Etat, nos hommes de génie, sont hommes de salon. » *op. cit.*, T II, p. 299.

28. MN, Pl. VI, p. 369.

29. UM, Pl. III, p. 865.

30. MN, Pl. V, p. 369.

31. Cf. *L'art de mettre sa cravate enseignée en seize leçons, par le baron de L'Empésé*, Paris, à la Librairie universelle : imprimé (rédigé ?) par Balzac en 1827.

32. MN. Pl. VI, p. 380.

33. *Ibid.*, p. 381.

Notes du chapitre VII

1. *PG*, Pl. III, p. 145.
2. *Ibid.*, p. 177.
3. *DA*, Pl. VIII, p. 809.
4. CF. Préface de *La Maison Nucingen*, Folio, Gallimard, Paris, rééd. 2004, p. 7.
5. *E*, Pl. VII, p. 1058.
6. C'est ainsi qu'il définit le « type » « modèle du genre » dans *Une ténébreuse affaire*, Pl. VIII, p. 493-494.
7. La famille Fould elle-même se livra à plusieurs reprises à ces mauvaise pratiques, un code de l'honnêteté en Bourse n'étant pas encore fixé : deux liquidations consacrèrent en effet, paradoxalement leur fortune.
8. Comme Nathan de Rothschild dont les spéculations sur la défaite de Waterloo à la Bourse de Londres firent scandale. Bénéfices évalués : plus de 30 millions de l'époque, c'est-à-dire 100 000 000 E.
9. *MN*, Pl. VI, p. 334.
10. Cf. discours de Benassis dans *Le Médecin de campagne*. Pl. IX, p. 415.
11. *MN*, Pl. VI, p. 336.
12. *Le Lys dans la vallée*, IX, 1086.
13. *Ibid.*
14. *MN*, Pl. VI, p. 334.
15. *IP*, Pl. V, p. 280.
16. *Lov.* A 255, f° 78 r°.
17. *Corr.* I, 31-61. Lettre de Joseph Fontémoing, p. 379.
18. *LHB*, I, 12 février 1839, p. 479.
19. « Lettre aux écrivains français[...] », Pl. OD II, p. 1239.
20. *Ibid.*, p. 1250.
21. Crapelet, *Des brevets d'imprimeur, des certificats de capacité et de la nécessité actuelle de donner à l'imprimerie les règlements promis par les lois*, Dufart, 1840. Cité par Roland Chollet, Pl. V, p. 30.
22. Pl., OD II, p. 1250.
23. CHH, 2e éd., t. XXIII, 1971, p. 706.
24. *Corr. Gar.*, Pl. III, p. 673.
25. On se reportera au GATT qui l'intègre dans les accords dits de Marrakech et qui instituent l'Organisation mondiale du commerce en 1994. Il s'agit de l'accord ADPIC.
26. « Sur les questions de la propriété littéraire et de la contrefaçon », *Chronique de Paris*, 30 octobre 1836.
27. CHH, t. XXVIII, 1963, p. 559-579.
28. *Ibid.*, 572.
29. Cf. Barbier, Frédéric, *Histoire du livre*, Armand Colin, 2000, p. 227.

Notes du chapitre VIII

1. *Confession d'un enfant du siècle*, Paris, Gallimard, coll. Folio, 1973, p. 35.
2. *Histoire de la Grandeur et décadence de César Birotteau...*, Pl. VI.
3. *In*, Pl. III, p. 421-425.
4. *IP*, Pl. V, p. 425.
5. *LHB*. I, p. 515-516.
6. Cf. Bouvier René et Maynial Edouard, *Les Comptes dramatiques de Balzac*, Sorlot, Paris, 1938, p. 491-497.

7. Sous la Restauration, il étend son commerce, *La Reine des roses*, à l'image de *La Reine des fleurs* : « des Parfumeries superfines et savons de toilette, de la Fabrique de DISSEY ET PIVER brevetés d'importation, d'invention et de perfectionnement », étaient détaillés dans le catalogue imprimé par Balzac : cf. *L'Année balzacienne*, 1974, p. 190.

8. C'est avec *César Birotteau* que ce mot, dans son acception moderne, apparaît pour la première fois à la page 206.

9. *Gau*, Pl.VII, p. 847.

10. CB, Pl.VI, p. 65-66.

11. Le parfumeur L-T Piver apparaît sur la place en 1813 et Pierre-François Guerlain, en 1828, moment où l'activité de la parfumerie prend vraiment son essor et entre dans l'ère de la modernité. Mais c'est encore un luxe qui coûte plus cher qu'un bijou.

12. CB. Pl.VI, p. 94.

13. *Ibid.*, p. 204.

14. Baudelaire Charles, OC, Pl. II, p. 6.

15. MN, Pl. VI, p. 378.

16. Mot que Balzac emploie à plusieurs reprises : il se voit bien membre du « parti des *intelligentiels* ». Cf. LHB, Pl. I, p. 265.

Notes du chapitre IX

1. *Pensées, sujets, fragmens*, CHH, t. XXVIII, Folio 16, p. 670.

2. Corr. I, 32-193, *A Mame, 30 septembre* 1832, à propos du *Médecin de campagne*, p. 657.

3. Corr., I, 32-133, p. 561.

4. Cf. *Le Médecin de campagne* et *Le Curé de village*.

5. PC, Pl. X, p. 47-55.

6. « L'Hôpital et le peuple », Pl. XII, p. 581.

7. « Lettre à Hyppolite[sic] Castille », dans Écrits *sur le roman* anthologie, de Stéphane Vachon, « le Livre de poche, références », 2000, p. 314.

8. Introduction aux Études *philosophiques*, Pl.X, p. 1208.

9. Comte, Auguste, « Considérations sur le pouvoir spirituel », Paris, 1826, *Opuscules de philosophie sociale*, 1819-1828, Paris, 1883, p. 283.

10. *De l'esprit*, Discours troisième, ch. XXVIII, Fayard, 1988, p. 394.

11. FE, Pl. II, p. 264. De fait dès 1834, il envisage de faire d'Études *sociales*, le titre définitif de son œuvre : cf. LHB, Pl. I, p. 195-196.

12. Michelet, *L'État de la France*, 1833.

13. Thierry, Augustin, *L'Industrie, ou Discussions politiques morales et philosophiques, dans l'intérêt de tous les hommes livrés à des travaux utiles et indépendants*, Paris, 1817, p. 6.

14. AEF, Pl. III, p. 702.

15. Lamartine, *Balzac et ses œuvres*, Paris, Michel Lévy, 1866, p. 13-18.

16. MC, Pl. IX, p. 529.

17. On se reportera avec profit au rôle qu'il assigne aux artistes et aux écrivains dans « Des artistes »et « Lettre aux écrivains français du XIXe siècle », Pl., OD. II.

18. Nisbet, Robert, *The Sociological Tradition*, 1966, *La Tradition sociologique, édition de poche*, PUF, « Quadrige », 2000.

19. TA, Pl. VIII, p. 492-493.

20. MM, Pl. I, p. 553. Balzac n'invente pas le type, il lui donne une stature autre. C'est Vigny qui pour la première fois le définit dans la préface de *Cinq-Mars*.

21. « Préface » de TA, Pl.VIII, p. 493.

22. Mélonio Françoise, *Lumières et liberté*, « Un art d'utilité publique : l'âge romantique », Paris, 1998, rééd. Seuil, 2005, p. 257.

23. *PG*, Pl. III, p. 175.
24. Cf. « Introduction aux Études philosophiques » de P. Chasles, Pl. X, p. 1184 *sq*...
25. Dabezies, André, « Des mythes primitifs aux mythe littéraires » in le *Dictionnaire des mythes littéraires* dirigé par Pierre Brunel, éditions du Rocher, 1994, p. 1179.
26. Barjot, Dominique, *L'Économie française au XIXe siècle*, Paris, Nathan, 1995.
27. Déjà, dans ses *Études philosophiques*, l'auteur donne à voir des personnages mythophores, qui endossent des mythes, comme Raphaël-Narcisse et Pygmalion, Claës, nouveau Faust, Frenhofer, le Protée délirant, don Juan Belvidero, et bien d'autres, qu'il mythifie en trois figures : le sorcier, le sacrificateur et le passeur. Cf. notre ouvrage, *Balzac et la figure mythique*, L'Harmattan, 2004.

Notes du chapitre X

1. *E*, Pl. VII, p. 907.
2. *MN*, Pl. VI, p. 332.
3. Cité par Sébastien Charléty, *La Monarchie de Juillet*, t. V de l'*Histoire de la France contemporaine depuis la révolution jusqu'à la paix de 1919*, sous la direction d'E. Lavisse, Paris, Hachette, 1921, p. 58.
4. *P*, Pl. IV, p. 23.
5. « Du Gouvernement moderne », O.D. II, p. 1074.
6. *PCh*, Pl. X, p. 180.
7. *EF*, Pl. II, p. 174.
8. Mazarin, *Bréviaire des politiciens*, éd. Arléa, Le Seuil, 1996.
9. Il s'agit cette fois de stabiliser la dynastie des Orléans avec le fils le plus populaire de Louis-Philippe, le duc d'Orléans.
10. *MC*, Pl. IX, p. 419.
11. Cf. Généreux, Jacques, *Les Vraies lois de l'économie*, Seuil, 2005.
12. Ce prix créé en 1782, supprimé à la Révolution, est rétabli en 1819. Il s'agit pour L'Académie de récompenser des indigents méritants et des ouvrages d'utilité publique, c'est-à-dire hautement édifiants et politiques. Ainsi s'exerce un pédagogie à double visée, envers les élites et envers le peuple, qui les encourage à pratiquer la vertu et les bonnes actions.
13. *MC*, Pl. IX, p. 418.
14. On se reportera à l' « Introduction » de la Pléiade, à la vie du père de Rétif de la Bretonne, à l'industriel écossais Owen et à celle du comte de la Rochefoucauld-Liancourt, entre autres.
15. Michelet publie son *Tableau de la France*, un mois plus tard.
16. On se reportera avec profit à l'article que Balzac publie précisément dans *Le Rénovateur* en 1832 à ce sujet et qui s'intitule « Du gouvernement moderne ». Pl. OD II, p. 1083.
17. *MC*, Pl. IX, p. 409.
18. Muhammad Yunus, prix Nobel de la Paix 2006, *Vers un nouveau capitalisme*, Paris, JC Lattès, 2008.
19. *MC*, Pl. IX, p. 416.
20. *Ibid.*, p. 419.
21. *Ibid.*, p. 420.
22. *Ibid.*, p. 421.
23. Le « capitalisme » apparaît dès le XVIIIe siècle mais Balzac n'emploie que le mot « capitaliste » : on le trouve dès 1822, dans l'un de ses premiers romans, *Jean-Louis*, p. 320.
24. *Ibid.*, p. 428.
25. « Préface » du *Médecin de campagne*, Folio, Gallimard, 1974.

26. *La Quotidienne*, du 15 septembre 1833, signé « Th. de M. », probablement Théodore Muret, journaliste et écrivain.
27. *CA*, Pl. IV, p. 1009.
28. E, Pl. VII, p.
29. « A qui la place » était le titre de la troisième partie des éditions antérieures à 1844.
30. Rémusat, *op. cit.*, t. III, p. 337. Les émoluments actuels d'un Ministre en exercice sont du même ordre.
31. B.N. Lf. 96. 15, p. 6.
32. E, Pl. VII, p. 905.
33. *Ibid.*, p. 909.
34. *Ibid.*, p. 913.
35. *Ibid.*, p. 914.
36. On lira avec intérêt ces extraits du traité : « Le trésor public et l'État sont deux choses fort différentes. Le premier peut être très riche, au moins pendant un certain temps, par l'énormité des impôts, sans que l'État, c'est-à-dire le contribuable, le soit... Il est indispensable que le gouvernement adopte exclusivement et invariablement le régime des entreprises. Tout autre système d'administration, quelque nom qu'on lui donne [...] reste nécessairement *indifférent* aux bénéfices de l'exploitation, comme à la fidélité des paiements, ces deux éléments de la formation du crédit ». *Mémoire adressé au Gouvernement*, en 1819, par J. Ouvrard sur le crédit administratif, publié en 1824, p. 7. L'action de la toute première partie des *Employés* se situait également en 1824.
37. 2,2 millions d'Euros environ. *Rapport au Roi sur l'administration des finances*, Paris, Imp. royale, mars 1830, p. 20.
38. E, Pl. VII, p. 905.
39. *Ibid.*, p. 919.
40. *Ibid.*, p. 1111.
41. Il est probable que Lingay est responsable de l'échec de la *Chronique de Paris*. Après avoir promis aide et soutien, il l'aurait lâché au profit de Girardin et de *la Presse*, d'où l'écœurement de Balzac.
42. E, Pl. VII, p. 925.

Notes du chapitre XI

1. E, Pl. VII, p. 895.
2. « L'homme a jusqu'ici exploité l'homme », lit-on dans la *Doctrine de Saint-Simon. Exposition* de 1829. Ce sont pratiquement les mots que reprend Marx quelque vingt ans plus tard.
3. *Dictionnaire égoïste de la littérature française*, Dantzig, Charles, Grasset, 2205. Il s'agit de FE, Pl. II, p. 273.
4. PSF, CHH, XXVIII, f° 21.
5. On lira avec profit l'ouvrage de Sarah Mazah *The Myth of the French bourgeoisie*, 2003, Harvard University press.
6. Weiss, Charles, *Journal*, 2 octobre 1833.
7. « *Aventures administratives d'une idée heureuse* », OD II.
8. DL, Pl. V, p. 929.
9. Billet de Delphine de Girardin sous le pseudonyme du vicomte de Launay.
10. FE, II, 353.
11. Au reste, Tocqueville ne dit pas autre chose qui, répondant à l'économiste anglais Nassau Senior en 1850, alors qu'il lui demandait ce qu'était l'idée d'égalité en France, lui déclare : « L'égalité est une expression d'envie. Elle signifie au fond

du cœur de tout républicain : « personne ne sera dans une meilleure situation que moi ». Tocqueville Alexis de, *Conversation anglaise*, Mercredi 22 mai 1850, t. II, Paris, Gallimard, 1991, p. 274.

12. Musil, Robert, *L'Homme sans qualités*, Seuil, vol. II, p. 481.

13. Balzac, *IP*, V, p. 436.

14. *Ibid.*, p. 695.

15. *Ibid.*, p. 695.

16. *Ibid.*, p. 538.

17. Grana, César, *Bohemian versus bourgeois*, New York and London, 1964, p. 37-42.

18. E., Pl. VII, p. 933.

19. Nombre d'occurrences du mot « bourgeois » et « bourgeoise(s) » dans *La Comédie humaine* : 770.

20. Pl., IX, 505-514.

21. Démier, Franeis, *La France du XIXe siècle, 1814 à 1914*, Seuil, 2000, p. 46.

22. *La Duchesse de Langeais*, V, 935.

23. Daumard, Adeline, *Les Bourgeois et la bourgeoisie en France, depuis 1815*, Paris, Aubier, 1987, p. 85-93.

24. UM, Pl. III, p. 773.

Notes des « Pistes »

1. Partie I, ch. I.

2. Cf. « Du gouvernement moderne », II, p. 1079 « la classe moyenne a soif d'égalité », *Le Cabinet des antiques*, IV, p. 979. 1836-1837. Il y parle également de « l'égalité parisienne » comme d' « un monstre qui acheva sous la Restauration de dévorer le dernier morceau de l'Etat social », p. 1008.

3. Cf. p. 3

4. CSS, Pl. VIII, p. 803.

5. CSS, Pl. VII, p. 1198.

6. « Avant-propos », Pl. I, p. 16.

7. *Les Chouans*, Pl. VIII, p. 900.

8. *Le Médecin de campagne*, Pl. IX.

9. Expression utilisée par Balzac à propos du héros d'*Illusions perdues* dans la « Préface de la première édition » de 1837.

10. Cité dans *Le Moniteur* du 2 mars.

11. *Pensées, sujets*... F° 3, p. 661.

12. *IG*, p. 561.

13. *Revue des Deux Mondes*, Ier septembre 1906, t. V, p. 53-60. On trouve également cet article dans l'édition de Marcel Bouteron au Club de l'Honnête homme, t. XXVIII, p. 549-556. Peu de différences, hormis un point au lieu d'un point-virgule. On note cependant la disparition d'un passage sur la question sociale que Balzac nomme « la désorganisation sociale ». Sans doute Brunetière la trouve-t-il inappropriée pour la période. Il n'est pas adventice qu'il la publie à la veille de la création par Clemenceau du Ministère du Travail et de la Prévoyance sociale le 26 octobre 1906.

14. Si le prolétariat est encore minoritaire, il est déjà préoccupant : d'après Francis Démier, 1,2 million travailleraient dans les manufactures sur un total de 4,4, et 60 % d'entre eux dans le textile, le reste étant réparti dans la métallurgie et la mine. Quant aux femmes, elles représentent plus du tiers des effectifs de la nouvelle industrie textile et sont deux fois moins payées qu'un homme ; les enfants, employés à des tâches annexes et souvent dès l'âge de 6 ou 7 ans, sont deux fois moins payés que les femmes. Dans

les manufactures, le travail est plus long (14 à 15 heures par jour) et plus intense parce que se généralise le travail aux pièces qui fixe la rémunération selon le rendement. *La France du XIXe siècle*, Seuil, 2000.

15. On lira avec profit un article paru dans le journal *Les Échos*, en date du 23 novembre 2005 et qui a pour titre « SAS Institute veut des salariés heureux » : ce leader américain des logiciels d'aide à la décision a en effet découvert que satisfaire au mieux les différents *desiderata* de ses employés les rendait plus heureux et par conséquent plus efficaces !

16. Cf. Dupuy, Jean-Pierre, *Le Sacrifice et l'envie*, Calmann-Lévy, 1996.

17. Balzac, *Les Secrets de la princesse de Cadignan*, Gallimard, La Pléiade, t. VI, p. 970.

18. « Avant-propos ».

19. MN, Pl.VI, p. 337, 381. « En politique... » Phrase de Talleyrand attribuée par Balzac à Henri II, et qu'il met sous une forme ou une autre dans la bouche de Vautrin, deux fois dans celle de Rastignac, et note deux fois dans ses *Pensées, sujets, fragmens*, Club de l'honnête homme, 2° éd., f°41, p. 758.

20. Cf. Helvétius, Claude Adrien, *De l'esprit*. Discours troisième, chap. VI. On remarquera que Balzac dans *Du gouvernement moderne*, reprend bon nombre de ses idées en particulier le postulat de l'intérêt. Voir également *De l'homme*.

21. *Le Médecin de campagne* s'écrit dans un contexte de faillite générale des religions instituées (cf. Lamennais, *Essai sur l'indifférence en matière de religion*, 1817) et dans un climat d'agitation sociale (cf. la « Lettre de Paris XV » qui évoque le sac de l'archevêché de 1831).

22. *The World is Flat*, 2005, Prix Pulitzer.

23. Cf. *Préface* de *La Peau de chagrin*, Pl. X, p. 55, « De l'état actuel de la littérature », OD, t. II, p. 1221, Introduction aux *Études philosophiques* de Philarète Chasles, Pl. X, p. 1186.

24. *Le Médecin de campagne*, Pl. IX, p. 554. Il importe également beaucoup à Balzac de remporter le prix Montyon décerné chaque année par l'Académie française à un « ouvrage utile aux mœurs ». Cf. Roger Pierrot, *Honoré de Balzac*, Paris, Fayard, 1994, p. 219.

25. Cf. *Avant-propos*, Pl. I, p. 12.

26. *Le Médecin de campagne*, Pl. IX, p. 434, 435.

27. Hume, *Traité de la nature humaine*, trad. André Leroy, Paris, Aubier-Montaigne, 1968. Cf. *Le Cousin Pons* et l'engrenage dont est victime le héros.

28. *Le Médecin de campagne*, Pl. IX, p. 466.

29. *Le Médecin de campagne*, Pl. IX, p. 431.

30. Bernanos, *La Liberté pour quoi faire*, 1946-1947, Gallimard, coll. Folio essais, réed. 1995, p. 28.

31. Yunus, Muhammad, *Vers un nouveau capitalisme*, JC Lattès, 2008.

Notes de la conclusion

1. *Ven.*, Pl. I, p. 1037. Le hasard s'applique par exemple au « mythe de l'invention du Post-it », d'après Philippe Escande. En cherchant une formule de colle forte, Spencer Silver se trompe et met au point en 1968, un adhésif trop faible. Il l'oublie dans un coin et quatre ans plus tard, son collègue Arthur Fry, excédé de voir tomber sans arrêt ses marque-pages, se souvient de sa découverte, les enduit de cette mauvaise colle et invente le premier Post-it qui fera la fortune des 3 M. (*Les Echos*, mercredi 27 juin 2008 : « 3M entre discipline et créativité ».

2. *IP*, Pl. V, p. 525.

3. Pl. *OD II*, p. 924.

4. *MD*, Pl. IV, p. 760.

5. Cf. Lettre de Mme de Mortsauf à Félix, *Lys*, Pl. IX, p. 1096.

BIBLIOGRAPHIE SOMMAIRE

XVIIIe – XIXe siècles

BASTIAT, Frédéric, *Pétition au Parlement français de la part des fabricants de chandelles*, *Œuvres complètes*, Paris, Guillaumin et Cie éditeurs, 1862-64, 7 vol., t. IV, p. 57.

BENTHAM, Jeremy, *An Introduction to the Principles of Morals and Legislation*, *The Works of Jeremy Bentham*, 11 vol., John Bowring ed., Edinburgh, 1838-1843, vol. I, p. 1.

BOIGNE de, *Mémoires de la comtesse de Boigne*, *II*, *de 1820 à 1848*, Paris, « le Temps retrouvé », Mercure de France, 1999.

CABET, Étienne, *Voyage en Icarie*, Genève, Slatkine, 1979.

CANLER, *Mémoires de Canler, ancien chef de Sûreté*, (1797-1865), Paris, « le Temps retrouvé », Mercure de France, 2006.

COMTE, Auguste, *Cours de philosophie positive* (1830-1842), Paris, Hermann, 1975.

CONSTANT, Benjamin, *Principes de politique applicables à tous les gouvernements*, 1806, texte établi par Étienne Hofmann d'après les manuscrits de Lausanne et de Paris, Droz, 1980 – *De la liberté des anciens comparée à celle des modernes*, 1819, Écrits politiques, Paris, Gallimard, 1997.

COUSIN, Victor, *Cours d'histoire de la philosophie moderne*, 1816-1817, Ladrange, 1841.

DIDEROT, Denis, OC., *Le Neveu de Rameau*, *La Lettre aux aveugles*, « La Pléiade », Gallimard, 1992.

GAUTIER, Théophile, *Histoire du romantisme*, Paris, « Les introuvables », L'Harmattan, 1993.

GUIZOT, François, *Des moyens de gouvernement et d'opposition dans l'état actuel de la France*, 1821, *Mémoires*, t. VI, *La révolte des Canuts*, *1832-1836*, Paris, Paleo, 2004, *François Guizot et la Culture politique de son temps*, colloque de la fondation Guizot-Val Richer, Paris Gallimard-Seuil, 1991.

HABERMAS, Jürgen, *Droit et Démocratie*, *L'Espace public*, *Le discours philosophique de la modernité*, trad. Bouchindhomme et Rochiltz, Paris, Gallimard, 2001.

HEGEL, G.W.F., *Leçons sur l'histoire de la philosophie*, vol. VI, Vrin, 1985.

HEINE, Henri, *De la France*, Genève, Slatkine, 1980.

HELVÉTIUS, Claude, *De l'esprit*, Fayard, 1988 – *De l'homme*, Fayard, 1989.

HUGO, Victor, *Œuvres complètes*, *politique*, « Bouquins », Gallimard, 2002, albums et journaux.

HUME, David, *De la jalousie du commerce*, in *Essais moraux, politiques et littéraires et autres essais*, PUF, éd. Robel, 2001, p. 719. – *Traité de la nature humaine*, Paris, Aubier-Montaigne, 1968.

JOUBERT, *Carnets*, 1786-1824, première édition 1838, éd. Beaunier, Paris, Gallimard, 1938.

LAMARTINE, Alphonse de, *La Politique et l'Histoire*, Paris, Imprimerie nationale, 1993.

LAMENNAIS, *Essai sur l'indifférence en matière de religion*, Tournachon-Molin et Seguin, 1818.

LOCKE, John, *Essai sur l'entendement humain*, Paris, Vrin, 1989.

MICHELET, Jules, *Le Peuple*, Paris, Flammarion, 1979.
QUINET, Edgar, *Le Christianisme et la Révolution française*, réed., Paris, Fayard, 1984.
RÉMUSAT, Charles de, *Mémoires de ma vie*, Paris, Pouthas, Plon, 1958.
RICARDO, David, *Des Principes de l'économie politique et de l'impôt*, 1817, Paris, Garnier-Flammarion, 1993.
SAND, George, *Politique et Polémiques*, édité par Michelle Perrot, Paris, Imprimerie nationale, 1997.
SAY, Jean-Baptiste, *Traité d'économie politique*, 1803, Paris, Economica, 2 vol. 2006.
SMITH, Adam, *Recherches sur la nature et les causes de la richesse des nations*, Trad. P. Taïeb, PUF, 1995.
SPINOZA, Baruch, *Éthique*, Trad. Roger Caillois, Paris, Gallimard, « Folio essais », 1997.
STENDHAL, *Journal littéraire*, Genève, Le Cercle du bibliophile, t. I, 1970.
TOCQUEVILLE, Alexis de, *De la démocratie en Amérique*, t. I, 1835, t. II, 1840, Garnier-Flammarion, 1981, *Correspondance anglaise*, t. II, Gallimard, 1991, *Lettres choisies. Souvenirs*, dir. Françoise Mélonio, Laurence Gellec, « Quarto », Gallimard, 2003.
VILLERMÉ, Louis René, *Tableau physique et moral des ouvriers*, 1840.
WALRAS, Léon, *Eléments d'économie politique pure, ou Théorie de la richesse sociale*, Paris, Pichon et Durand-Auzias, 1926.

XXe- XXIe siècles

AEBISCHER, Verena, OBERLE, Dominique, *Le Groupe en psychologie sociale*, Dunod, 2007.
ARON, Raymond, *Essai sur les libertés*, 1963, Paris, Calmann-Lévy, 1965.
BARBERIS, Pierre, *Balzac et le mal du siècle*, 2 vol., Paris, Gallimard, 1978.
BARJOT, Dominique, CHALINE, Jean-Pierre, ENCREVÉ, André, *La France au XIXe siècle, 1814-1914*, Paris, PUF, 1995.
BAIROCH, Paul, *Mythes et paradoxes de l'histoire économique*, Paris, La découverte, 1994.
BOUDON, Raymond, *L'Inégalité des chances*, 1973, *renouveler la démocratie : éloge du sens commun*, Paris, Odile Jacob, 2006.
BOURGUINAT, Nicolas, PELLISTRANDI Benoît, *Le XIXe siècle en Europe*, Paris, Armand Collin, 2003.
BOUVIER, Jean, FURET, François, GILLET, Marcel, *Le Mouvement du profit en France au XIXe siècle*, Paris-La Haye, Mouton, 1975.
BRABANT, Jacques de, *Achille Fould et son temps* (1800-1867), Pau, Cairn, 2001.
BURGHIERE, André, REVEL, Jacques, Histoire de la France, 4 vol., Paris, le Seuil, 1989. Réed. – Sous la direction de André Burghière, *Histoire de la Famille, le choc des modernités*, Paris, Le livre de poche, 1994.
CARON, Jean-Claude, *La France de 1815 à 1848*, Armand Colin, 2004.
COLLECTIF : *La Vie romantique, Hommage à Loïc Chotard*, Paris, PUPS, 2003.
COLLECTIF : *Repenser la Restauration*, direction Mollier, Reid, Yon, Nouveau monde éditions, 2005.
COLLECTIF : *Paris 1820, l'Affirmation de la génération romantique*, direction Sébastien Allard, Peter Lang, 2005.
COLLECTIF : *La Pensée du paradoxe, Hommage à Michel Crouzet*, Paris PUPS, 2006.
CORBIN, Alain, GEORGEL, Pierre, GUEGAN, Stéphane, MICHAUD, Stéphane, MILNER, Max, SAVY, Nicole, *L'Invention du XIXe siècle*, Paris, Klincksieck, PUPS, 1999.
CORBIN, Alain, *Histoire du corps, De la Révolution à la Grande Guerre*, t. II, Paris, Seuil, 2005.
CUNO, James, *Charles Philipon and la Maison Aubert : the Business, Politics and the Public of Caricature in Paris, 1820-1848*, Phd., Harvard University, 1985.

CURTIUS, Ersnt Robert, *Balzac*, Grasset, 1933, trad. Michel Béretti, rééd., éditions des Syrtes, 1999.
DAUMARD, Adeline, *Les Bourgeois et la Bourgeoisie en France depuis 1815*, Aubier, 1987.
DEMIER, Francis, *La France du XIXe siècle*, Points Histoire, 2000.
DONNARD, Jean-Hervé, *La Pensée économique et sociale de Balzac*,
FARGETTE, Guy, *Émile et Isaac Pereire, l'Esprit d'entreprise au XIXe siècle*, L'Harmattan, 2003.
FURET, François, *Penser la Révolution française*, Paris, Gallimard, 1978 – *La Révolution, 1770-1880*, Paris, Hachette, 1988, rééd., 1990.
GAUCHET, Marcel, *La Condition politique*, Tel, Gallimard, 2005.
GUIRAL, Pierre, *Adolphe Thiers*, Paris, Fayard, 1986.
HAYEK, Friedrich von, *La Présomption fatale : les erreurs du socialisme*, 1988, PUF, 1993.
LAQUEUR, Thomas, *Making Sex*, Harvard University Press, 1990.
LASCOUX, Jean-Louis, *Pratique de la Médiation*, Paris, ESF, 2001.
LAVAL, Christian, *L'Homme économique*, Paris, Gallimard, 2007.
LEVY-LEBOYER, Maurice, *La Position internationale de la France. Aspects économiques et financiers (XIXe-XXe siècle)*, Paris, EHESS, 1977.
MANENT, Pierre, *Cours familier de philosophie politique*, Paris, Fayard, 2001 – *La Raison des nations*, Paris, Gallimard, 2006.
MARSEILLE, Jacques, *Les Wendel, 1704-2004*, Paris, Perrin, 2004.
MARTIN-FUGIER, Anne-Marie, *Les Romantiques, 1820-1848*, La vie quotidienne, Hachette, 1998 – *La Vie élégante ou la formation du Tout-Paris, 1815-1848*, Points histoire, Fayard, 1993.
MAUROIS, André, *Prométhée ou la vie de Balzac*, Paris, Hachette, 1965.
MAZAH, Sarah, *The Myth of the French bourgeoisie*, Harvard University Press, 2003.
MICHEL, Arlette, *Balzac, le beau, le vrai et le bien*, Paris, Champion, 1999.
MILLER, Geoffroy, *The Mating mind*, Heinemann, 2000.
NORA, Pierre, *Les Lieux de mémoire*, 3 vol., Paris, Gallimard, Quarto, 1997.
OZOUF, Mona, *La Muse démocratique, Henry James ou les pouvoirs du roman*, Paris, Fayard, 1998.
PIERROT, Roger, *Honoré de Balzac*, Paris, Fayard, 1994.
RAYNAUD, Philippe, « Un romantique libéral, Benjamin Constant », *Esprit*, mars 1983.
RAWLS, John, *Théorie de la justice*, 1971, Trad. C. Audard, Le Seuil, 1987.
RIOT-SARCEY, Michèle, *Le Réel de l'utopie*, Paris, Albin Michel, 1998.
RIOUX, Jean-Pierre, *La Révolution industrielle*, Points Histoire, Seuil, 1971 et 1989.
RIVELINE, Claude, *Idées*, t. I, École de Paris du management, 2006.
ROSANVALLON, Pierre, *Le Moment Guizot*, Paris, Gallimard, 1985.
SEILLIÈRE, *La Banque Seillière-Demachy, Une dynastie familiale...*, Paris, Perrin, 1999.
VACHON, Stéphane, *Honoré de Balzac, Mémoire de la critique*, PUPS, 1999 ; *1850, Tombeau d'Honoré de Balzac*, PUV, Montréal, 2007.
VERLEY, Patrick, *La Première révolution industrielle*, Armand Colin, 2006.
VERNANT, Jean-Pierre, *Entre Mythe et politique*, rééd., Seuil, 1996.
WARESQUIEL, Étienne de, YVERT, B., *Histoire de la Restauration*, Paris, Perrin, 1996.
WARESQUIEL É. de, *Talleyrand*, Paris, Fayard, 2005.
WEBER, Max, *L'Éthique protestante et l'esprit du capitalisme*, 1904-1905, Paris, Gallimard, 2004.
WHITE, Hayden, *Metahistory*, The John Hopkins University Press, 1973.
ZARKA, Yves Charles, *Critique des nouvelles servitudes*, PUF, 2007.
ZELDIN, Théodore, *Histoire des passions françaises*, 2 vol., 1973, 1977, Oxford University Press, trad. Bolo et Demoy, Paris, Petite Bibliothèque Payot, 2002.

REMERCIEMENTS

À Nicolas Gras-Payen, Arlette Michel, Roger Pierrot, Françoise Mélonio, Alain Méra, Lionel et Hélène Boudeau, Michel Crépu, Anne de Lattre, Georges Pariente, Sylvain Charleux, à Chantal Joffrin Le Clerc.

INDEX

Cet ouvrage a été composé
par IGS à Angoulême

Dépôt légal : février 2009
ISBN : 978-2-84734-328-1
N° d'édition : 3 275
Imprimé en Italie